高职高专素质教育系列教材

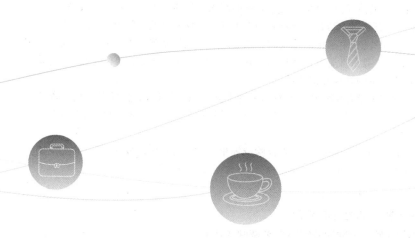

职业形象与礼仪

李 华　焦名海　主编

清华大学出版社
北京

内 容 简 介

　　本书为广东省高职教育精品在线开放课程职业形象与礼仪配套教材,同步建设的在线开放课程已对接国家智慧教育公共服务平台。本书遵从职业教育特点,通过情景导入、修身塑品、知识讲解、案例分析和实操训练等环节,帮助学生更好地掌握礼仪的基本要点,对培养德才兼备的高素质技能型人才具有积极的意义,是一本优秀的高职高专课岗证一体化新形态教材。结合社会对职场人士基本礼仪素养的实际要求,全书构建了九个职业形象与礼仪学习项目,包括认识礼仪、中国传统礼仪和礼仪心理三个礼仪基础知识学习模块,仪态礼仪、办公礼仪、商务礼仪和教师礼仪四个一般企事业单位通用的职场礼仪学习模块,以及活动仪式礼仪、多元文化礼仪两个拓展模块,形成一个较为完整的礼仪知识体系。

　　本书配有各类丰富的视频资源,学生可结合学堂在线的精品慕课职业形象与礼仪,或扫描书中相关资源的二维码进行在线学习。期待大家通过本书的学习,养成良好的礼仪习惯,塑造良好的形象气质,成为一个知书识礼、受人尊重的职场成功人士。

　　本书可作为高职高专院校、本科院校的职业学院、成人教育院校等相关专业的礼仪课教材,以及各类技能大赛和资格考试面试的辅导用书,也可作为初入职场人士的岗前综合培训参考用书。

图书在版编目(CIP)数据

职业形象与礼仪 / 李华,焦名海主编. -- 北京:清华大学出版社,2025.2.
(高职高专素质教育系列教材). -- ISBN 978-7-302-68243-1

Ⅰ. B834.3;K891.26

中国国家版本馆 CIP 数据核字第 2025LB3191 号

责任编辑:左卫霞
封面设计:傅瑞学
责任校对:李　梅
责任印制:宋　林

出版发行:清华大学出版社
　　　　网　　　址:https://www.tup.com.cn,https://www.wqxuetang.com
　　　　地　　　址:北京清华大学学研大厦 A 座　　　　邮　　编:100084
　　　　社 总 机:010-83470000　　　　　　　　　　邮　　购:010-62786544
　　　　投稿与读者服务:010-62776969,c-service@tup.tsinghua.edu.cn
　　　　质量反馈:010-62772015,zhiliang@tup.tsinghua.edu.cn
　　　　课件下载:https://www.tup.com.cn,010-83470410
印 装 者:河北鹏润印刷有限公司
经　　销:全国新华书店
开　　本:185mm×260mm　　　　印　　张:14.75　　　　字　　数:376 千字
版　　次:2025 年 4 月第 1 版　　　　　　　　　　印　　次:2025 年 4 月第 1 次印刷
定　　价:49.00 元

产品编号:100563-01

前 言

2014年,习近平总书记在主持十八届中共中央政治局第十三次集体学习时指出:要建立和规范一些礼仪制度,组织开展形式多样的纪念庆典活动,传播主流价值,增强人们的认同感和归属感。要利用各种时机和场合,形成有利于培育和弘扬社会主义核心价值观的生活情景和社会氛围,使核心价值观的影响像空气一样无所不在、无时不有。党的二十大报告也再次强调了要提高全社会的文明程度,提炼展示中华文明的精神标识和文化精髓,推动中华文化更好走向世界。为此,本书编写团队进一步梳理完善职业形象与礼仪原有课程内容,突出课程时代特色,以更好地发挥本课程在职场交往、社会文化、国际交流中的积极作用。

本书具有以下鲜明的特色。

1. 夯实基础,重视礼仪基本理论和中国传统礼仪文化的学习

通过学习礼仪的发展历史与规律,学生能更深刻地领悟礼仪的内涵和精髓,提高在实际生活中自觉运用礼仪的能力,同时也能更好地传承和弘扬我国优秀的传统礼仪文化,为构建和谐社会、建设中华民族现代文明作出贡献。

2. 精选内容,紧贴企事业单位对礼仪规范的实际需求

本书以培养企事业单位所需的服务意识强、礼仪水平高的高素质复合型人才为出发点,围绕职场岗位实际需求组织框架与内容,使学生通过课程学习更好地满足实际工作的需要,体现自身的修养和素质,建立良好的人际关系,助力职场获得成功。

3. 优化流程,突出理论与实操兼顾的循序渐进训练模式

本书根据职业教育特点,突出循序渐进式训练主线,强调"教、学、做"一体化。本书首先从故事或问题情景开始,通过对情景的感知、问题的思考,激发学生的学习兴趣;其次,学生在教师指导下,进行理论学习和对职场礼仪实际问题的分析;再次,学生运用所学知识与技能完成实训任务;最后,部分任务通过"实操反思整改"进一步提高深度学习的能力。

4. 创新手段,实现信息技术与课程教学深度融合

本书编写团队在课程建设过程中自主开发了总时长约 7 小时的动画、微课视频,以及具有交互功能的 3D 仿真虚拟实训系统原创资源(扫描前言下方二维码获取),强化具体职业场景感知,为学生带来更直观高效、更为个性化的学习体验。

5. 活用资源,建设数字化新形态教材

本书为广东省高职教育精品在线开放课程职业形象与礼仪配套教材,该课程已入驻国家高等教育智慧教育平台,开课平台为学堂在线,扫描前言下方二维码即可在线学习该课程。课程包含微课、动画、视频、图片、测试等丰富的数字教学资源,授课教师可以此为基础开展个性化线上教学。此外,本书精选其中优质资源做成二维码在书中进行了关联标注。

本书由深圳信息职业技术学院职业形象与礼仪课程建设团队编写,具体分工如下:焦名海编写项目一至项目三;李华编写项目四至项目九的主体部分;程建伟参与前期框架体例设定、拟定编写提纲,并负责全书初稿的审稿与修改工作;刘恩祥编写项目四至项目九的修身塑品部分;陈茋晴负责前期的资料收集整理工作,并编写项目四和项目八的部分内容;深圳市标榜半岛教育有限公司总经理刘娟负责审阅教材案例,参与教材配套数字资源制作。本书由深圳信息职业技术学院赵利民教授审稿。

本书在编写过程中,参阅了大量国内外同类教材和专家学者的研究成果,也得到了诸多专家学者的支持和帮助,在此一并表示衷心的感谢。此外,深圳信息职业技术学院学前教育专业的廖晓彤、许思淇、张思琪同学,以及现代文秘专业、旅游英语专业的广大同学为本书相关视频资源的拍摄提供了协助,在此也一并表示衷心感谢。

本书编写团队力求按照教育规律编写书中内容,但由于编写时间及自身知识的客观限制,书中难免存在不足之处,希望广大读者批评指正。

编　者

2024 年 10 月

国家高等教育智慧教育平台
职业形象与礼仪

广东省高职教育精品在线开放课程
职业形象与礼仪

3D 虚拟仿真资源

CONTENTS

目 录

认 识 礼 仪

任务一 识别与掌握礼仪的概念

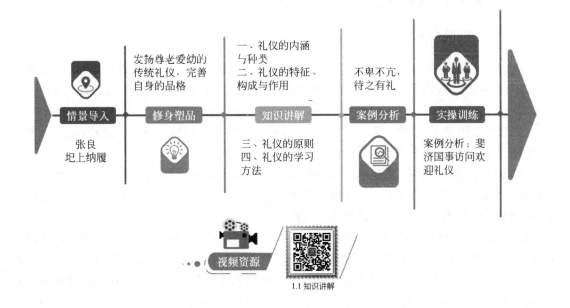

视频资源

1.1 知识讲解

情景导入

秦朝末年的一天,张良在空闲的时候步行到下邳的桥上,有一个身穿粗布衣服的老人来到张良的旁边,直接把自己的鞋子丢到桥下,回头对张良说:"小子,下去给我捡鞋子!"张良非常惊讶,但因为老人年纪太大了,强忍住了,并到桥下取了鞋子。老人又说:"给我穿上鞋子。"张良于是拿着鞋子,直着身子跪着(古代一种礼节,表示尊重)给老人穿上鞋子。老人穿好后笑着离开。张良不明所以,目送老人离开。老人走了一里地,又返回来对张良说:"孺子可教也!过五天天亮的时候,跟我在这里相见。"张良很诧异,跪着答道:"好的。"五天后天亮时,张良前往,老人已经先在那里等着了,他生气地说:"与年长的人相约迟到,这是为什么?"于是老人离开,说道:"过五天后早上再见。"又过了五天,鸡叫的时候,张良就过去了。老人又先到了,又很生气地说"又迟到,这是为何?"老人又离开,说:"再过五天后早点来。"又过了五天,张良半夜就到了。过了一会儿,老人也来了,他高兴地说:"就应该这样!"接着他拿出一本书说:"读了这本书,以后就可以做帝王的老师了,今后十年你就能建立一番事业! 十三年之后,你到济北城下来见我,毅城山下那块黄色的石头就是我。"于是老人离开了,没有说别的话,张良从此再也没有见过那个老人。虽然张良觉得这个老人特别怪异,但还是经常把老人赠送的《太公兵法》拿出来诵读。后来,张良运用《太公兵法》中的计谋,辅助刘邦建立了汉朝,成就了伟大的事业。

【修身塑品】

从礼仪的角度来看,张良圯上纳履的故事告诉人们对待长者要有谦恭的态度,对长者要有礼貌并听从他们的教导。与长者约会应早到,不可迟到。该故事是尊老爱幼传统的表现,也是一个完善自身品格的范例。

 知识讲解

一、礼仪的内涵与种类

(一)"礼仪"的内涵

《现代汉语词典(第 6 版)》对"礼"这个词有以下六种解释:①社会生活中,由于道德观念和风俗习惯而形成的仪节;②符合社会整体利益的行为准则;③表示尊敬的态度和动作;④表示庆贺、友好或敬意所赠之物;⑤古书名,《礼记》的简称;⑥姓氏。

《古汉语常用字字典(第 4 版)》对"礼"给了四种解释:①祭神;②礼节、仪式,引申为古代社会的法则、礼仪;③以礼相待,礼貌;④礼物。

《辞海(第六版)》对"礼"给出以下七种解释:①本意为敬神;②社会生活中由于风俗习惯而形成的大家共同遵奉的仪式;③泛指奴隶社会或封建社会贵族等级制的社会规范和道德规范;④礼物;⑤礼书;⑥古书名,即仪礼;⑦姓。

在我国古代典籍中,"礼"有以下几种解释:①"祭神祀祖"。如《管子·幼官》中的"将以礼上帝"。②制度品节。如《论语·为政》中的"齐之以礼"。朱熹注:"礼,为制度品节也"。③表示恭敬,以礼相待。如《史记·周本纪》中的"王以上卿礼管仲"。④礼节、仪式等道德规范。如《礼记·曲礼上》中的"夫礼者,所以定亲疏、决嫌疑、别同异、明是非也。礼,不妄说人,不辞费。礼,不逾节,不侵侮,不好狎。修身践言,谓之善行。行修言道,礼之质也"。从以上定义来看,"礼"更多是中国古代社会的典章制度和道德规范。

"仪",《辞海(第六版·彩图本)》中给出以下九种解释:①礼节、仪式;②礼物;③法度、准则;④仪器;⑤容貌、举止;⑥匹配;⑦倾心、向往;⑧通"宜",适宜;⑨姓。

多数情况下,"仪"是指仪式、法度、规范,它的释义与"礼"相近。"礼"是指内涵,而"仪"则是外在的表现。由于两者密切联系而不可分割,"礼"与"仪"往往结合起来一起使用,指人在社会中需要遵守的道德和行为规范,也指人们为了表示互相尊重而约定俗成的礼节、仪式。

"礼仪",英文为 etiquette,始于法语的 étiquette,它的原意是"法庭上的通行证",即古代法国的法庭为保证法庭秩序,把各种规则写在进入法庭的通行证上,让人们去遵守。后来,"礼仪"一词进入英文,其意思也演变成为"人际交往的通行证",它同样有三层意思:①一种行为规范或行为模式；②大家共同遵守的一种行为准则；③能约束人类欲望，保证社会秩序，实现人际关系的和谐。

礼仪作为行为规范，属于道德范畴，是建立和谐社会的重要基础，在中国传统文化中处于核心地位。《礼记·曲礼上》指出："道德仁义，非礼不成；教训正俗，非礼不备；分争辨讼，非礼不决；君臣上下，父子兄弟，非礼不定；宦学事师，非礼不亲；班朝治军，莅官行法，非礼威严不行；祷祠祭祀，供给鬼神，非礼不诚不庄。"从这段文字可知，"礼仪"不仅决定人伦关系，还是明辨是非的标准和道德仁义的规范。"礼仪"不但是一种思想，而且还是一系列行为的具体规则，它不仅制约着社会的伦理道德，还制约着人们的生活行为。社会正因为有礼，才会生活秩序化、和谐化。

现代生活中，礼仪主要包括以下内涵。

1. 礼貌

礼貌包括礼貌的行为和礼貌的语言。前者体现为身体语言，具体是指一个人的仪容、仪表、仪态等。人的行为受他的思想、性格所指导，通过他的行为可以判断这个人的品德、修养。后者是指有声的语言，是指人际交往中使用的敬语、说话语气和得体的言辞等。

2. 礼节

礼节通常是指人们在交际场合，相互表示尊敬、祝颂、友好、致意、问候、慰问以及给予必要协助和照料的惯用形式。主要有握手、鼓掌、鞠躬、拥抱、亲吻、点头致意、微笑答礼、举手注目等。

3. 仪表、仪态

仪表是指人的外表，包括人的容颜、服饰、姿态、风度等。仪态泛指人们身体所呈现出的各种姿态，它包括举止动作、神态表情和相对静止的体态。

4. 仪式

仪式是指在较大或较隆重的场合，为表示礼貌、重视和尊重而举行的、具有专门程序和规范的活动或礼宾形式，如欢迎式、开幕式等。

礼仪作为礼节与仪式，属于社会文明范畴，对于个人来说，它是文明与教养的表现；对于社会来说，它是发展与进步的标志。为了协调各种关系，人们逐渐创造出各种礼仪和践行种种礼仪的规范。几千年的人类文明史表明，一直以来，礼仪受到不同社会、不同阶级、不同阶层的重视。随着现代社会的发展，礼仪越来越显示出强大的生命力，特别是当人类进入全球化时代，礼仪与学识、能力同等重要，成为一个人素养的重要标志。

（二）礼仪的种类

从不同的角度，依照不同的依据，礼仪的分类就会不同。按应用的范围，可把礼仪分为以下几类。

1. 社交活动礼仪

社交活动礼仪主要是指人们在社会交往过程中用于表示尊重、亲善和友好的首选行为规范和惯用形式，包括迎送礼仪、会见会谈礼仪、宴请礼仪、晚会礼仪、习俗礼仪和签字仪式、谒墓仪式、开幕式、授奖仪式等。

2. 日常交际礼仪

日常交际礼仪主要是指人们在日常交际场合中,相互问候、致意、祝愿、慰问以及给予必要的协助与照料的惯用形式,主要包括见面礼仪、交谈礼仪、电话礼仪、空间礼仪、赴宴及餐桌礼仪、舞会礼仪、办公室礼仪和住所礼仪等。

3. 行业礼仪

行业礼仪是指各行业人员在所在行业里供职时所适用的行为规范,包括学校礼仪、商务礼仪、外事礼仪、旅游业礼仪、军队礼仪、体育礼仪、宗教礼仪等。

二、礼仪的特征、构成与作用

(一) 礼仪的特征

礼仪是人们待人接物的行为规范,更是人际交往的艺术。它在社会生活中受历史传统、风俗习惯、宗教信仰、时代变迁等因素影响,并在人们的社会交往中表现出各种各样的特征。随着社会的发展,礼仪既保持了原有的特性,又融合了新时代的特征。

1. 共同性与差异性统一

礼仪是社会各个阶层人士都需要遵守的准则和行为规范,每个人需要按照礼仪办事,不管是哪个国家还是哪个民族都需要以讲礼仪为荣。学习为人处世的礼仪是做人的起点。所以说礼仪是非常重要的,具有共同性。因为地域、民族、文化背景的不同,在礼仪中除共同性的特点之外,每个国家、民族还带着自身的特点,也形成了礼仪表现形式的差异性,到了每个地区都应该要入乡随俗。

2. 传承性与发展性统一

礼仪作为一种人类文明积累,将人们在交际活动中约定俗成的做法固定了下来,这种固化程式随着时间的推移沿袭下来,就形成了礼仪的传承性。礼仪是在人类长期的交际活动实践之中形成、发展、完善的,绝不可能脱离其历史背景;另外随着社会的发展,礼仪会有所变化,通过取长补短,不断地被赋予新的内容,推陈出新,与时代同步,以适应新形势下的新要求,这就使礼仪具有发展性。

3. 共通性与规范性统一

虽然各个国家、各个地区、各个民族形成了许多特有的礼仪,但是也有许多礼仪具有共通性,为所有国家、民族共同遵守。例如问候、打招呼、礼貌用语、各种商务礼仪、庆典仪式等。礼仪是人们在交际场合待人接物时必须遵守的行为规范,所以礼仪具有规范性。这种规范性,不仅约束人们在一切交际场合的言谈话语、举止行为,使之合乎礼仪,而且也是衡量他人、判断自己是否做到自律、敬人的一种尺度。

4. 文明性与操作性统一

礼仪是人类文明的结晶,是现代文明的重要组成部分。"文明"表现之一就是对人和对己的尊重。这种尊重,如果同人们的生活方式有机、自然、和谐地融合在一起,就成为人们日常生活、工作中的行为规范。如人们日常生活中的文明行为、友好态度,注重个人卫生,穿着适时得体,见人总是微笑着问候致意,礼貌交谈等都是人们内心文明或外在文明的综合体现。礼仪既有总体上的礼仪原则、礼仪规范,又有具体的细节上的一系列方式、方法,它不是纸上谈兵、空洞无物、不着边际和故弄玄虚的要求,而是切实有效、实用可行、规则简明、易学易会、具有操作性的规范。礼仪的可操作性使其被人们广泛地运用于交际实践,并受到广大公众的认可。

(二)礼仪的构成

礼仪由礼仪主体、礼仪客体、礼仪载体和礼仪环境组成。

1. 礼仪主体

礼仪主体是礼仪活动的操作者与实施者,有时也称施礼者,礼仪主体既可以是个人也可以是组织。没有主体,礼仪也就无从谈起了。

2. 礼仪客体

礼仪客体是礼仪的指向者和承受者,可能是人亦可能是物,后文谈到的礼仪客体多是指人,有时也称受礼者。礼仪客体可以是具体的,也可以是抽象的,可以是有形的,也可以是无形的。它是礼仪的对象,它与礼仪的主体之间既对立又相互依存,而且可以在一定条件下相互转化。所谓"礼尚往来"就是礼仪主客体转换。

3. 礼仪载体

礼仪都要通过礼仪主体的语言、行为或物体来表达对礼仪客体的尊重,如主人面带笑容给客人端上茶,请客人享用,这个过程所体现的是主人对客人的热情接待,是通过人体、物体这些礼仪载体表达出来的。礼仪载体包括人体礼仪载体、物体礼仪载体、事体礼仪载体。礼仪是礼仪内容与礼仪形式的统一,没有礼仪载体,礼仪不可能存在。

4. 礼仪环境

礼仪环境是礼仪活动得以进行的特定时空条件,通常分为自然环境和社会环境。礼仪环境制约着礼仪的实施。

(三)礼仪的作用

《礼记》曰:"坏国、丧家、亡人,必先去其礼。"礼仪关系着国家民族和个人家庭的生死存亡,可见礼仪的社会影响是不容忽视的。礼仪的基本功能主要体现在以下四方面。

(1)教育功能,有助于提高人们的自身修养。礼仪以一种道德习俗的方式,对社会中的每一个成员发挥着维护社会正常秩序的教育作用。人们通过学习和应用礼仪,在交往中严于律己、宽以待人,互尊互敬,互谦互让,讲文明,懂礼貌,和睦共处,形成良好的社会风尚。另外,礼仪不仅反映着一个人的交际技巧与应变能力,而且也反映着一个人的气质风度、阅历见识、道德情操、精神风貌。人们通过学习礼仪,可以提升自身的交往技巧和自身素养。

(2)美化作用,有助于人们美化自身、美化生活。礼仪的美化作用表现在它能帮助人们美化自身,美化生活。人们学习和运用礼仪,能更好地、更规范地设计和维护自身形象,充分展示个人的良好教养与优雅风度。当每个人都重视美化自身、以礼待人时,人际关系将会更加和谐,生活将变得更加温馨,此时,美化自身便会发展为美化生活。

(3)协调作用,有助于促进人们的社会交往,并改善人们的人际关系。礼仪作为人们在社会生活中的行为规范和准则,规范着人们的行为方式,维护着社会的正常秩序,协调着人与人之间的关系,在社会交往中发挥着重要的作用。在社会交往中运用礼仪,除了可以使人充满自信、胸有成竹、处变不惊外,还能够帮助人们改善人际关系,增进彼此之间的了解与信任,进而有助于和谐社会的建立。

（4）维护功能，有助于净化社会风气，进而推进社会主义精神文明建设。礼仪是社会文明发展程度的反映和标志，同时也对社会风尚产生广泛、持久和深刻的影响。讲礼仪的人越多，社会便会越和谐安定。古人曾指出"礼义廉耻，国之四维"，将"礼"列为立国的精神要素之本。英国大哲学家约翰·洛克认为，在日常交往之中，"没有良好的礼仪，其余的一切成就都会被人看成骄傲、自负、无用和愚蠢。"一个人、一个单位、一个国家的礼仪水准如何，往往反映着这个人、这个单位、这个国家的文明程度、整体素质与整体教养。所以礼仪能够净化社会风气，维护社会和谐，推进社会主义精神文明建设。

三、礼仪的原则

礼仪原则是指人们在社交活动过程中展示礼仪行为时应遵循的准则与要求。礼仪作为衡量文明素养的标准和尺度，能客观地反映个人或群体的整体素养水平。因此，为了更好地提升礼仪水平，个人和组织在社会交往过程中应遵循以下原则。

（一）真诚尊重原则

真诚是要求人们在人际交往中做到诚心诚意、表里如一、言行一致。相反，如果口是心非、装模作样、虚情假意，就有违礼仪的宗旨。尊重是礼仪的核心要素，是指在社会交往活动中，既尊重他人，也尊重自己。具体来说，就是要求人们在社交活动中，不管职务高低、年龄大小，对待他人都要有敬重的态度，不可失敬于人，不可伤害他人的尊严，更不可侮辱他人的人格，做到互尊互敬、互谦互让、和睦相处。贯彻这个原则时，应该做到以下几点。

（1）避免为了表达自己的真诚，不考虑对方的接受意愿。在一些社交场合，有些人只顾倾吐自己的所有真诚，不管对方是否能接受，凡是自己不赞同的或不喜欢的一味地抵制排斥，甚至攻击。遇到自己喜欢或赞同的人就视对方为知音，一味倾吐肺腑之言，可是对方很可能并不喜欢。这些礼仪是徒劳的。所以，在社交场合中，要根据对方的意愿来表达自己的真诚。

（2）真诚要讲究技巧。例如，你不喜欢、不赞同对方的观点或打扮等，也不必针锋相对地批评他，更不能嘲笑或攻击他，你可以委婉地提出或适度地有所表示或干脆避开此问题。再如，在公共场合，如果你认为对方的做法是错误的，可以在私下指出，而不是直接在公共场合指责其错误。

（3）对他人做到不说谎、不虚伪、不侮辱人。对他人，尤其是对待自己的下属和晚辈，即使他们做错了事，可以严厉批评，但千万不可以表现出任何的不屑和鄙视，否则你也不可能得到他们对你的尊重。

（二）自觉自律原则

礼仪是社会生活的行为准则，它反映了人们的共同意识，任何一个人都应当自觉维护并共同遵守。特别是在公共场所，更要自觉遵守礼仪，否则将受到公众的批评和指责。礼仪只有成为自觉行为，才能发挥它的积极作用。自律是礼仪的基本点和出发点，学习礼仪最重要的就是自我要求、自我约束、自我对照、自我反省、自我检查。若是没有自律，人前人后不一样，只求诸人，不求诸己，遵守礼仪就无从谈起。贯彻自觉自律原则，要求每个人做到以下几点。

1. 要做到"慎独"

慎独就是在没有人监督的情况下时时按照礼仪规范要求自己,如一个人在路口,也要做到"绿灯行,红灯停"。

2. 养成良好的礼仪"习惯"

"习惯成自然",不断地加强礼仪自律就会逐渐形成一种习惯。养成了良好的习惯,自我约束的感觉就消除了,自觉性和自律性也就变强了。

3. 树立正确的道德信念

当一个人有了正确的道德信念,就可以以此来约束自己的行为,严于律己,实现自我教育与自我管理,从而可以提高礼仪自觉性和自律性,加强行为修养。

（三）宽容适度原则

在社会交往活动中,宽容的思想是创造和谐人际关系的法宝,也是一种较高的思想境界。所谓宽容,就是容许别人有行动和判断的自由,能耐心公正地容忍不同于自己或传统观点的见解。在社会交往活动中,就是要有容乃大,严于律己,宽以待人。虽然人们常说"礼多人不怪",但在实际运用礼仪时,礼多了人也会怪。礼节繁多、热情过度,会显得太过迂腐,反而让人厌恶和反感。因此,人际交往中,礼仪既要合乎规范,又要适度得体。要贯彻这一原则,应该做到以下几点。

1. 站在对方的立场去考虑一切

行使礼仪时,要了解他人、理解他人、体谅他人,千万不要求全责备、斤斤计较,甚至咄咄逼人。

2. 避免放弃自己的原则

宽容绝对不等同于人云亦云,也不等同于纵容,更不是胆怯和软弱。特别是涉及人格或国格尊严时,更要坚守原则和底线,不能迁就对方。

3. 根据具体情况行使适当的礼仪

例如,在社会交往活动中,既要彬彬有礼,热情大方,又不能低三下四、轻浮诡谲;既要自尊、坦诚,但又不自负和粗鲁;既要信任别人,但又不能轻信;既要活泼,但又不能轻浮;既要谦虚,但又不能拘谨。

（四）平等从俗原则

平等是人与人交往时建立情感的基础,是保持良好的人际关系的诀窍。平等是指对任何交往对象都必须尊重,以礼相待,不允许因为交往对象在年龄、性别、种族、性格、文化、职业、身份、地位、财富等方面有差异而有所不同。从俗是指交往各方都应该尊重相互之间的风俗、习惯,了解并尊重各自的禁忌。贯彻这一原则,必须做到以下几点。

1. 平等谦虚待人

在社会交往活动中,不能骄狂、我行我素、自以为是,也不能厚此薄彼、傲视一切、目空无人,更不能以貌取人,或以职业、地位、权势压人,而应该处处时时以平等态度对待对方,并用谦虚心态听取别人的意见和建议。

2. 坚持入乡随俗,与绝大多数人的习惯做法保持一致

在异域他乡时,行使礼仪要坚持入乡随俗的原则,尽可能与当地人地保持一致,千万不可自作聪明另行一套,否则会在交际中引发障碍和麻烦,会破坏友好交往的氛围。

3. 学会理解

由于社会发展的差别,人们受教育的程度不同,各个国家或地区在礼仪习俗方面也存在一定的差别。特别是在一些经济不发达或较为闭塞的地区,还保留着一些不文明的礼仪习俗,对此我们要用正确的态度去对待,对于一些无伤大雅的习俗应给予理解,而对那些有违社会文明的陋俗陋习应劝阻。

四、礼仪的学习方法

在我国,礼仪强烈地影响和制约着人的思想言论和行动,反映着中华民族的文化特征,同时礼仪也是人们在长期共同生活中共同遵守的最基本的道德规范。那么该如何学习礼仪呢?

(1)掌握有关礼仪的知识,强化礼仪意识。要掌握礼仪,必须学习礼仪基础知识,包括礼仪基本理论知识、日常生活礼仪知识、职场礼仪知识、传统礼仪知识等。在学习礼仪知识时,还要树立凡是不合乎于礼仪的东西就自觉摒弃的观念,从而树立起基本的礼仪意识。

(2)联系实际,积极参加礼仪实践。礼仪具有操作性,学习礼仪需要联系实际,做到知与行的统一。另外,学习礼仪还需要在日常生活和社会交往过程中积极运用,进行礼仪实践,不断实践和学习,提高自身的礼仪素养。

(3)抓住重点,全面系统地学习。礼仪是由一系列的规范、技巧与法则构成的,学习礼仪需要注重全面性、系统性,同时还要明确学习礼仪的目的,抓住礼仪中的重点进行学习,这样才能全面提高个人礼仪素质。

(4)自我监督,养成自觉行使礼仪的习惯。学习礼仪时,要对自己有严格要求,处处时时注意自我反省,发现自身的缺点,然后带着问题进行学习,通过不断修正自己的错误,将学习、运用礼仪转变为个人的自觉行动和习惯。

案例分析

1971年美国国务卿基辛格秘密访华,与我国商定并发表了尼克松总统访华公告,此后,中美双方对这一具有重大历史意义的访问都做了充分准备。尼克松为确保访问成功,1971年10月,又派基辛格公开来华,我方在周恩来总理亲自领导下也做了细致周到的准备。当时考虑到两国过去敌对多年,无外交关系,而尼克松又以国家元首身份首次来访的实际情况,我方在礼遇上选择了"以礼相待,不卑不亢,不冷不热,不强加于人"的方针,决定在机场悬挂两国国旗,在北京检阅三军仪仗队、军乐队,但不采用分列式,不鸣礼炮,不请外交使团,不搞群众欢迎,只由周恩来总理等领导人前往迎送。

1972年2月21日中午,尼克松的专机抵达北京,周恩来总理等到机场迎接。当尼克松夫妇出现在飞机舱门时,周恩来总理并没有鼓掌,而是等他们走到舷梯一半位置时才开始鼓掌。等尼克松夫妇下完舷梯最后一级,周恩来总理也不是主动迎上去握手,而是站在原地。尼克松也想在这一举世瞩目之时,纠正第一次日内瓦会议期间杜勒斯下令不同周恩来率领的中国代表团握手的傲慢失礼行为。当尼克松和他的夫人快走到舷梯的尽头时,他急忙伸手向周恩来总理走去,主动同周恩来总理热情握手,并说:"我非常高兴来到中华人民共和国的首都北京。"这时,周恩来总理的回话也是意味深长:"你的手伸过世界上最辽阔的海洋——我们25年没有交往了!"

在欢迎仪式上,按照礼仪惯例悬挂两国国旗,奏两国国歌和检阅三军仪仗队等,接待完全符合礼仪。不过,这次与当时我国接待其他国家贵宾的仪式有所区别,就是没有群众欢迎。[①]

欢迎宴会上,在周恩来总理的安排下,中国乐队演奏了美国民歌和尼克松家乡的歌曲,接下来向尼克松敬酒,周恩来总理特意让他的酒杯杯沿与尼克松的杯沿持平,这些细微的举动,既不失礼,也不过分。

【分析】

由于当时中美还没有建交,并且对这次尼克松访华在表述上还有分歧,所以从接待尼克松之前就给整个接待工作定了调:以礼相待,不卑不亢,不冷不热,不强加于人,这其实也是向对方释放出了政治信号。接下来的迎接环节中,周恩来总理没有先鼓掌,而是站在原地等尼克松,没有安排群体欢迎以及敬酒环节酒杯杯沿与尼克松的酒杯杯沿齐平,都体现了我们的"不热"和"不卑",保持了尊严。但是安排演奏美国民歌和尼克松家乡的歌曲又体现了我们的"不冷"和"以礼相待"。周恩来总理在这次接待过程中,无论是整体安排,还是接待中的细微举动,都体现了从容不迫、不卑不亢,既不失礼,也不过分。

➡ 实操训练

1. 实操训练内容

2014年习近平主席对斐济进行了国事访问,在欢迎仪式上,斐济的姆拜尼马拉马总理为习主席举行了富有浓郁民族特色的传统欢迎仪式。习近平主席身着用蓝色花布制成的斐济民族服装"布拉衫",按当地礼仪接受了斐济原住民"五重大礼"。

(1)献鲸鱼牙。欢迎仪式的第一个环节是一名斐济原住民上前用斐济语向习近平主席表示欢迎并献上鲸鱼牙。习近平主席左手手心向上接过鲸鱼牙,右手握住系鲸鱼牙的绳子,将鲸鱼牙转交给右前方的斐济礼宾官。之后,斐济礼宾官向献礼人拍掌并表示感谢。

(2)献草席。第二个环节是向习近平主席敬献草席。一名斐济原住民将草席献至习近平主席面前,另一人手持鲸鱼牙向习近平主席致祝福语并献上鲸鱼牙。习近平主席接过鲸鱼牙再次转交给斐济礼宾官,斐济礼宾官向献礼人拍掌并表示感谢。之后,斐济原住民将草席撤下。

(3)献洋格纳树。洋格纳是南太平洋地区的一种灌木。斐济原住民再次出场将一捆洋格纳树放在地上,一人跪地祝福。习近平主席点头致意。斐济礼宾官上前代表习近平主席接受洋格纳树并致谢。随后,斐济原住民抬走洋格纳树。

(4)献卡瓦汁。卡瓦汁是由洋格纳树根茎经手工加工制成的一种橙黄色饮料。献卡瓦汁是斐济对贵宾的高尚礼仪,被誉为斐济国粹。习近平主席先拍掌一次,双手拿起桌上的空碗,对方将卡瓦汁倒入碗后,向姆拜尼马拉马总理说一句斐济土著语——"布拉"(你好),然后慢慢把卡瓦汁饮尽,把空碗放回桌上,再拍掌三次致谢。

(5)献芋头等食物。喝完卡瓦汁,斐济原住民又把芋头等抬上来,一名斐济原住民上前向习近平主席夫妇致祝福语。习近平主席点头致意。斐济礼宾官代表习近平主席接受献品并致谢。然后,斐济原住民将食物抬下。至此,富有浓郁斐济民族特色的传统欢迎仪式宣告

---

① 外交部外交史研究室.新中国外交风云:第三辑.北京:世界知识出版社,1994:83.

结束。①

2. 实操训练要求

使用礼仪原则分析案例,写出 400 字以上的分析短文。

3. 实操训练步骤

(1) 阅读材料。

(2) 通过网络查找斐济礼仪规范。

(3) 根据迎接环节安排、主人言行等分析主人是如何表达尊重之意的。

任务二　礼仪的发展历史与规律

1.2 知识讲解

情景导入

　　杨时是宋朝著名学者、哲学家和教育家。杨时从小就聪明伶俐,四岁入村学,七岁就能写诗,八岁就能作赋,人称"神童"。他十五岁时攻读经史,熙宁九年(1076 年)登进士榜。他一生立志著书立说,曾在许多地方讲学,备受欢迎。居家时,长期在含云寺和龟山书院潜心攻读,写作教学。

　　杨时青少年时,经常访师拜友,向别人请教问题。有一天,杨时与他的学友游酢,因对某问题有不同看法,为了求得一个正确答案,他俩一起去老师程颐家请教。程颐是宋朝著名的理学大师和教育家,名震四海,杨时对程颐非常崇敬。

　　杨时和学友游酢去拜访老师时,正值隆冬,天正下着大雪。当他们来到程家时,恰巧老师正在瞌睡打盹,他们怕吵醒老师,便不肯进屋,一直站在门外的雪地里等候。就这样,他们不知

---

① 资源来源于新华网:http://www.xinhuanet.com/world/2014-11/21/c_1113356508.htm.

在雪地里站了多长时间。等程颐醒了,打开门后看见两位学生正恭恭敬敬地站在门外,都要成雪人了。程颐大吃一惊,问道:"看你们身上和脚下的雪,就知道你们已经来很久了,为什么不进屋呢?"杨时连忙上前施礼,对程颐说明来意:"我们是来向老师请教问题的,看到您在睡午觉,我们怕吵醒您,没敢进门。"程颐听了大受感动,连忙请二人进屋。二人这才进屋,向老师请教问题。后来,"程门立雪"的故事广为传颂。

【修身塑品】

通过"程门立雪"的故事可以看出古代人非常尊重长辈,拜访老师时非常讲究礼节。

 知识讲解

一、礼仪的起源

礼仪作为一种文化现象,随着人类的产生而产生。按照历史唯物主义的观点,礼仪是社会历史的产物,关于它的起源,研究颇多,以下是几种较为典型的观点。

1. 原始祭祀说

这种观点认为礼仪起初只是人们祭祀鬼神的仪式行为。这种观点认为在原始社会,人类处于愚昧无知的状态,生产力十分低下。人们依赖于自然,屈从于自然,当人们对千变万化的自然现象无法作出解释时,就想象出各种神和鬼,将其作为崇拜的对象,并举行各种活动来祭祀。后来才逐渐扩展到了人与人之间交往的各种仪式行为。

《礼记·祭统》提出:"凡治人之道,莫急于礼。礼有五经,莫重于祭。"许慎《说文解字》对"礼"的解释为"禮,履也。所以事神致福也。从示从豊,豊亦声。"古文"禮"从示,表示"祭祀"。"豊"为象形字,为古代行礼之器。清学者徐灏笺曰:"礼之言履,谓履而行之也。礼之名,起于事神。"当代学者郭沫若也持这一观点,他说:"大概礼之起于祀神,故其字后来从示,其后扩展而为对人,更其后扩展而为吉、凶、军、宾、嘉的各种仪制。"

2. 社会风俗说

《慎子·逸文》云:"礼从俗。"这里说礼是从民俗中来的。人们的生存受自然周期性变化的限制和制约,人们为了克服这些限制与制约,形成了一些固定的做法,这些做法慢慢形成了各种习俗。其中一部分习俗被统治者条理化、规范化,成为广而用之的礼仪,最开始是贵族的礼仪,后来才变成了百姓的风俗。所以后人谈到礼仪时,常会用"礼俗"这个词。实际上,礼是礼,俗是俗,两者是有区别的。礼通行于贵族,有"礼不下庶人"之说。俗则用于庶人,故俗又称"民俗"。

3. 节欲说

古人认为:人的欲望是人与生俱来的自然本能,是无止境的,人每天都会受到来自社会的诱惑,产生不同的欲望。对欲望的过分追求会让人丧失理智,引起人与人之间的矛盾和利益冲突。"节欲说"认为礼仪是对欲望的节制和规范,通过礼仪把人的行为限定在规范的框架之内,以实现社会的安定有序。持这一说法的代表人物荀子在《荀子·礼论》提到:"礼起于何也?曰:人生而有欲,欲而不得,则不能无求。求而无度量分界,则不能不争。争则乱,乱则穷。先王恶其乱也,故制礼义以分之,以养人之欲,给人之求。使欲必不穷于物,物必不屈于欲。两者相持而长,是礼之所以起也。"[①]其意就是人生来就有欲望,欲望得不到,或者追求没有限度,就

---

① 荀况.荀子[M].北京:光明日报出版社,2014.

会发生争执,产生混乱,从而导致穷困。先王为了消除这些混乱,通过制礼来约束它,礼就形成了。

4. 维护人伦秩序说

在古代,由于人类生产力发展水平极端低下,人类不得不群居,人类一旦离群而居就可能无法生活下去。人类一旦群居生活,由于男女有别,老少有异,于是就产生了生产的分工,继而产生了产品的交换,为了维持群体生活的自然人伦秩序,人们制定各种规范与准则,这些规范与准则就形成了后来的礼仪。

5. 男女婚姻说

恩格斯在《家庭、私有制和国家的起源》序言中指出:"生产本身又有两种,一方面是生活资料,即食物、衣服、住房以及为此所必需的工具的生产;另一方面是人类自身的生产,即'种的繁衍'。"《礼记·昏义》云:"夫礼始于冠,本于昏。"说礼从冠礼开始,最根本的是婚礼。在传统礼仪中,婚礼也占有重要地位。《礼记·内则》云:"礼,始于谨夫妇,为宫室,辨外内。"男女结合,有了夫妻关系,组成家庭,生儿育女,才出现父子、兄弟的关系。为了保证家庭稳定,家庭里先形成一整套人际关系的行为规范,然后扩大到社会,所以把男女婚姻看成礼仪的渊源,也有一定的道理。

6. 天神生礼说

《左传》云:"礼以顺天,天之道也。"意思说礼是用来顺乎天意的,而顺乎天意的礼就合乎"天道"。"顺天"其反映的是远古时代人们对神的崇拜,所表达是人类图腾崇拜时期对原始礼仪的一种认识,正如《大戴礼记·曾子·天圆》所说的:"神灵者,品物之本也,而礼乐仁义之祖也。"很多学者认为这种学说并不科学,认为它只是反映了礼仪起源的某些历史现象。持这种观点的人多是借助所谓的天神来压人,用以约束、规范人们的行为。

7. 天经地义说

《左传·昭公二十五年》云:"夫礼,天之经也,地之义也,民之行也。天地之经,而民实则之。"这里是说礼就是老天规定的原则,大地施行的正理,它是百姓行动的依据,不能改变。《礼记·乐记》云:"礼者,天地之序也。……乐由天作,礼以地制。过制则乱,过作则暴,明于天地,然后能兴礼乐也。"其意思是礼仪的制定必须顺应自然规律,要协调天、地、人之间的关系。这种学说虽然强调礼仪要遵循客观规律,但礼仪毕竟属于社会范畴,体现的只是某个群体的主观意识,而非客观规律本身,说明这种学说并不科学。

8. 戏礼说

戏礼说认为传统中国之礼起源于"戏"。如宋人苏轼说:"八蜡,三代是戏礼也。岁终聚戏,此人情之所不免也。因附以礼义,亦曰不徒戏而已矣。"这段文字包含两层意思:一是认为礼源于戏,尤其是"八蜡"之戏,是"人情"的一种反映;二是认为礼并非仅限于"戏",其中已暗寓"附以礼义"的元素。在后世祭祀礼仪中,倡优仍然扮演着颇为重要的角色,这足以证明礼与戏之间的关系确乎密不可分。

二、我国礼仪的发展历史

中国素以"礼仪之邦"著称。我国礼仪随着我国文明的发展而发展,经历了一个从无到有、从零散到系统,从草创到衰落再到复兴的渐进过程。根据礼仪的历史发展脉络,我国的礼仪可以分为礼仪萌芽时期、礼仪草创时期、礼仪形成时期、礼仪发展与变革时期、礼仪强化时期、礼仪衰落时期、现代礼仪时期和当代礼仪时期八个时期。

1. 礼仪萌芽时期（旧石器时代）

礼仪萌芽于原始社会。这一时期，我国的原始部落同一氏族成员在一起共同采集、狩猎，在生产和生活中形成了习惯性语言、动作；不同氏族部落的成员之间，彼此为求得信任、谅解与协作，而使用一些被普遍承认、采用的语言、表情、姿势等，后来渐渐发展成为"规范"与"习惯"，这些"规范"与"习惯"逐渐成为后期原始社会中生活礼仪、政治礼仪、宗教礼仪、婚姻礼仪的雏形，这些构成了礼仪的最初萌芽。例如，生活在距今约 1.8 万年前的北京周口店山顶洞人，就已经会打扮自己，会在去世的族人身旁撒放赤铁矿粉，举行原始宗教仪式。在这些礼仪雏形中，敬神礼仪最为重要。《礼记·祭统》云："凡治人之道，莫急于礼。礼有五经，莫重于祭。"可见，礼与原始人类祈福敬鬼神等宗教典仪密切相关。旧石器时代的礼仪较为简单和虔诚，还不具有阶级性。

2. 礼仪草创时期（新石器时代）

大约在公元前 1 万年前后，人类进入新石器时期。这个时期，人类出现了长期定居的村落，生产中普遍使用磨制石器，发明了陶器，开始了纺织麻布，还经营原始农业及饲养家畜。随着生产力的发展，原始礼仪的内容也不断丰富、渐具雏形。例如，在半坡遗址中，发现了距今约 5000 年前的半坡村人公共墓地，并且墓地中的坑位排列有序，死者的身份有所区别，有带殉葬品的仰身葬，还有无殉葬品的俯身葬等。在仰韶文化时期的许多遗址中，也发现了已经出现长辈坐上席、晚辈坐下席，男子坐左边、女子坐右边等规定。这个时期礼仪内容日益明确，活动形式也逐步复杂，出现了明确血缘关系的婚嫁仪式；区别部族内部尊卑等级的礼制；为祭天敬神而确定的一些祭典仪式；制定一些在人们的相互交往中表示礼节和表示恭敬的动作。

3. 礼仪形成时期（夏、商、周时期）

礼仪在公元前 21 世纪至公元前 771 年的夏、商、周时形成。在这个时期，中国第一次形成了比较完整的周朝礼仪与制度。公元前 21 世纪至公元前 771 年，中国由金石并用时代进入青铜时代。随着金属器具的使用，生产力发展跃上一个新台阶，产品出现了剩余，并逐渐集中在少数人手里，因而出现阶级和阶级对立，原始社会由此解体。公元前 21 世纪至公元前 15 世纪的夏朝，中国开始从原始社会末期向早期奴隶社会过渡。在此期间，尊神活动升温。在公元前 14 世纪至公元前 11 世纪，殷人以殷墟为中心展开活动，并建造了中国第一个古都——殷都。在殷都生活中，殷人"夏造殷因"继承了夏朝的礼制与习俗，并执行得相当频繁。例如，在商朝晚期，盛行"周祭"制度，就是对死去的祖先用五种不同的祭法来循环祭祀，周期长达一年。到了周朝，礼仪已由最初的祭神逐步扩展到敬人，从国家层面，制订了比较完整的国家礼仪和制度，如"五礼"，将人们的行为举止、心理情操等统统纳入一个尊卑有序的模式之中，并要求诸侯遵行。在这个时期还出现了中国历史上第一部礼仪方面的重要著述——《周礼》。

4. 礼仪发展与变革时期（春秋战国时期）

西周末期，王室衰微，诸侯纷纷起争霸，公元前 770 年，周平王东迁洛阳，史称东周。东周王朝已无力全面恪守传统礼制，出现了"礼崩乐坏"的局面。社会也逐渐由奴隶制社会向封建制社会转变，在这个过渡时期，学术界百家争鸣，出现了以孔子、孟子、荀子为代表的儒家学派，系统地阐述了礼的起源、本质和功能。孔子把"礼"作为治国安邦的基础，主张"为国以礼""克己复礼"，并积极倡导人们"约之以礼"，做"文质彬彬"的君子。孟子也重视"礼"的作用，他认为

"辞让之心"和"恭敬之心"是礼的发端和核心,并把仁、义、礼、智、信作为基本道德规范。荀子比孟子更重视"礼",他把礼看作是做人的根本目的和最高理想,并把识礼、循礼与否作为衡量人的贤愚和高低贵贱的尺度。从这些思想家的言论中不难看出,礼仪理论得到了发展与革新,礼仪成为调节人际关系的重要载体。

5. 礼仪强化时期(秦至宋朝时期)

从秦朝到清末,在长达 2000 多年的封建社会里,封建社会的礼仪习俗不断强化,礼仪分化为与国家政治息息相关的礼仪制度和社会交往中应遵守的行为规范礼仪。礼仪内容要求尊君抑臣、尊父抑子、尊夫抑妻、尊神抑人,并把"三纲五常""三从四德"作为人们的礼仪准则,礼仪作为一种无形的力量使人们循规蹈矩地参与社会生活,同时也阻碍了人们个性自由发展,阻挠了人们平等交往,窒息了人们思想自由,礼仪成为一种束缚人们思想与行动的精神枷锁。

公元前 221 年,秦王嬴政统一中国,建立起中国历史上第一个中央集权的封建王朝,实行中央集权制度,为制定全国礼制奠定了基础。到了西汉初期,叔孙通协助汉高祖刘邦制定了朝仪之礼,突出发展了礼的仪式和礼节。西汉思想家董仲舒把封建专制制度的理论系统化,并把儒家礼仪具体概括为"三纲五常"。到了汉武帝时期,刘彻采纳董仲舒"罢黜百家,独尊儒术"的建议,使儒家礼教成为定制。孔门后学编撰了《礼记》,该书集上古礼仪之大成,成为封建时代礼仪的主要来源。宋朝时期,出现了以程颢、程颐和朱熹为主要代表的理学,它们以儒家思想为基础,兼容道学、佛学思想,提出"礼即是理也",并指出"仁莫大于父子,义莫大于君臣,是谓三纲之要,五常之本。人伦天理之至,无所逃于天地间。"[①]另外,家庭礼仪在宋朝得到发展,如司马光写出了《涑水家仪》,朱熹写出了《朱子家仪》。宋朝家庭礼仪得到重视,主要原因是受儒家"齐家而后治国"思想的影响。

6. 礼仪衰落时期(元到清末时期)

元朝是由游牧民族建立起来的朝代,元朝统治者虽然表面上沿袭宋朝礼制,但统治者将民众分类,作为学习和继承礼乐文化的儒生,地位极低。元朝统治者实际并没有继承儒家礼仪文化的治国之道,更不要说发展了。

礼仪发展到明朝,理论不断丰富。这一时期,礼除作为道德规范、归属于社会习俗之外,礼还被视为社会秩序,归属于政治体系。礼既是为了"自爱"和"敬身",也是为了"亲人"和"尊人"。礼对于个人来说是"立身之要道",对于国家来说是"注水之堤防"。意思是指礼对于个人来说可以"收敛人心""品节天理";对于国家来说,可以构成社会秩序与等级,使人们"服服帖帖地受统治"。到了明朝中期,王阳明创新了礼的学说,提出了"以礼为情"的观点。李贽、吕坤、姚旅等又提出"礼由情生"的观点,他们并非将"情"置于其"礼"之上,而是以"礼"抑"情",即"以礼防天下,使民各安其分而不争"。后来这些学者借助于对"礼"与"非礼之礼"、"情"与"礼"、孝子"服内生子"的辨析与争论,将礼定义为内心的自觉,同时也使明朝人的礼观念呈现出一种"近代性",即将礼视为一种内心的觉醒,而不是外在的仪式。于是出现了礼与法趋于合流之势,礼通过简易化、通俗化渗透到地方社会的治理实践之中。基于明朝对礼理解的多样性,加上文人大多喜欢摆脱礼教的束缚,过一种自由自在、毫无拘束的生活,出现了诸多冲破礼教的行为。到了明朝中期,礼教秩序崩坏,一些士大夫开始致力于礼教秩序的重建,礼的理论随之趋于中庸化。在实践层面,各种礼仪更加完善,日趋繁多。清军入关后,逐渐接受了汉族

---

① 朱熹.朱子全书:第贰拾册[M].上海:古籍出版社,2002.

的礼制,并且使其复杂化,导致一些礼仪显得虚浮、烦琐,例如清代的品官相见行礼时,动辄一跪三叩。到了清后期,清王朝政权腐败,民不聊生,加上西学东渐,一些西方礼仪传入中国,古代礼仪盛极而衰。

7. 现代礼仪时期(中华民国时期)

1911年,辛亥革命胜利后,民国政府破旧立新,用民权代替君权,用自由、平等取代宗法等级制,用新学制代替祭孔读经。随着科学、民主、自由、平等的观念逐渐深入人心,西方文化的大量传入,体现尊卑等级的传统礼仪制度和规范逐渐被时代抛弃,新的价值观念和礼仪标准得到传播和推广,从此拉开建立现代礼仪的帷幕。

20世纪三四十年代,中国共产党领导的苏区、解放区,重视文化教育事业及移风易俗,谱写了现代礼仪的新篇章。

8. 当代礼仪时期(中华人民共和国成立至今)

中华人民共和国成立后,在继承和发扬尊老爱幼、讲究信义、以诚待人、先人后己、礼尚往来等中国传统礼仪中精华部分的基础上,用马克思主义、毛泽东思想对旧式礼仪进行了革新。摒弃了传统束缚人们的"神权""天命""愚忠愚孝""三纲五常"以及严重束缚妇女的"三从四德"等封建礼教,建立了以互相尊重、互助友爱、和睦相处、民族平等、男女平等、尊重妇女为基础的新型社会关系。党的十一届三中全会后,改革开放的春风吹遍了祖国大地,改革开放的大潮又使礼仪获得了新的生命,中国的礼仪建设进入新的全面复兴时期。现在礼仪广泛运用于社会活动中,随着社会的进步、科技的发展和国际交往的日益频繁,礼仪也逐步得到了发展和完善。

三、我国礼仪的发展规律

礼仪的发展是否有规律,有人持怀疑态度,也有人从礼仪上千年的发展历史看,礼首先作为行为规范与准则,进而发展为理。理即天理,天理就是自然规律,后又礼与情结合,提出礼由情生,情缘于内心,即心理规律。《韩诗外传》中提到:"礼者,则天地之体,因人情而为之节文者也。无礼,何以正身?无师,安知礼之是也。礼然而然,是情安于礼也;师云而云,是知若师也。情安礼,知若师,则是君子之道。訹伦,行中理,天下顺矣。"[①]这一段是说礼仪就是完整的天地的系统,根据人的性情,来节制喜怒哀乐的情绪。这里把"礼"视为"天地之体",就在于"礼"体现了天地之规律,顺应了天地之变化。长幼有序,养生送死,就是天地的规律;有了长幼有序,才有了人间的规矩方圆。有了养生送死,才有了人伦道德。礼由情生,感情按照礼仪而抒发,不能违法,就不违法;不能越制,就不越制;不该冲动,就不冲动;不该说话,就不说话。符合天地规律的礼仪,就要体现人之感情,抒发人之感情,宣泄、疏导人之感情。该敬则敬,该肃则肃,该乐则乐,该哭则哭,该歌则歌。美则乐,丑则恨,欣则喜,痛则悲,喜怒哀乐皆有节制就是礼仪。所以,无论是学理层面,还是实践层面,都有其发展规律。

礼仪规律分为礼仪发展规律和礼仪实施规律,礼仪发展规律主要有扬弃律,礼仪实施规律主要有约定俗成律、等级相称律、时空有序律和客随主便律。

1. 扬弃律

扬弃律就是礼仪在发展的过程中,会随着礼仪要素的变化,尤其是社会生活的变化而经历一个扬弃的过程。即对当下有积极意义的礼仪会被继承,而那些对社会有消极作用或不合时宜的礼仪将被摒弃。例如,人们一直在行使尊重长者、孝敬父母等礼仪,但像"跪安"等不合时

---

① 魏达纯.韩诗外传译注[M].长春:东北师范大学出版社,1993.

宜的礼仪已被"握手""敬礼"代替。

2. 约定俗成律

约定俗成律是指礼仪规范多来自人们长期的社会生活实践,慢慢形成人们的行为习惯,后经过大家确认或约定,成为较为规范性的做法,人们在相应情境中自觉按约定规范行使礼仪。例如,《礼记·曲礼下》中提到:"君子行礼,不求变俗。祭祀之礼、居丧之服、哭泣之位,皆如其国之故。谨修其法而审行之。"《荀子·正名》中也指出:"名无固宜,约之以命。约定俗成谓之宜,异于约则谓之不宜。"这里强调了如果有约定俗成的礼仪,就不要轻易改变。法国学者让·塞尔在《西方礼节与习俗》中强调,礼节是社会生活中的不成文法。礼节的约定俗成性,使它以一种精神力量强加在每个人身上。

3. 等级相称律

等级相称律是指礼仪有一定等级,人们行使礼仪时应根据礼仪主、客体特性和主客体关系选择与之相称的礼仪,即礼仪的规模、规格和形式符合主客体的特征与关系,不要"贵用贱礼"(即对贵者、上者、亲者、长者等尊者使用对贱者、下者、卑者、幼者、疏者的礼仪),也不能"贱用贵礼"(即卑用尊礼)。《礼记·乐记》云:"礼义立,则贵贱等矣。"[1]例如,上级领导来厂里调研,就不能让班组长和车间主任去接待,必须要由厂领导去配合调研,否则就是"贵用贱礼"。但如果上级机构指派了一个工作人员来厂指导生产,由车间主任协助即可,无须厂长全程陪同,否则就是"贱用贵礼"了。

4. 时空有序律

在礼仪活动中,时间、空间顺序都有意义,它是礼仪主体和客体等级秩序的体现。时空有序律是指行使礼仪时或在礼仪活动中要注意礼仪的时间和空间顺序,并在安排时间与空间顺序时尽可能为尊者、长者、亲者考虑。例如,接待一位尊贵的客人时,应将握手的主动权交给客人,表示尊重。在安排座位时,也要将客人安排在主位,体现对客人的尊重与重视。

5. 客随主便律

客随主便律是指处于客位的礼仪当事人必须遵循处于主位的礼仪当事人所在地域的礼仪规范。因处于礼仪客位的当事人要学习、熟悉并遵循处于礼仪主位的当事人所在区域的礼仪规范,对于客位来说是一种制约和限制,依据平等对待的原则,客位的礼仪当事人不是没有任何原则的接受处于礼仪主位当事人的所有安排。

案例分析

高阳人郦食其,家境贫寒而困苦失意。刘邦部下的一个骑兵恰好是郦食其的同乡,郦食其见到他时,便对他说:"过高阳的诸侯军将领有十多个人,这些将领都是心胸狭隘、听不进宏伟意见的人。我听说沛公虽傲慢、轻视他人,但富有谋略,这正是我所愿意追随的人,只是没有人为我引见。如果你见到沛公,就对他说:'我的同乡有个郦生,人们都说他是狂生,而他自己不认为他是狂生。'"骑兵便把郦食其嘱托的话从容地转述给了刘邦。刘邦来到高阳的旅舍,派人召郦食其前来相见。郦食其到了之后,只是作了个揖,没有倾身下拜。此刻刘邦正一边伸开双脚坐在床上,让两个女子给他洗脚,一边接见郦食其。郦食其进来后,问刘邦说:"您是想帮助秦朝去攻打诸侯呢?还是想率领诸侯去进攻秦朝呢?"刘邦道:"天下人共同受到秦朝的暴政

---

① 戴圣.礼记全鉴[M].东篱子,解译.北京:中国纺织出版社,2019.

苦难已经很久了,所以诸侯相继起兵进攻秦朝,怎么能说是帮助秦朝攻打诸侯呢?"郝食其说:"您如果真的要聚集民众、联合正义的军队士兵去讨伐暴虐无道的秦朝,就不应该以这样傲慢无礼的态度接见长者。"于是刘邦停止洗脚,起身整理好自己的衣服,请郝食其坐在上座,然后向他道歉。郝食其便谈起了六国合纵连横的史事经验。刘邦非常高兴,问道:"现在该采取什么样的计策?"郝食其说:"您起事时聚集起的民众,收拢的一些散乱士兵,总共还不到万人,想凭借此去直接攻打强秦,这就如同用手去掏老虎的嘴。陈留是天下的要冲之地,四通八达,现在坡内贮存着许多粮食。我和陈留的县令十分友好,请让我去陈留,让他归属您的门下。假如他不听我的劝告,您就率军攻打,我在坡里做内应。"于是刘邦派遣郝食其前往陈留,刘邦则率军紧随其后,攻下了陈留。后来,刘邦封郝食其为广野君。

【分析】

春秋战国时期出现了"礼崩乐坏"的局面,社会上很少遵守西周留下来的礼制。秦朝虽然建立起了中央集权制度,但是还没有建立较为系统的礼仪制度。所以,在秦朝末年,刘邦不太重视礼节是有历史背景的,加上郝食其当时只是一个失意之人,没有地位,被傲慢的刘邦轻视是正常的。但是郝食其年龄比刘邦大,又有安国谋略,他希望刘邦尊重他,所以他才会质问刘邦。刘邦建立西汉后,在叔孙通的协助下制定了朝仪之礼,后又发展了礼的仪式和礼节,并在董仲舒理论的指导下,制定了全国性的礼仪制度。

➡ 实操训练

1. 实操训练内容

1843年11月,上海正式开埠,从此,上海成为中西文化的交流之地。当时,西方文化被认为是优于中国传统文化的新文明,也是中国强国之路的学习对象。上海人受到西方文化从器物到精神全方位的广泛而深刻的影响,开始接受西方的礼仪文化,吃西餐、穿洋装、信仰西方宗教,甚至学习西方的语言,一时之间,上海滩的绅士和名媛便成了中国新文明的形象。时至今日,从旧上海走来的老妇人,在接受访谈者留影邀请时,仍会坚持请对方稍候片刻,等她梳妆打扮,换上精美的旗袍,才让摄像机留下她的身影。但当中国人接受西式握手礼成为见面问候的方式的时候,还有不少人坚持简洁且方便的拱手礼,这是中国人表达对人的尊敬的问候方式。这种在尧舜时代就形成的拱手礼适用于现代社会,富有生命力。

2. 实操训练要求

收集整理相关图片,反映以上礼仪融合的历史事实。

3. 实操训练步骤

(1)阅读材料。

(2)通过网络查找材料所述时期上海人的礼仪实践相关图片。

(3)对图片加以整理分析,小组间分享交流。

中国传统礼仪

任务一　中国传统礼制

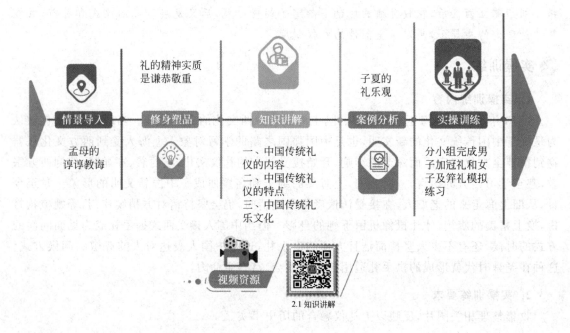

2.1 知识讲解

情景导入

孟子,名轲,字子舆,战国时期著名的思想家、政治家和教育家,是孔子之后儒家学派的主要代表人物,后世尊奉孟子为仅次于孔子的"亚圣"。

孟子的哲学思想、教育思想为后世留下了宝贵的精神遗产,而他的这些成就与他从小受到的孟母的教育是分不开的。孟母是一位慈爱、智慧,同时又严格的母亲。在孟子的幼年时期,就有"孟母三迁""孟母断织"等故事,为后世树立了教子的榜样。就算到孟子娶妻成家后,孟母也不忘在日常生活中经常启发孟子,使他的人格更加完善,品德更加高尚。

有一天,孟子的妻子独自在卧室休息,因为没有其他人,她便放松地将双腿叉开坐着。这时,孟子走了进来,一向守礼好德的孟子看到妻子这样坐着,非常生气。原来,在古时双腿伸开而坐是一种傲慢无礼的表现，人们称这种动作为"箕踞"，就是形容这种坐姿看起来像箕一样。孟子走出房间，一见到孟母就说："我要把妻子休回娘家去。"孟母问道："这是为什么?"孟子说："她既不懂礼貌，又没有仪态。"孟母问："因为什么而认为她没礼貌呢?""她双腿叉开坐着，箕踞向人，"孟子回答说，"所以要休她。""那你又是如何知道的呢?"孟母又问，孟子便将刚才的事情告诉了孟母。

孟母听完，对他说："那么没礼貌的人应该是你，而不是你妻子。难道你忘了《礼记》上是怎么教人的? 进屋前，要先问一下里面是谁;上厅堂时，要高声说话，为避免看见别人的隐私;进房后，眼睛应向下看。你想想，卧室是休息的地方，你不出声、不低头就闯了进去，已经失去了礼，怎么能责备别人没礼貌呢? 没礼貌的人是你自己呀!"孟子一听，羞愧难言，谢过母亲，就赶紧给妻子道歉去了。

【修身塑品】

这个故事中所反映的男尊女卑思想固然需要批判，但它也从另外一个侧面给了人们有益的启示:朝暮相处的夫妻之间也需要讲究礼节。礼的精神实质是谦恭敬重，而社会上存在着许多不懂礼貌、傲慢狂妄的人，究其原因，他们总是以自我为中心，不懂得考虑他人的感受，他们不懂得，人和人之间相互谦让、相互尊重，是一个人的基本文明素养，也是一个人的本分，更是一个人的风度。

 知识讲解

一、中国传统礼仪的内容

中国传统礼仪包括两个方面的内容:一是用于治理国家的礼制，也称国礼;二是用于约束人们行为规范的礼仪，也称家礼。

由于各个历史朝代对中国传统礼仪的分类没有统一的标准，所以国礼和家礼的内容也不尽相同。从各个朝代的礼制来看，一般将《周礼》中的"吉、凶、军、宾、嘉"五礼作为国礼，将《礼记》中的"冠、昏、丧、祭、乡、相见"六礼作为家礼。

（一）五礼

五礼作为国礼，明确了君王与诸侯、士人这些贵族阶层的等级关系，以及在相应等级上的规范行为。

1. 吉礼

吉礼是国家层面的祭祀礼仪。在古代社会，国家祭祀对象主要有天神、地祇、人鬼三类。天神又分为三等:第一等为天昊上帝，其为百神之首，祭祀方式是每年冬至天子到国都南郊的圜丘用"禋祀"祭祀，诸侯不可以祭祀。第二等是日月星辰，用"实柴"祭祀。第三等是除日月星辰之外的自然物或自然现象，使用"槱燎"祭祀。此外，还有祈求风调雨顺、五谷丰登的雩祭，天子与诸侯都可以祭祀，不过，天子进行雩祭时采用乐、舞形式，称为舞雩，诸侯的雩祭只能称为雩。地祇也分为三等:第一等为社稷、五祀、五岳，用血祭;第二等为山林、川泽，用"狸沈"祭祀;第三等为四方百物，用"疈辜"祭祀。第一等由天子祭祀，诸侯只能祭第二、三等。人鬼祭祀是祭祀祖先，祭祀地点在庙，但不是所有的祭祀都在庙。只有天子、诸侯、大夫、士才可以在庙祭祀祖先，平民不能建庙祭祀祖先。

2. 凶礼

凶礼是救赈灾患的礼仪,分为丧礼、荒礼、吊礼、襘礼和恤礼五种。丧礼是通过服丧者的衣着和服丧期限来规定服丧者与死者之间的亲疏关系。荒礼是在荒年所需要采取的措施。吊礼是在遭遇水火之灾时,采取的措施或对受灾地的吊问。襘礼是在发生重大财物损失时,筹集钱财或物品救助之礼。恤礼是在一国经受内忧外患之时对其进行的慰问。

3. 军礼

军礼是关于军队征战和规制的礼仪,征战的军礼分为大师之礼、大均之礼、大田之礼、大役之礼和大封之礼五种。大师之礼是天子亲征之礼;大均之礼是国家用来校正户口、均衡赋税之礼;大田之礼是诸侯在四季参加狩猎的礼仪;大役之礼是役使民众营造宫室、堤防等建筑之礼仪;大封之礼是战争之后重新封土植树划定疆界之礼。规制之礼主要是军队的等级,它象征着国家的大小或者其统治者的爵位等级。按照规定,天子六军,诸侯国之中,按国的大小分为三军、二军、一军。有时还按照战车数量来规范等级,如天子万乘,诸侯千乘,大夫百乘。此外,军队的车马、旌旗、兵器、军容、营阵、行列、校阅,乃至坐作、进退、刺等,无不依一定的仪节进行。军队的日常训练,包括校阅、车战、舟师、马政等,都有严格的礼仪规定。得胜之后,又有凯旋、告庙、献俘、献捷、受降、饮至等仪节。

4. 宾礼

宾礼是天子、诸侯接见宾客的礼仪。诸侯在四季轮流进王城面见天子的礼仪,根据季节的不同有不同的名称——"春见曰朝,夏见曰宗,秋见曰觐,冬见曰遇";诸侯在天子征伐不顺从的诸侯时见天子则叫"会";天子十二年未巡守时,四方诸侯前往京城面见天子叫"同"。此外,士族之人相见以及各地藩王朝见天子也要使用相应的礼仪。

5. 嘉礼

嘉礼是关于人际沟通的礼仪,包括饮食、昏冠、宾射、飨燕、脤膰、庆贺等方面的礼仪,主要用来和合人际关系,沟通、联络感情。此外,天子巡守、即位改元和会盟之礼等也属于嘉礼的范围。这些礼仪能使人与人、国与国之间建立良好的交际关系。

(二)六礼

"吉、凶、军、宾、嘉"之礼主要用于君王和诸侯等贵族阶层,平民百姓婚丧、宴饮、加冠和及笄等活动,一般采用家礼。家礼的仪式不像国礼这么繁杂,其内容更与现代礼仪相近。下面重点介绍《礼记》中提及的六礼。

1. 冠礼

冠礼是男子成人之礼。它表示男子成年了,可以婚娶,并从此作为氏族的一个成年人,参加各项活动。冠礼多由氏族长辈按照礼仪流程举行。

2. 昏礼

昏礼是男女结婚之礼,现在称婚礼。古时昏礼在黄昏举行,取其阴阳交替有渐之义。古代昏礼有六个阶段:纳采、问名、纳吉、纳徵、请期、亲迎。

3. 丧礼

丧礼是办丧事之礼。《周礼·春官宗伯·大宗伯》云:"以凶礼哀邦国之忧,以丧礼哀死亡。"古代的丧葬制度包括埋葬制度和居丧制度,居丧制度还可分为丧礼制度和丧服制度。朱熹在《朱子家礼》中把丧葬分成若干步骤,仅安葬之前就有初终(病人一断气称作初终)、沐浴、袭、奠、为位、饭含、灵座、魂帛、铭旌、小殓、大殓、成服、朝夕哭奠、上食、吊、奠、赙、闻丧、奔丧等步骤。

4. 祭礼

祭礼是祭祀祖先之礼。民间的祭礼主要有宗祠祭和墓祭。宗祠祭,每年春社日和冬至日在祠堂内举行祭祀;墓祭,也称家祭,在自家里祭祀本门祖先或逝去的人,分为春祭和清明祭等。

5. 乡礼

乡礼是乡射饮酒之礼。郑玄在《礼记》中注云:"乡礼,春秋射,国蜡而饮酒养老。"每年春秋两季,各乡的行政长官乡大夫都要以主人的身份邀请当地的卿、大夫、士和学子,在州立学校中举行乡射礼。乡射礼的主持者,由一名德行卓著、尚未获得官爵的处士担任,称为"宾"。射位设在堂上,箭靶称为"侯",设在堂正南方三十丈远的地方。乡射礼的核心活动是射手之间的三轮比射,称为"三番射"。古代"饮酒"之礼是在国家蜡祭之时,各地乡大夫将民众聚集到学校里设酒宴以宾礼相待老人。老人按照年龄大小排定座次,不同的年龄享受不一样的饮食待遇和礼制规格。乡礼,体现举贤敬能、尊老尚齿的思想,以教化百姓、激励青年后学。

6. 相见礼

相见礼是相互见面之礼。相见礼在古礼中是一个十分重要的礼节,它规范着各色人等的日常生活,给人们的行止坐卧提供了准则。古代的相见礼有作揖、打拱、跪拜等。

二、中国传统礼仪的特点

1. 等差性

等差性是指中国传统礼仪中存在如神鬼、君臣、父子、贵贱、亲疏、夫妇、政事、长幼、上下等方面的等级区分。每一对应关系中,彼此不可混淆,不可替代,不可僭越,不可更改。《荀子·富国》中提到:"礼者,贵轻有等,长幼有差,贫富轻重皆有称者也。"在荀子看来,礼就是让贵贱有等级,长幼有差别,而且贫富和地位都要有相应的规定和标准。《礼记·祭统》中列出了十个对应关系:"夫祭有十伦焉:见事鬼神之道焉,见君臣之义焉,见父子之伦焉,见贵贱之等焉,见亲疏之杀焉,见爵赏之施焉,见夫妇之则焉,见政事之均焉,见长幼之序焉,见上下之际焉。"[①]每个对应关系就是一个等差关系,贱者、卑者、幼者总是受制于贵者、尊者、长者。这种看似整齐有序的礼,其实包含着事实上的"不平等"和人身的依附关系。例如在封建社会里,处于从属地位的个体没有独立和完整的人格,只有他们成家之后,通过人伦关系定义自己社会关系和社会角色。

2. 宗族性

宗族性是指中国古代社会很多礼仪活动是通过参加以父系为经线的宗族集体展开的。中国传统社会是一个以家庭或宗族为中心的社会,特别强调五伦,除了父子、夫妇和兄弟三伦外,还把君臣、朋友等社会关系也家庭关系化了,例如国君称君父、朋友称兄弟,教育自己的人称为"师傅(父)"。在家庭关系中,父子关系处于核心地位,它不仅反映了父权,而且也是中国传统家庭的终极目标,即家族的延绵和承袭。以父子关系为主轴的家族观念、宗族观念成了中国传统文化最重要的基石,也是中国传统礼仪最重要的特征。在父子关系中,强调子对父的尊崇和

① 孔子.礼记(下)[M].呼和浩特:远方出版社,2005.

服从,即孝。中国传统社会还对这种"孝"制度化、礼仪化,称为"孝道"。"孝道"中有其合理部分,例如强调个体尊重、赡养父母等,但也存在不合理的因素。中国传统社会关系的家庭关系化,形成了以父子关系为经线、以血缘为纽带的宗族社会。宗族常常通过祭天祭祖等礼仪活动,强化和传播宗族观念和传统,满足人们的归属感和历史感,从而增强宗族的权威和凝聚力。我国从商代开始就确定了家族祭祖的传统。《礼记·王制》提出了天子祭天地、诸侯祭社稷、大夫祭五祀、庶民百姓祭祖的规定。并且在《礼记·祭义》中对祭祖时孝子的行为表情作了详细的规定,要求"及祭之日,颜色必温,行必恐,如惧不及爱然,其奠之也。容貌必温,身必诎,如语焉而未之然,宿者皆出,其立卑静以正"①

3. 强制性

中国传统礼仪的强制性表现为两个方面:一是指为君、为父、为夫者被赋予至高无上的权威,对从属者具有生杀予夺大权;二是通过思想控制,借助于天命论、鬼神报应、下地狱之类的谬论,宣扬"行违神祇,在则罚之"的思想,实行精神上的虐杀。先秦时期,倡导的"五伦"尽管体现了家族观念,但还是具有人文主义色彩,例如孟子提出"父子有亲、君臣有义、夫妇有别、长幼有序、朋友有信",规定了双方的权利与义务,并且两者之间都要在一定约束下生活。到西汉以后,"五伦"经过董仲舒的改革,演变为"三纲",即"君为臣纲、父为子纲、夫为妻纲",使原来还充满人本主义色彩的"五伦"观念提高到纲纪的高度,建立起了一套权威主义礼教的价值系统,使伦理和礼仪规范带上血腥的强制性。到了宋明时期,经过理学,"三纲五常"发展到极致地位,提出了"存天理、灭人欲"的观点,并通过软硬兼施的思想控制,造就了个体忍从、拘谨、依赖、相信天命的文化特性。另外,个体严密地受到家族、宗族人伦关系的制约,导致个体没有合法的地位,更没有独立性。由此,封建礼仪文化变成了扼杀人性的利器,吃人的礼教,公然践踏人权,蹂躏人性,极大地限制和影响了整个民族的精神发展和社会进步。

三、中国传统礼乐文化

1. 礼与乐的关联

在儒家思想体系中,其核心价值观念是"礼",但是另一个与"礼"同时出现的范畴是"乐",两者相辅相成,构成了"礼乐文化"。"礼乐文化"不仅是儒家文化的代表,还是中国传统文化有别于西方文化的重要特质。礼乐文化自古以来具有极高的文化地位,它被认为是中国社会的黏合剂,如果没有了礼乐文化,人心就会迷乱,道德无以确立,政治与法律就失去了基础,社会秩序将会崩溃。

《左传·文公七年》郤缺说:"无礼不乐,所由叛也。"认为音乐能够给人以快乐,所以可以为礼服务,使人心归顺。儒家重要代表人物荀子作《乐论》,专门谈到礼与乐的关系。文中写道:"故人不能不乐,乐则不能无形,形而不为道,则不能无乱。先王恶其乱也,故制《雅》《颂》之声以道之。使其声足以乐而不流,使其文足以辨而不思,使其曲直、繁省、廉肉、节奏足以感动人之善心,使夫邪污之气无由得接焉,是先王立乐之方也。"②在荀子看来,礼是"理","乐"是情,只有感情动,才能较好地接受礼,用形象化的音乐作为道德教育的工具,容易使人接受,收到较好的效果。正如《礼记》提出的:"知乐则几于知礼矣;礼乐皆得,谓之有德。"一个人如果真正懂得乐的作用,差不多也就懂得礼治的意义了。而深谙礼乐之道,就可以算作有德之人

① 孔子.礼记(下)[M].呼和浩特:远方出版社,2005.
② 荀况.荀子[M].北京:光明日报出版社,2014.

了。所以讲"礼"一定要知道"乐"。

"礼"之所以与"乐"联系，还在于"天理"与"人欲"的斗争中，音乐能够沁人心扉，感人肺腑，"教民平好恶而反人道之正"，从根本上端正人心，实现乐教。此外，通过"乐"还可以观察一个人的品行，《乐记》提出："乐者乐也，君子乐得其道，小人乐得其欲。以道治欲，则乐而不乱，以欲忘道，则惑而不乐。"乐就是快乐，就是高兴。君子快乐在于获得道义，小人高兴在于满足私欲。用道义去制止私欲就可以快乐而不乱；因私欲而丢弃道义就会迷惑而得不到真正的快乐。"是故君子反情以和其志，广乐以成其教，乐行而民乡方，可以观德矣。"说的就是君子反省自己的情欲以调节自己的志向，推广乐事来施行教化。乐教施行了，人们就会向往道义。由此可以看出人们的品德了。

从社会治理角度来看，礼乐结合，可以保证人们从内心到外表协调一致，有利于社会治理。"乐也者，动于内者也；礼也者，动于外者也。乐极和，礼极顺，内和而外顺，则民瞻其颜色，而弗与争也；望其容貌，而民不生易慢焉。"①乐是调理内心的，追求和畅；礼是调节外貌的，表现为恭顺。一个人内心和畅而外貌恭敬，人们看到他的面部表情，就不敢和他抗争；看到他的仪容外表，就不敢有轻忽怠慢的念头。如果人人都能做到"内和而外顺"，社会就可以治理好了。

2. 礼乐的内容与形式

礼乐肇始于三代，因周公"制礼作乐"，获得大发展，后经先秦儒家的创造性转化赋予礼乐丰富的文化精神，使得礼乐定型为伦理道德型文化，并沉淀为中华民族精神家园一以贯之的文化传统。礼乐作为中国古代社会的组织与建构方式，它的内涵非常丰富，包含政治、法律、道德、修养、教化、心理、情感、审美等多方面的内容。

在政治与法律上，礼乐是统治阶级节制人的行为、感化人心的工具。《礼记·缁衣》写道："民以君为心，君以民为体……心以体全，亦以体伤……君以民存，亦以民亡。"②统治者好比心脏，被统治者好比身体，心脏能否正常跳动，取决于身体是否健康。统治者的安危存亡，依赖于被统治者的支持与否。因此，治国之策还是以礼节制人的行为，以乐感化人心，使之自觉服从统治。但由于统治者与被统治者矛盾的尖锐，礼乐与刑罚相辅相成，互为补充，封建统治才能够得到巩固。

在道德与修身上，礼乐文化强调人们通过礼乐的练习与熏陶以达到修身的目的，认为这是礼乐文化教化功能的主要体现，也是实现修、齐、治、平的重要途径。孔子非常注重礼乐的修身作用，《论语·宪问》记载，子路问孔子什么样的人是完美的人时，孔子说除智慧、无私欲、勇敢和有学问外，还要"文之以礼乐"，可见礼乐对修养的重要性。

在教化上，正如前面所述，礼乐能够端正人心，实现乐教。在礼乐文化的内容体系中，具体的典章制度与行为规范是其主体部分，这些具体的制度规范涉及社会生活的各个方面。从治国、处理家族关系、祭祀天地祖先、个人的婚丧礼仪到邦国和普通民众的交往都有一套完备的礼仪规范，正是这些无处不在的各种规范在节制人的行为，同时潜移默化地教化人们遵从秩序，接受统治者的统治。

在情感审美上，礼乐文化中许多经典著作本身就是美学著作，包含着丰富的美学思想，例如，《乐记》就是我国最早音乐美学著作，《论语》《孟子》中提出很多审美的观念。中国传统的礼乐文化，从真的角度看，它体现着中国传统对于宇宙人生真理的把握；从善的角度看，它体现了中国传统的伦理观、道德观；从美的角度看，它体现了中国传统的审美意识。另外，礼乐文

①② 孔子.礼记(下)[M].呼和浩特：远方出版社，2005.

化还是"生活之饰文"。一方面礼乐起到修饰、文饰和美化生活的作用。正如《荀子·礼论》曰："凡礼:事生,饰欢也;送死,饰衰也;祭祀,饰敬也;军旅,饰威也。是百王之所同,古今这所一也,未有知其所由来者也。"[①]另一方面,社会生活内容总是通过"缘饰"展示出来,例如吃饭,人与动物不一样,所以有饮食礼。

在心理上,礼乐文化从性恶论出发,认为人的欲望如果不能节制,在外界的诱惑下,就会出现一系列不道德的行为与思想。《乐记》中提到:"人生而静,天之性也,感于物而动,性之欲也。物至知知,然后好恶形焉,好恶无节于内,知诱于外,不能反躬,天理灭矣。夫物之感人无穷,而人之好恶无节,则是物至而人化物也,人化物也者,则灭天理而穷人欲者也。"[②]这段话的意思就是人的天性是静的,受外界刺激而动的,这种冲动也就是欲望。外界的刺激让人的心智产生了感觉,表现为爱好与厌恶两种感觉,如果人们好恶的欲望没有节制,外界的刺激一直还在,人们又不能自我反省,天理就会灭亡。礼乐文化从心理层面说明了人的欲望在心理上不加节制会出现不道德的行为。

案例分析

魏文侯是魏国的首任国君,他虚怀若谷礼贤下士,在他的治理之下,魏国成为战国早期最强大的国家。子夏是孔子的弟子,是"孔门七十二贤"和"孔门十哲"之一,后人尊称他为卜子。

魏文侯曾拜子夏为老师,有一次向子夏求解心中的疑惑:"我穿着礼服,戴着礼帽,恭恭敬敬地听古代音乐,却忍不住直打瞌睡;而听到郑国、卫国的音乐,就精神焕发,不知疲倦。这是什么道理呢?"

子夏说:"古乐的表演,讲究表演者表演时进退整齐,和平宽广。各种管弦乐器,等领乐的拊和鼓敲响后才一齐演奏。开始以鼓声领起,结尾以金铙收束。用相来调整结束的音乐,用雅来控制音乐的速度。君子在一旁解说此乐舞的深刻意义,或称道古代圣王的业绩。这样的音乐听起来,能让人不急不躁、修养身心,听完了古乐,大家可以心平气和地谈论国家大事。而眼下最流行的郑国、卫国的新乐,人都是弯着身子扭来扭去的,发出的也多是邪恶淫乱的声音,充满淫声浪语,让人沉溺其中不可自拔,甚至还加上倡优侏儒丑态百出的表演,男女混杂,父子不分,音乐终了,无法说明什么道理,也不能讲述古代圣王的业绩,这就是新乐的表现。现在你问的是'乐',而你喜好的却是'音'。所谓'乐'和'音'虽然相似,但却是不同的!"

魏文侯问:"请问'乐'与'音'究竟是怎样不同呢?"子夏回答说:"古时候天地正常,四时风调雨顺,人民有德行,五谷丰盛,疾病灾祸不发生,反常现象不出现,这就叫作天下太平。这时就有圣人起来,制定了君臣父子的名分,作为人们的纲常。纲常确定了,天下就安定了。天下安定,再制定六律,调和五声,演奏乐器来歌唱,创作诗篇来赞颂。这样的音乐,就叫作德音;德音才能称作'乐'。《诗经》上说:'德音多么淡漠,德行多么光明。光明而合伦类,能够担任君长,统治伟大国家;恭顺而能择善,传到文王时代,德行无所遗憾。接受天帝福佑,传给子孙万代。'这就是说的德音啊!而你所喜好的大概是那种令人沉湎的'溺音'吧。"

魏文侯又问:"请问溺音是从何而来的呢?"子夏说:"郑国的音乐轻佻放纵,使人心淫荡;宋国的音乐缠绵纤柔,使人心沉缅;卫国的音乐节奏急促,使人心烦躁;齐国的音乐傲慢邪辟,使人心骄横。这四种音乐都使人沉溺于声色而有害于德行,所以祭祀时不采用。"

① 荀况.荀子[M].北京:光明日报出版社,2014.
② 孔子.礼记(下)[M].呼和浩特:远方出版社,2005.

【分析】

儒家为了宣传"礼",提出了借助"乐"来提高效果,但是并不是所有的音乐都能传礼。这个记载于《乐记》中故事,通过魏文侯与子夏的问答,论述"古乐"与"今音"的区别。古乐包括德音与德行,能够让人修养身心。而新音虽然可以让人兴奋,但它只会让人沉溺其中而害于德行。

⟳ 实操训练

1. 实操训练内容

《仪礼·士冠礼》详细记载了周代士冠礼的仪节。士冠礼是士之子年二十行冠礼的礼仪,也是"士身年二十加冠法"。

北宋时期,司马光将《仪礼·士冠礼》加以简化,制定了冠礼的仪式。仪式载于其所著《书仪》之中,规定了男子年十二至二十岁,只要父母没有期以上之丧,就可以行冠礼。女子在十五岁行"笄礼"。

加冠在古代是人生的一件大事,一般在宗庙里举行,由其父或兄主持。冠礼需要先"筮日",也就是选择吉日,而后"筮宾、戒宾",即确定参礼人员,并写请柬。前期三日戒宾,一日宿宾,选择贤而有礼者为正宾,以笺纸书写请辞,行礼前三日,派人送达。

到了古日那天,准备好醴酒、席子、衣冠等物品后,孩子和父亲祭祀祖先,迎入宾客。吉时一到,冠礼正式开始,仪式需要加冠三次,分别有不同的意蕴,象征着孩子成长的过程。"初加"表示感念父母养育之恩;"二加"表示对师长和前辈的尊敬;"三加"则表示传承的决心。

2. 实操训练要求

分小组完成男子加冠礼和女子及笄礼模拟练习,录制成1个视频。

3. 实操训练步骤

(1)列出男子加冠礼和女子及笄礼的流程。

(2)制作道具,并布置环境。

(3)完成模仿过程。

(4)制作视频。

任务二 研读"三礼"

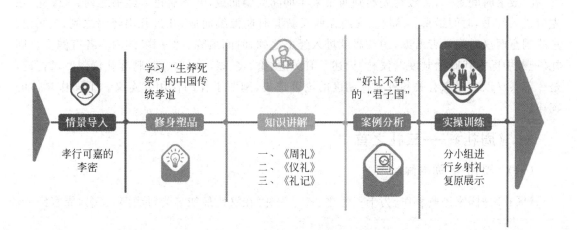

情景导入 — 修身塑品 — 知识讲解 — 案例分析 — 实操训练

学习"生养死祭"的中国传统孝道

"好让不争"的"君子国"

孝行可嘉的李密

一、《周礼》
二、《仪礼》
三、《礼记》

分小组进行乡射礼复原展示

2.2 知识讲解

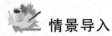

情景导入

《礼记》把"生养死祭"作为孝的起码要求,倡导孝敬父母,认为一个人若不孝敬父母,便难以在社会上立足,孝被视为做人之本。

李密是西晋的名臣,因一篇《陈情表》而闻名后世,成为一位孝行可嘉的人物。李密出生6个月父亲就去世了,家族里没有叔叔伯伯,又没有兄弟,加上4岁时其舅又逼其母改嫁,因此他从小由祖母刘氏抚养成人。西晋初年,朝廷征他到洛阳为官,州官催他赴任。此时,李密44岁,祖母已96岁。李密执意辞官不去,写下一份奏表,即著名的《陈情表》。在这份奏表中,李密详述自己的身世,说祖母现在已"日薄西山,气息奄奄,人命危浅,朝不虑夕",自己不能离开祖母。并说如果没有祖母,自己无法达到今天的地位;祖母如果没有自己的照料,也无法度过她的余生,自己与祖母二人相依为命,自己不能废止侍养祖母而远离去赴任。李密在奏表中还说,依自己和祖母的年龄来讲,"是臣尽节于陛下之日长,报养刘之日短也"。最后他谦卑地说自己怀着乌鸦反哺的私情,乞求能够准许他完成对祖母养老送终的心愿。相传后来司马炎看了表文后,深受感动,特意赏赐给他两个奴婢,并指令郡县供应他祖母的膳食,李密一直侍奉祖母死后,服丧毕,才出任尚书郎、汉中太守等职。

【修身塑品】

李密《陈情表》从自己的身世和对祖母的恩情陈述了自己不能离开祖母去赴任的原因,文章朴实恳切,催人泪下。从中国传统"礼"的角度来看,李密的言行符合了"生养死祭"的中国传统孝道要求。

知识讲解

"三礼"是指《周礼》《仪礼》和《礼记》三部与中国传统礼教相关的儒家经典,是古代社会礼仪制度和礼仪理论的总汇,也是中国奴隶社会的典章制度,是奴隶社会及封建社会的道德规范。"三礼"的出现,标志着中国礼制的发展进入新的阶段,确立了中国封建礼教的基本框架。"三礼"成书时间不一,大致在先秦到西汉末年期间汇编而成,并先后进入经书之列。《仪礼》在先秦进入经书,时间最早;《周礼》大约在西汉新莽时期汇编而成,几进几出经书之列;《礼记》是战国至西汉时间学者所编,约在唐朝进入经书之列,时间最晚。"三礼"的内容各有侧重,《周礼》记载中国古代政治制度,《仪礼》记述了有关冠、婚、丧、祭、乡、射、朝、聘等礼仪制度,《礼记》是一部秦汉以前儒家有关各种礼仪制度的论著选集,阐明了礼的作用和意义。下面作具体的阐述。

一、《周礼》——三礼之首

(一)《周礼》名称溯源

《周礼》是儒家经典著作,为十三经之一。《周礼》在汉代最初名为《周官》,又名《周官经》或

《礼经》。《周礼》一书之名,先秦未传世,最早见于司马迁的《史记·鲁周公世家》:"成王在丰,天下已安,周之官政未次序,于是周公作《周官》,官别其宜。"至王莽当政时,接受刘歆的建议,将《周官》改称为《周礼》,并设置了博士。后由经学大师郑玄作注,《周礼》一跃而居"三礼"之首,其学术地位也得到大幅度提高。

《周礼》的成书年代与作者历来众说纷纭。据贾公彦《周礼正义序》记载,认为《周礼》在孝武时期就出现了,但是藏在秘府不对外传,一般读书人都看不到。直到刘向、刘歆父子校理秘府文献才发现,并加以著录。王莽时期,因刘歆奏请,《周官》被列入学官,更名为《周礼》。除此以外,关于《周礼》的作者还有西周周公旦说、战国时期学者说、刘歆伪造说、东周人所作说等不同观点。

《周官》更名为《周礼》,并不仅是书名的改变,更意味着在汉儒看来,社会的所有一切制度规范,可概名之"礼"。在中国传统话语体系中,"礼"乃是一切制度规范的概称。

(二)《周礼》的基本内容

《周礼》是一部通过官制来表达治国方案的著作,内容丰富,涉及社会生活的各个方面,既有祭祀、朝觐、封国、巡狩、丧葬等的国家大典,也有用鼎制度、乐悬制度、车骑制度、服饰制度、礼玉制度等的具体规范,还记载各种礼器的等级、组合、形制和度数等,所记载的礼的体系最为系统。全书原来分为《天官冢宰》《地官司徒》《春官宗伯》《夏官司马》《秋官司寇》《冬官司空》六篇。汉时《冬官司空》篇已丢失,由于"冬官司空"这一职位主要掌管工程营造,所以汉儒选择记载先秦手工业技术的著作《考工记》作为补充。

《周礼》依据礼制将官职分为六类职官,《天官·大宰》称它为"六典"——治典、教典、礼典、政典、刑典和事典。这六类职官分别负责治理国家、管理官府、维护社会秩序、安稳平定国家、惩治官吏和促进国家发展等事务。《天官·小宰》谓之"六属"——天官、地官、春官、夏官、秋官和冬官。其分工大致如下:①天官的最高官职是冢宰,为六卿之首,百官之长。天官主要职掌天下政务,兼管财政和宫廷事务,辅佐帝王统治天下。天官系统共有 63 种职官。②地官的最高官职是司徒,职掌邦教、土地、赋税等。地官系统共有 78 种职官。③春官的最高官职是宗伯,职掌邦礼,主管宗庙祭祀等。春官系统共有 70 种职官。④夏官的最高官职是大司马,职掌军政,统领军队。夏官系统共有 69 种职官。⑤秋官的最高官职是大司寇,职掌刑典,负责狱讼刑罚等司法政务。秋官系统共有 66 种职官。⑥冬官的最高官职是百工,涉及制作方面共30 种职官,负责营造事务。

《周礼》体例非常严整,每一官前会设立"叙官"一节,用来总括设立此官的意义、介绍此官的职掌等。对于各种官职,均是先叙其官名、爵等、员数,然后再分叙其职掌。

(三)《周礼》的核心思想

《周礼》通过记述 300 多种职官的职掌来阐述对社会政治制度的设想,同时表达治国思想。《周礼》的真正价值不在其制度设计,而在其赖以进行制度设计的更为根本的原则精神,即仁爱精神,或者更确切地说,是博爱精神。儒家"仁爱"观念包括两个不可或缺的方面:差等之爱和一体之仁。意思是既承认差等之爱的生活实情,又强调应超越这种差等之爱的一视同仁。

《周礼》的制度设计,体现着儒家的博爱精神,如保息制度:"以保息六养万民:一曰慈幼,二曰养老,三曰振穷,四曰恤贫,五曰宽疾,六曰安富。"(《地官·大司徒》注:"保息,谓安之使蕃息也。")

（四）《周礼》的价值

1. 政治制度

《周礼》含有丰富的治国思想,对后世影响较大。例如《天官》概括的"六典"法则,为后世所借鉴。从隋朝开始的"三省六部制"中的"六部",就是仿照《周礼》的"六官"设置的;唐代将六部之名定为吏、户、礼、兵、刑、工,此六部作为中央官制的主体,为后世所遵循,一直沿用到清朝灭亡。再如,《周礼》对官员、百姓采用儒法兼融、德主刑辅的方针,不仅显示了相当成熟的政治思想,而且有着驾驭百官的管理技巧。其中管理府库财物的措施,严密细致,相互制约,体现了高超的运筹智慧。

2. 文化思想

西周以宗法等级制度为核心的礼的思想和意识形态,奠定了中国古代社会意识形态的基本格局,成为中国古代社会正统统治思想的核心。"礼"在西周之时,主要作为政治权力分配功能,但是自汉代以后转变为社会生活层面秩序塑造和维持的机制。这种转变不仅没有削弱"礼"的功能,反而使它的亲亲、尊尊、长长和男女有别等基本原则得到巩固和强化,从而影响后世。

3. 思想教育

《周礼》构想了礼法教化、德行教化和职业教化的路径。在礼法教化上,《周礼》中构想了十二条礼仪、礼节法式教化公民,称为"十二教法"。《周礼》特别强调通过读政令来教化万民,认为只有让万民和百官深入了解王国的政策法令,才能正邦国,谐万民。同时还强调习礼乐对万民的行为、道德规范的熏陶和训练。在德行教化上,《周礼》颁布乡学教学的"乡三物"——六艺、六乐和六书。"六艺"主要是教育"五礼",属于礼仪教育;"六乐"是音乐舞蹈教育;"六书"是文字知识的启蒙教育,可见《周礼》的乡学教育已经初具规模,为后世的兴学及学校教育提供了借鉴。在职业教化上,《周礼》根据贵族专制统治的需要,强化人民的职业意识,构想了"十二职事",对人民实行职业教化。它使国之民有所事事,安居乐业,成为王国统治者的驯服工具。

4. 民族凝聚

《周礼》使民族意识的自觉得到继承和发扬,"礼"成为一种民族的向心力和凝聚力标志。"周礼"成为周王朝建立领主制封建国家政治机构的组织原则之后,其作为周族的典章、制度、仪节、习俗的总称的意义不仅依然存在,而且被扩大、推广到整个华夏民族的势力范围。在当时,用不用"周礼",已成为区分"夷狄"与"诸夏"的主要标志。这是民族意识自觉早期萌芽。之后,中华民族的文化传统几千年来绵延不绝,堪称世界文明发展史上的奇迹,这与《周礼》开启的民族意识自觉有着一定的思想渊源关系。

5. 文学艺术

《周礼》提出的方法和标准使后世深受其影响。例如,在文学创作方面,《周礼》载:"教六诗,曰风、曰赋、曰比、曰兴、曰雅、曰颂;以六德为之本,以六律为之音。"这里列出的风、雅、颂三种文体和比、赋、兴三种艺术表现手法,对后世的文学创作影响深远。再如,在音乐艺术方面,《周礼》载:"皆文之以五声:宫、商、角、徵、羽。皆播之以八音:金、石、土、革、丝、木、匏、竹。"这些音阶标准和音色标准,使音乐得以发展成为一门艺术。

二、《仪礼》——礼仪的详细记录

1.《仪礼》书名溯源

《仪礼》是先秦儒家所传授的"六经"之一,两汉通称《礼》,该书名正言顺地被尊称为《礼经》。《仪礼》17篇所载多是士人应用之礼,如其中《士冠礼》《士昏礼》《士相见礼》《士丧礼》《既夕礼》《士虞礼》《特牲馈食礼》等篇基本上专谈士阶层的礼仪。因而汉代多称《仪礼》为《士礼》或《礼记》,大约魏晋之际始称为《仪礼》。《仪礼》之名最早见于东汉王充《论衡》一书。今传本《仪礼》17篇通称为《仪礼》,大约出现于郑玄之后,范晔之前。《仪礼》开始并无"仪"字,多称《仪礼》为《礼》;东晋元帝时,荀崧奏请设置《仪礼》博士,始有《仪礼》一名,但未成为通称;唐文宗开成年间,石刻九经,用《仪礼》之名,遂成通称,沿用至今。

汉代的《仪礼》有古文和今文两种:《礼古经》56卷,《经》17篇。前者为古文,后者为今文。今文《仪礼》比古文少了39篇,后来渐渐失传,人们称为《逸礼》。

2.《仪礼》的内容和结构

《仪礼》17篇的具体内容主要可以分为冠、婚、丧、祭、乡、射、朝、聘八类礼节,基本包括古代社会各方面的礼节和仪式。

现存《仪礼》的篇次顺序:《士冠礼》第一、《士昏礼》第二、《士相见礼》第三、《乡饮酒礼》第四、《乡射礼》第五、《燕礼》第六、《大射仪》第七、《聘礼》第八、《公食大夫礼》第九、《觐礼》第十、《丧服》第十一、《士丧礼》第十二、《既夕礼》第十三、《士虞礼》第十四、《特牲馈食礼》第十五、《少牢馈食礼》第十六、《有司彻》第十七。这17篇对礼仪中所涉及的人员、器物和仪节程序等都有十分严格而具体的规定和说明,下面逐一作具体介绍。

(1)《士冠礼》记述了贵族男子20岁时要举行的加冠礼仪式。加冠意味着此人已经成年,享受成年人权利,同时承担成年人的责任和义务。

(2)《士昏礼》记述了贵族青年男女在家长主持下的结婚礼仪,包括纳采、问名、纳吉、纳徵、请期、亲迎六个环节。按照礼制规定,古代男子娶妻要在昏时,取其阳往而阴来之义,故名"昏礼"。后世将"昏"加女字旁而成"婚"字。

(3)《士相见礼》记述了贵族之间初次交往的礼仪,包括初次见面时的介绍、馈赠礼物、应对、复见等内容。《士相见礼》所述礼节并不仅限于士人之间,还包括士见于大夫,大夫相见,庶人、士、大夫见于国君的礼节。

(4)《乡饮酒礼》记述了古代乡一级宴饮活动的礼仪。活动中饮酒要求长幼亲疏不能混淆,饮酒礼仪不能乱用。

(5)《乡射礼》记述了古代低级贵族与士人,在以乡为范围的射箭比赛中应遵守的举止规则和礼节仪式。古代举行乡射礼,目的在于考察参与者的德行和礼仪修养,以便选举贤能。

(6)《燕礼》,即"宴礼",记述的是诸侯宴会时的礼仪制度。包括宴饮时的酒具、座次、行为举止、答谢程式等内容。

(7)《大射仪》记述了诸侯国君主持的射箭比赛的礼仪,就级别来说要比"乡射"高。

(8)《聘礼》记述了国君派大臣到其他诸侯国进行访问的礼节,程序很复杂,包括如何辞君、如何入境、如何答对、如何设宴等,实际属于外交礼仪。

(9)《公食大夫礼》记述了诸侯宴请大夫时的礼仪,如迎送、揖拜、座次、方位等,甚至还包括菜肴规格,如何上菜等。

(10)《觐礼》记述了诸侯每年秋天觐见天子时的礼仪制度。

(11)《丧服》记述了人死后亲族所穿衣服式样等级、服丧的时限长短,并以此来区分宗族中与亡人的血缘亲疏远近及丧服的等级差别。

(12)《士丧礼》和《既夕礼》记述了士阶层的丧葬礼仪。《士丧礼》讲士死后的收敛方式、陪葬方式、安葬制度等,《既夕礼》讲到黄昏后如何哭祭、祈祷、守灵、陈列、出殡、下葬等。二者本为一篇,因为简册繁重而分为两篇。

(13)《士虞礼》记述了士埋葬父母返回家中的安魂礼。

(14)《特牲馈食礼》,记述诸侯国中的士祭祀祖先的礼仪,包括筮占、立户、酬宾、献牺牲、祭拜等。

(15)《少牢馈食礼》和《有司彻》记载的是诸侯国内卿大夫祭祖时从择日、筮占乃至成礼的一整套程序。祭品的等级:诸侯国内的卿大夫祭祖可用"少牢",所谓"少牢"是指祭祀时可用羊和猪。而天子的卿大夫祭祖可用"太牢","太牢"除有羊、猪外,还有牛,规格又高了一个等级。《少牢馈食礼》和《有司彻》本为一篇,后一分为二。

3.《仪礼》的现代价值

(1)《仪礼》保留了丰富的古代礼俗史料。该书很少讲关于礼的大道理,只是把礼仪程式一项项详细地记下来,保存了古代礼俗详细原貌,为现代的社会学、人类学、民族学等研究提供了丰富的史料,同时也可帮助人们了解今天本民族的风俗习惯。此外,《仪礼》中记载的古代宗法制度、伦理思想、生活方式、社会风尚等犹如一幅古代社会生活的长卷,也具有很高的史料价值。

(2)《仪礼》可以帮助人们更好地理解体育的真谛。"射"在我国古代不仅是一种活动,还有道德教化功能,正如《礼记·射义》中说到"射者,仁之道也"。《乡射礼》中认为要取得比赛胜利,先要外体直,内志正,这与儒家礼仪教育强调形体与心志正直相吻合。该篇文中还要求参加射箭的人员在竞争过程中要尊重对手,在上场和下场时学会谦让对方。自己失败了,也不怨恨别人,要多反省自己。从射箭礼仪可以看出我国古代的体育精神:追求体魄与心性统一,强调在竞争中完善自我和拥有良好的竞争心态。这对正确理解体育运动的真谛,促进人的内外兼修和全面发展极富启迪意义。

(3)《仪礼》为人们观察国际事务提出了崭新的标尺。《仪礼》中的《聘礼》是迄今为止我国年代最早的外交礼的成文"法典",它强调国家相交以德为本,鄙视金钱奥援,证明了中国自古奉行道德立国的理念,这为观察当今的国际事务,提供了一把崭新的标尺。

三、《礼记》

1.《礼记》的编纂成书

《礼记》又名《小戴礼记》,成书于汉代,相传为西汉礼学家戴圣所编。它是儒家"十三经"之一,是秦汉以前儒家各种礼学文献的选集,是一部有关儒家礼乐文化的资料汇编。《礼记》共有49篇,书中内容主要写先秦的礼制,体现了先秦儒家的哲学思想、教育思想、政治思想、美学思想,是研究先秦社会的重要资料。

《礼记》各篇大多是用来解释《礼经》(《仪礼》)或解释《礼经》没有说清楚、补充《礼经》缺漏的内容,附属于《仪礼》,有人认为《礼记》是《仪礼》的"附庸"。

根据《汉书·儒林传》等相关书籍记述,汉初鲁高堂生传授《士礼》17篇给瑕丘人萧奋,萧奋再传授给东海郡人孟卿,孟卿又传授给东海郯县人后仓,后仓传授给沛县人闻人通汉、庆普和梁人戴德、戴圣。戴德、戴圣和庆普号称《仪礼》"三家之学"。戴德为戴圣的叔父,戴德的选编本 85 篇被称为《大戴礼记》,戴圣的选编本 49 篇便被称为《小戴礼记》。又由于《小戴礼记》的学术地位比较高,影响比较大,因而被后世称为《礼记》。

《礼记》真正的作者为孔门弟子及其后学,但具体到每篇的作者大多数不可考。由于《礼记》各篇的作者不止一人,写作时间也有先有后,而且《礼记》各篇在流传过程中也有所修改或增补,甚至个别篇章中混入了秦人、汉人增补的一些语句或内容,因而唐宋以后,有不少学者怀疑《礼记》中有一些伪托之作。如朱熹《朱子语录》认为:"《仪礼》,礼之根本;而《礼记》乃其枝叶。《礼记》乃秦、汉上下诸儒解释《仪礼》之书,又有他说附益于其间。"[①]

2.《礼记》的内容及分类

《礼记》49 篇,共 9 万多字。该书内容非常繁杂,篇目编次也不成系统,不如《仪礼》《周礼》严谨。该书各篇主要是记载和论述先秦的礼制、礼义,解释《仪礼》,记录孔子和弟子等的问答,记述修身做人的准则等。内容涉及政治、法律、道德、哲学、历史、祭祀、文艺、日常生活、历法、地理等诸多方面,几乎包罗万象,集中体现了先秦儒家的政治、哲学和伦理思想。

按照所述内容,《礼记》可分为 10 类。

(1)《曲礼上篇》《曲礼下篇》《内则》和《少仪》4 篇,内容大多是有关日常社会生活和家庭生活中言语、饮食、洒扫、应对、进退的礼仪。

(2)《王制》《文王世子》《礼器》《玉藻》和《明堂位》5 篇,广泛论述了政治制度、帝王的教育以及各级贵族的衣饰、冠冕、牛马、玉饰等各种礼仪制度。

(3)《檀弓上篇》《檀弓下篇》《丧服小记》《大传》《杂记上篇》《杂记下篇》《丧大记》《奔丧》《问丧》《服问》《间传》《三年问》和《丧服四制》13 篇,大都是讨论丧礼与丧服制度的内容。

(4)《郊特牲》《祭法》《祭义》和《祭统》4 篇,是有关吉礼的篇目,较为全面地记述了祭祀的方法、对象、场所、原则,有关的祭祀制度、立社制度以及祭祀的意义。

(5)《礼运》《哀公问》《仲尼燕居》《孔子闲居》和《曾子问》5 篇,通过孔子与鲁哀公及孔门弟子的问答之辞,从不同角度阐述了孔子的政治思想和礼学思想。

(6)《大学》《中庸》《坊记》《表记》《缁衣》和《儒行》6 篇,集中论述了儒家的人生哲学和伦理思想,探讨了儒家修身、齐家、治国、平天下的道德观和修养原则。

(7)《冠义》《昏义》《乡饮酒义》《射义》《燕义》和《聘义》6 篇,是专门诠释《仪礼》有关篇章的著述。如《冠义》是注释《仪礼·士冠礼》的篇章,《昏义》是注释《仪礼·士昏礼》的篇章,《乡饮酒义》是注释《仪礼·乡饮酒礼》的篇章,《射义》是注释射礼之义的篇章。

(8)《月令》是一篇论述时令与政治的著述,逐月记载了每月的天象特征和天子相应的居处、车马、衣服、饮食及应当施行的政令等。

(9)《学记》《乐记》和《经解》是 3 篇专论学术的篇章。《学记》是一篇教育学专著;《乐记》是当今传世的先秦儒家唯一一篇关于乐论的经典专著;《经解》主要论述儒家经典《诗》《书》《礼》《乐》《易》和《春秋》对社会的教化功能。

(10)《深衣》与《投壶》是 2 篇专论性质的文字。《深衣》专记深衣的制度、意义和用途,《投壶》专记投壶游戏的礼仪。

3.《礼记》的当代价值与影响

(1)《礼记》提出的"大同""天下为公"和"小康"等政治思想,依然在指导着社会实践。《礼

---
① 黎靖德.朱子语类(卷八十四)[M].北京:中华书局,1986.

记·礼运》以孔子与其弟子子游问答的形式提出了中国历史上著名的"大同"社会理想,并进而说明"天下为公"是大同社会的特征。这三种政治思想对后世影响很大,并被后世伟人借鉴用来阐释自己的政治思想。戊戌运动的领袖康有为曾经撰写了《大同书》来阐发其社会改良思想。中国近代民主主义革命的开拓者孙中山在推翻清朝统治,建立民国的革命运动中倡导"天下为公",主张建立一个公平、公正的共和社会。我国改革开放的总设计师邓小平同志汲取《礼记》的思想精华,结合中国特色社会主义建设的实际国情提出了"小康社会"这一新概念。

(2)《礼记》对构建社会主义和谐社会有启迪作用。儒家所倡导的礼乐文化的主导精神就是"和",即"和谐"。《礼记·儒行》明确提出:"礼之以和为贵。"《礼记·乐记》说:"大乐与天地同和,大礼与天地同节……乐者,天地之和也。礼者,天地之序也。"[①]"贵和"的价值取向就是要求社会各个阶层应当在"礼"的制度框架之下和平共处。当个人与个人、个人与社会之间发生矛盾与冲突时,应采取宽容、谦让的态度,求大同、存小异,通过构建和谐协调的人际关系和群际关系,形成良好的社会秩序,从而使整个社会形成强大的凝聚力。进入 21 世纪后,党和国家又把"构建社会主义和谐社会"作为全党全国的历史任务,这在一定程度上折射出中国传统礼乐文化的"贵和"特色,是对中国传统礼乐文化有批判地继承和超越。所以《礼记》对构建社会主义和谐社会仍有积极的意义。

(3)《礼记》激励着一代代知识分子努力弘扬光明品德、不断提高自身修养,并积极入世、兼济天下,造福社会。例如《大学》篇提出"三纲领"("明德、亲民、止于至善"),为实现这"三纲领",《大学》篇设计出"八条目"作为人生进修的阶梯,即"格物""致知""诚意""正心""修身""齐家""治国"和"平天下"。可见《大学》不仅重视个人的修身养性,而且更重视"齐家""治国""平天下"的宏大理想。在《中庸》中提出天人合一,主张人性源于"天命",因此要"率性"而为,并主张通过"修道"的自我教化方式达到至诚、至善的境界,并教育人们自觉地进行自我修养、自我教育、自我完善,从而把自己培养成为至善、至诚、至道、至德的理想人物,共创"太平和合"的理想社会。

(4)《礼记》对研究中国古代历史具有重要的学术价值。《礼记》49 篇记载和论述了先秦的礼制、礼义,解释和补充了《仪礼》的有关内容,记录了孔子和弟子等的问答,记述了修身作人的准则。它涉及了政治、法律、道德、哲学、历史、祭祀、文艺、日常生活、历法、地理等诸多方面,内容包罗万象,不仅较系统完整地记述和阐释了先秦时期社会生活中的冠、婚、乡、射、宴、聘、丧、祭诸礼,而且对于古代的封国制度、爵禄制度、封禅制度、明堂制度、宗法制度、昭穆制度、学校制度等许多典制也有较详细的论述。这些对于今后研究古代历史文化有着非常重要的学术价值。

(5)《礼记》为中华民族生生不息、发展壮大提供了强大的精神支撑,具有重要的文化价值。中国传统文化是中华民族的"根",是中华文明的魂,是中华儿女共有的精神家园。《礼记》记载着大量的礼乐文化,贯穿其中的基本思想理念、传统美德和人文精神,超越时代的局限,成了中华文明永恒的价值理念。例如对生态系统的"生生大德"的认识,对于当今生态文明建设也颇有启发。《礼记》中提出对父母要尽"孝"、对国家要尽"忠"、对朋友要守"信",兄弟之间要以礼相让,夫妻之间要以礼相待,这些与现在提倡的当代社会主义核心价值观有一脉相承的关系,有利于全体公民提高自身修养、培养高雅情趣,从而和谐人际关系、改良社会秩序。

---

① 孔子.礼记(下)[M].呼和浩特:远方出版社,2005.

案例分析

清人李汝珍在他的名作《镜花缘》中，描绘了一个"好让不争"的"君子国"。书中写道："唐敖因素闻君子国好让不争，想来必是礼乐之邦，所以约了多九公上岸，要去瞻仰。"到此国一看，果然"民耕者让畔，行者让路"，"士庶人等，无论高贵贫贱，举止言谈，莫不恭而有礼"。

有一次，他们看到一隶卒在市场买物，手中拿着货物道："老兄如此高货，却讨恁般贱价，教小弟买去，如何能安！务求将价加增，方好遵教。若再为谦，那是有意不肯赏光交易了。"唐敖听了，因暗暗说道："九公，凡买物，只有卖者讨价，买者还价，那买者并不还价，却要添价。此等言谈，倒也罕闻。据此看来，那'好让不争'四字，竟有几分意思了。"

但是那买者要添价，卖者却执意不肯。只听卖货人答道："既承照顾，敢不仰体！但适才妄讨大价，已觉厚颜；不意老兄反说货高价贱，岂不更教小弟惭愧？况敝货并非'言无二价'，其中颇有虚头。俗云：'漫天要价，就地还钱。'今老兄不但不减，反要加增，如此克己，只好请到别家交易，小弟实难遵命。"

隶卒却不承认自己"克己"，而说是卖货人谦让。隶卒又说道："老兄以高货讨贱价，反说小弟克己，岂不失了忠恕之道？凡事总要彼此无欺，方为公允。"

双方僵持不下，谈了许久，卖货人执意不增，隶卒赌气，照数付价，拿了一半货物。刚要举步，卖货人哪里肯依，只说"价多货少"，拦住不放。路旁走过两个老翁，作好作歹，从公评定，令隶卒拿了八折货物，这才交易而去。唐、多二人不觉暗暗点头。

【分析】

这个故事是说在"好让不争"的君子国出现了"相互争执"，争执不是为了让自己获利，而是两人都认为对方"克己"了，展示了民间淳厚朴实的风气。但是这种讲礼之国实属作者虚拟结果，文中也多次指出这是"罕闻"、罕见之事，显然带有理想化的成分。

实操训练

1. 实操训练内容

乡射礼是古代乡学中举行的一种礼仪活动，盛行于先秦时期。每年春秋两季，各乡的行政长官——乡大夫都要以主人的身份邀请当地的卿、大夫、士和学子，在州立学校中举行乡射礼。乡射礼的主持者，由一名德行卓著、尚未获得官爵的处士担任，称为"宾"。射位设在堂上，箭靶称为"侯"，设在堂正南方30丈远的地方。侯的左前方有一曲圆形的皮制小屏，供报靶者藏身之用，称为"乏"。弓、箭、算筹以及各种射具陈设在西堂。乡射礼的核心活动是射手之间的三轮比射，称为"三番射"。每番比射，每位射手都以发射四支箭为限。乡射兼具击射尚武的精神与修身培德的教化意义。请阅读《仪礼·乡射礼》相关内容，复原古代乡射礼仪。

2. 实操训练要求

分若干小组完成实操，每组录制一个复原古代乡射礼仪的视频。

3. 实操训练步骤

(1) 研读《仪礼·乡射礼》，列出流程。

(2) 研读网络上乡射礼相关的视频，制作道具，并布置环境。

(3) 完成模仿过程。

(4) 制作视频。

礼仪心理

任务一　礼仪的心理概述

情景导入 → 修身塑品 → 知识讲解 → 案例分析 → 实操训练

握手所表达的心理语言

用积极有力的握手表达友好的态度和可信度，也表现重视和尊重

一、礼仪心理的概念、特征和价值
二、个性心理与礼仪心理过程
三、礼仪主客体心理分析

萧伯纳与苏联小姑娘的邂逅

礼仪心理障碍排除游戏

视频资源

3.1 知识讲解

情景导入

艾丽在中国某大型房地产公司任副总裁。那一日，她接待了来访的××建筑材料公司主管销售的韦经理。韦经理被秘书领进了艾丽的办公室，秘书对艾丽说："艾总，这是××建筑材料公司的韦经理。"艾丽离开办公桌，面带笑容，走向韦经理。韦经理先伸出手来，让艾丽握了握。艾丽客气地对他说："很高兴你来为我们公司介绍这些产品。这样吧，让我看一看这些材料，我再和你联系。"韦经理在几分钟后就被艾丽送出了办公室。几天内，韦经理多次打电话，但得到的秘书的回答是："艾总不在。"到底是什么让艾丽这么反感一个只说了两句话的人呢？

艾丽在一次讨论形象的课上提到这件事，余气未消："首次见面，他留给我的印象不但是不懂基本的商业礼仪，而且没有绅士风度。他是一个男人，职位又低于我，怎么能在我没有表达任何握手意愿之前抢先伸出手让我来握呢？为避免场面尴尬，我还是伸手跟他相握，然而他的手给我的感觉只有冰冷、松软、毫无热情，手掌接触时也感受不到他的任何反应。握手的这短短几秒，他就留给我一个极坏的印象，他的心可能和他的手一样冰冷。他的手没有让我感到对我的尊重，他对我们的会面也并不重视。作为一个公司的销售经理，居然不懂得基本的握手礼仪，他显然不是那种经过严格职业训练的人。而公司能够雇用这样素质的人做销售经理，可见公司管理人员的基本素质和层次也不高。这种素质的人组成的管理阶层，怎么会严格遵守商业道德，提供优质、价格合理的建筑材料？我们这样大的房地产公司，怎么能够与这样作坊式的小公司合作？怎么会让他们为我们提供建材呢？"

【修身塑品】

握手是陌生人之间的第一次身体接触，只有几秒的时间。但这短短的几秒是如此的关键，立刻决定了别人对你的喜欢程度。握手的方式、用力的大小、手掌的温度等，像哑剧一样无声地向对方描述你的性格、可信程度、心理状态。握手的方式表现了你对别人的态度是热情还是冷淡，积极还是消极，是尊重别人、诚恳相待，还是居高临下、敷衍了事。一个积极的、有力度的、正确的握手，表达了你友好的态度和可信度，也表现了你对别人的重视和尊重。一个无力的、漫不经心的、错误的握手，立刻传达出不利于你的信息，让你无法用语言来弥补，它在对方的心里留下了对你非常不利的第一印象。

知识讲解

礼仪从静态来看，只是用来调节人们在社会生活中相互关系的各种规范。但是礼仪的实践性，会导致实施礼仪的主体与客体的心理变化。如果礼仪行使得当，礼仪客体就会产生积极的心理体验，例如高兴、激动，否则就会产生消极的心理体验，例如生气、失望等。同时人们在行使礼仪时，也要了解对方的心理需求，只有满足客体的心理需要的礼仪，才会起到应有的效果。所以说，要行使好礼仪，需要掌握与礼仪相关的心理学知识。

一、礼仪心理的概念、特征和价值

（一）礼仪心理的概念

礼仪心理就是礼仪主客体在礼仪活动中所表现出来的心理特征和心理过程。礼仪主客体的感知、注意、思维、记忆、想象、需要、动机、意志、能力等心理特征都参与礼仪行使的过程，例如，在礼仪活动中，礼仪主体需要感知礼仪活动的环境，需要关注客体、了解客体，并对客体各种礼仪行为进行分析，做出自身的判断；同时根据礼仪活动的需要、动机，采取相应的行为，在这一过程中需要意志参与以维持自身的行为。同时，礼仪活动中主、客体的各种行为和情感也受心理支配，选择哪些方式，如何说话，如何评定与反馈，如何调整自己的行为、表情与语言，如何选择时机与空间，其中每个环节和步骤都受礼仪主客体心理支配。礼仪主客体在礼仪过程中存在着刻板印象、从众效应、面子效应、微表情信息、心理暗示等心理现象。另外，礼仪活动过程也是礼仪主客体心理活动的过程。例如，礼仪主体需要对礼仪客体的礼仪需求开展分析，然后选择恰当的礼仪内容与方式，对礼仪效果进行评价，并在其中伴有情感体验。礼仪心理根据礼仪活动的场景分为政务礼仪心理、商务礼仪心理、服务礼仪心理、社交礼仪心理和涉外礼仪心理。

（二）礼仪心理的特征

1. 社会性

礼仪是人类社会发展到一定阶段出现的产物，并且在每一历史阶段，受到当时的生产关系以及家庭、亲属、民族、政治、法律、道德、宗教等各种社会关系的影响和制约。从礼仪的主客体来看，行使礼仪的是人，而人具有社会属性；在礼仪活动过程中，人们往往需要根据社会关系、社会地位等行使礼仪。从礼仪功能来看，礼仪被称为"社会交往的通行证"，能约束人类欲望，保证社会秩序，实现人际关系的和谐。在当今，礼仪伴随着社会的发展而发展，还成为社会文明的重要组成部分。

2. 主体意识性

礼仪心理是通过礼仪主客体之间心理上相互作用形成的，带有极为鲜明的主体意识。人们学习礼仪、行使礼仪都有明确的目标，会根据双方地位、经历、追求的目标、所处环境对自己和对方做出评估，并且还会主动猜测对方如何评估自己，以及对方如何看待自己。另外，礼仪活动过程中的观察、探知、询问、论辩、评估等行为都离不开人本身，它们都是由具体的人来执行的。礼仪不是仅学会一套规范标准即可，它具有很强的情境性。例如对一位与自己有亲戚关系的上级，有的场合较合适称呼职务，有的场合则要用亲属关系称呼。所以，遇到这种情况，需要礼仪主体发挥主体意识，做出准确的判断。

3. 能动性

从礼仪主客体互动来看，人们在礼仪活动中，往往会根据自己的目标和需要，依据自身利益出发，对礼仪行为做出选择性反应。有时为了获得对方的认可或赞许，礼仪主客体会根据现有的条件和信息进行创新，使之超越礼仪中的刻板印象，从而获得一种新形象。这一过程离不开礼仪主客体的能动性。另外，从礼仪活动来看，人是礼仪活动的主体，在礼仪活动的环境中，人不是环境的消极产物，而是活动的积极反映者，能在实践的基础上认识世界并改造世界。根据心理学规律，人的行动离不开人的动机与需要，而动机与需要又是社会存在的反映，人的礼仪活动通过社会存在引发人的需要与动机，进而采取礼仪相关的行为，这一过程即是人行使礼仪的过程，也是人的能动性展示的过程。

4. 协调性

无论是礼仪主体，还是礼仪客体，在礼仪活动开展前或多或少都有一定的心理定势。对于礼仪主体来说，在礼仪活动开展前，会根据礼仪客体的身份、性格、需要选择相应的礼仪行为，哪怕是对礼仪客体所有信息都一无所知，也会根据自己的需要与目标选择礼仪行为。礼仪活动开始后，随着对礼仪客体认识的加深，礼仪主体会逐步改变原来的心理定势，并根据客体反馈的信息做出相应的调整，并使之让客体获得情感的满足，从而和谐主客体之间的关系。对于礼仪客体来说，客体接受礼仪前也会对主体产生一定期待，在礼仪活动开展后，客体会根据自己的期待对主体的礼仪行为做出评判，或高兴，或失望，或勃然大怒；随着对主体的认识加深，客体或积极反馈情感，或调整自己消极的情绪，使双方不断协调自己的心理预期，保证活动顺利进行。从礼仪的功能来看，协调社会交往中的人际关系，使社会成员之间和谐相处是礼仪的目标之一，也是参与礼仪活动的人们共同的追求。为了协调人际关系，参与礼仪活动的主客体需要不断调整自身的心理状态。

5．多层次性

礼仪规格具有多层次性，礼仪经过上千年的发展已经形成了一个复杂、样式多样的体系，人们根据不同场景、不同客体设置了多层次礼仪规格，多层次礼仪规格导致礼仪心理的多层次性。从实施礼仪活动的主体来说，主体的需要、认知、性格等心理特征是复杂的，加上身份、学历、经历和经验等社会因素的多样性，导致他们在不同场合，采取不同的礼仪行为。有时还会因为客体的反馈信息改变礼仪的规格层次。对于礼仪客体来说，客体具有不同的身份，身份不同，对礼仪行为的心理预期也是多层次的。

（三）礼仪心理的价值

1．提升礼仪活动和教育效果

礼仪活动过程是一个礼仪主客体心理活动展开的过程，建立在礼仪心理上的礼仪活动可以更加科学，让礼仪主客体在行使礼仪时更加得心应手。另外，礼仪作为调节人们在社会生活中相互关系的各种规范，要想让全社会掌握，离不开礼仪的宣传教育。礼仪心理可以为礼仪的宣传教育提供理论支撑，使礼仪宣传教育更有针对性，走上更科学的道路。

2．养成个人良好素质

个人良好素养包括文化素养，如言行举止、文化水平和道德修养等，也包括心理素养，如认知水平、信心与毅力等。讲究礼仪，遵从礼仪规范，反映了一个人的教养、风度与魅力，体现了一个人对他人和社会的认知水平和尊重程度，是一个人良好素质的重要组成部分。正如英国哲学家约翰·洛克所说的："没有良好的礼仪，其余一切成就会被人看成骄傲、自负、无用和愚蠢。"礼仪对人的良好素质的养成作用主要包括两个方面：一是礼仪可以帮助人们树立与人为善的道德观念；二是礼仪可以帮助人们拥有优雅得体的言行举止。在养成个人良好素质的过程中，礼仪心理可以让我们更加明确实施的路径，让我们的养成方法更具可靠性。

3．增强习得礼仪的信心

礼仪是社会对人们社会关系的各种规范，它具有一定的约束性。学习礼仪的过程，会遇到各种困难与不适，这就需要个人具有良好的心态，能运用自己的聪明才智、信心与毅力去克服习得过程中的困难与不适，否则只会让人心灰意冷、束手无策。礼仪心理能够让人理解礼仪规范，了解礼仪的习得规律，从而培养习得礼仪的自觉性和信心。

4．提升礼仪活动过程中反思能力

礼仪活动中，有些人由于其社会属性和心理特征的不同，易产生猜疑心理、排他心理、做戏心理、逆反心理、自卑心理和怯懦心理等。这些心理现象都属于不良礼仪心理，可以通过掌握这些心理产生的原因加以避免，否则容易导致礼仪活动变形甚至失败，收不到礼仪活动应有的效果。与此同时，掌握这些负面礼仪心理的特征，也有助于对自己的礼仪行为进行反思，从而提升自己的礼仪水平。

5．丰富礼仪学理论

从当前出版的礼仪学著作来看，当前礼仪学研究除少数传统礼仪文化研究外，主要还停留在各类礼仪的内容和礼仪活动的执行流程上，真正礼仪学理论研究还相对贫乏。礼仪心理研究可以为礼仪学研究提供理论基础和方法论。此外，礼仪心理研究对礼仪心理学的成熟也可以提供必要的条件和经验。

二、个性心理与礼仪心理过程

（一）个性心理

个性有广义和狭义之分。广义的个性是指个人的意识倾向和各种稳定而独特的心理特征的总和。狭义的个性通常指个人心理面貌中与共性相对的个别性，即个人独具的心理特征。个性是先天素质、生活条件、教育培养、实践活动等多种因素综合作用的产物，它与个人漫长的生活道路和错综复杂的心理过程相关。个性结构是由复杂的心理特征的独特结合构成的整体，具有多层次性、多侧面性。个性主要包含以下方面。

（1）完成某种活动的潜在可能性的特征，即能力。

（2）心理活动的动力特征，即气质。

（3）完成活动任务的态度和行为方式的特征，即性格。

（4）活动倾向方面的特征，如动机、兴趣、理想、信念等。

个性心理包括个性倾向性和个性心理特征两个方面。

个性倾向性是推动人进行活动的动力系统，是个性结构中最活跃的因素。它决定着人对周围世界认识和态度的选择和趋向，决定人追求什么，包括需要、动机、兴趣、爱好、态度、理想、信仰和价值观。

个性心理特征是指在个人身上表现出来的比较稳定的心理特征，它比较集中地反映了人的心理面貌的独特性、个别性，主要包括能力、气质、性格。

（二）礼仪心理过程

1. 心理过程分类

心理过程是指人的心理活动发生、发展的过程，是在客观事物的作用下，在一定时间内，大脑反映客观现实的过程，包括认识过程、情感过程和意志过程。

（1）认识过程。认识过程是人接受、储存、加工和理解各种信息的过程，即人脑对客观事物的现象和本质的反映过程，它包括感觉、知觉、记忆、想象、思维等。

（2）情感过程。情感过程是人们对客观事物采取什么态度的过程。人们在认识客观事物时，不是冷漠无情、无动于衷的，而总是带有某种倾向性，表现出鲜明的态度体验，充满着感情的色彩。根据情感色彩的浓烈程度，可将情感过程分为情绪、情感和情操三个层次。与认识过程相比较，情感过程反映结果带有更大的主观性，更具明显的个体差异性。

（3）意志过程。意志过程是意志行动的发生、发展和完成的历程，它分为采取决定阶段和执行决定阶段。前者是意志行动的开始阶段，它决定意志行动的方向，是意志行动的动因；后者是意志行动的完成阶段，它使内心追求的目标、计划付诸实施，以达成该目标。

2. 礼仪心理过程分类

礼仪心理过程是指在礼仪活动中人的心理发生、发展过程，它包括礼仪认识过程、礼仪情感过程和礼仪意志过程。

（1）礼仪认识过程。礼仪认识过程是人对礼仪规范识别、记忆、加工和理解的过程，即人对礼仪和礼仪活动的现象和本质的反映过程。人们在生活中会感知各种礼仪规范，接受别人的施礼，思考礼仪的各种现象，接受礼仪教育和习得礼仪。这其中就包含着感觉、知觉、思维、记忆、想象等心理活动，这些心理活动属于礼仪的认识过程。

（2）礼仪情感过程。礼仪情感过程是礼仪情绪情感的发展过程,礼仪情感过程不是礼仪认识过程,它很大部分受主观心理因素的制约。在礼仪活动中,情感过程对礼仪活动开展与完成具有促进和调节作用。当礼仪主体带着与场景相适应的情感进入礼仪活动时,更能激发受礼者的情感。同样,礼仪客体在礼仪活动时如果带着积极情感体验,也能在活动中保持积极心态,对施礼者会产生更多肯定与包容。

（3）礼仪意志过程。礼仪意志过程是在采取礼仪阶段和执行礼仪阶段意志行动的发生、发展与完成过程。在采取礼仪阶段,为了达到礼仪行为所期望的目标,一般经历选择礼仪目标、设定礼仪标准、制订礼仪活动计划、处理心理冲突和矛盾、做出礼仪决策等许多环节。在这一过程中,所产生的心理冲突和矛盾,需要做出意志努力。在执行礼仪阶段,先前已经确立起来的决心和信心在面对困难、其他目标诱惑、在礼仪活动中产生新想法与期望或者礼仪活动环境发生变化时,可能会发生动摇。这时也需要做出意志努力。

礼仪心理这三个过程并不是绝对独立的,它们之间联系密切、相互影响。

三、礼仪主客体心理分析

（一）礼仪活动中的自我意识

自我意识是人对自己身心状态及对自己同客观世界的关系的意识,包括自我认识、自我体验、自我调节。自我意识在个体发展中具有十分重要的作用,它影响着人的道德判断和个性的形成。

1. 礼仪心理的自我认识

自我认识是对自己的洞察和理解,包括自我感觉、自我概念、自我观察、自我分析和自我评价。其中自我评价是对自己的能力、品德行为等方面社会价值的评估,它最能代表一个人自我认识的水平。礼仪心理中的自我认识主要体现为自己对礼仪的感受、自己对礼仪内容的理解,对自己礼仪言行的反思,以及对自己在礼仪活动中的行为进行的分析与评价。

2. 礼仪心理的自我体验

自我体验是伴随自我认识产生的内心体验,是自我意识在情感方面的表现。自我体验的内容十分丰富,例如自尊心与自信心、成功感与失败感、自豪感与羞耻感等。礼仪心理中的自我体验是指在礼仪活动中自我意识在情感方面的表现,例如礼仪活动中表现出来的自尊、自爱、自信、自豪、自满、自傲、自卑、自怜等情绪,以及在此基础上产生的价值感、幸福感、愉快感与满足感等。

3. 礼仪心理的自我调节

自我调节是自我意识的意志成分。自我调节主要表现为个人对自己的行为、活动和态度的调控,它包括自我检查、自我监督、自我控制等。礼仪心理的自我调节是指人对自己礼仪行为、礼仪活动和礼仪态度的调控,它主要表现在对自己礼仪实践中的行为、情感、态度的检查与监督,并根据礼仪目标与礼仪要求做出调整。人学习与实践礼仪的过程,也是一个礼仪自我意识发展的过程。提高礼仪实践中的自我意识水平,有助于正确处理好人际关系,取得良好的礼仪效果。为此,作为礼仪学习者可以通过多感受、观察、学习增加礼仪方面自我认识,丰富自我情感,通过加强对自我检查与反思,提高礼仪的自我调节能力。

（二）礼仪主体（施礼者）心理分析

1. 施礼者的认知

认知是指人们获得知识或应用知识的过程。这是一个信息加工过程,也是人的最基本的心理过程。它包括感觉、知觉、记忆、思维、想象和语言等。礼仪认知是个体获得礼仪知识和应用礼仪知识的过程。人们感知礼仪现象、识记礼仪内容、分析礼仪活动、创建礼仪环境、评价礼仪效果、认知受礼者等都属于礼仪认知。礼仪认知是礼仪主体开展礼仪活动的起点和基础，所以提高礼仪主体的认知水平对提升礼仪活动效果具有重要作用。

（1）要提高礼仪主体对礼仪对象与礼仪环境的认知。行使礼仪的目标是调节礼仪主体与客体之间的社会关系，从而实现礼仪主体的目标。所以礼仪主体要实现自身的礼仪目标，应加强对礼仪客体的认知。另外，礼仪具有情境性，场景不同，礼仪规范也不同，所以礼仪环境对于礼仪主体来说很重要。

（2）要提高礼仪主体对社会的认知。礼仪是社会共同约定的规范，社会经济文化的发展、社会人与人之间的关系、社会现有各种条件都制约着礼仪活动的实施。礼仪主体只有建立在对社会充分认知的基础上，实施礼仪活动，才能取得相应的效果。

（3）要加强对礼仪内容的认知。掌握各种礼仪的内容与要求是开展礼仪活动的前提，也是展示自身素养的重要方面，礼仪主体应尽量多地掌握礼仪知识，熟悉礼仪活动的流程与要求，知道礼仪的各种标准等。

2. 施礼者的动机

动机是激发、维持和促进个体行动，并将使行动朝向某一目标的心理倾向或内部驱力。礼仪动机是推动人们进行礼仪活动，并使人在礼仪交际活动中处于积极状态，实现一定的交往目标的动力。礼仪动机的产生离不开个体的内在需要和外部条件刺激。礼仪动机包括亲和动机、协调动机、展示动机和模仿动机。

（1）亲和动机。亲和动机又称关系动机，是指在社会情境下愿意与他人进行亲和，并建立亲密关系的内在动力。其核心需求是个人要与他人保持一种温情、和谐、友好的社会关系。亲和动机对礼仪实践具有重要作用，它可帮助人们结识更多的朋友，发展纯正的友谊，获得更广泛的支援，从而更好实现礼仪活动的目的。

（2）协调动机。协调动机是指在礼仪实践活动中协调人际关系的内在动力。人们行使礼仪，开展礼仪活动的出发点是建立和谐的人际关系，礼仪中包含的各种具体规范与准则多是用于协调人际关系。在礼仪活动中，可以充分利用协调动机来激发人们对礼仪学习的兴趣，提升协调效果。

（3）展示动机。展示动机是指在礼仪活动中展示自身魅力的内在动力。在礼仪活动中，礼仪主体总是希望通过展示自己的魅力去吸引、感染礼仪客体，让客体产生羡慕之情、模仿之意。人们学习各种礼仪规范与动作，其目标是在礼仪活动中展示自身的魅力。礼仪主体可以借助自身的突出能力、准确优雅或风趣的语言、丰富积极的情感以及高尚的情操来展示自身魅力，从而达到与礼仪客体建立和谐关系的目的。

（4）模仿动机。模仿动机是指在礼仪活动中人们模仿其他个体礼仪行为，并希望与他人保持一致的内在动力。模仿是社会的普遍现象，礼仪的学习往往是从模仿开始的。人们通过选择性吸收、模仿、顺从其他人或团体的态度与行为倾向，化为自己礼仪行动。在这个过程中通过反复模仿提升自己的礼仪能力，纠正礼仪行为中的不足。

3. 施礼者的态度

态度是个体对特定对象（人、观念、情感或者事件等）所持有的稳定的心理倾向，由认知、情感和行动组成。礼仪态度是个体对礼仪所持的稳定的心理倾向。礼仪态度直接影响着礼仪活动的效果。首先,礼仪态度不仅会影响主体对礼仪的认识和评价,还会影响个体对礼仪的情绪的或情感性体验,还会影响个体对礼仪向外显示的准备状态和持续状态,制约着个体礼仪行为的方向性。

礼仪主体在礼仪活动中要避免失态。所谓的失态,就是指礼仪主体在礼仪活动中的言谈、举止、态度与礼仪要求不相符的表现,是对礼仪常态的一种不正确反映。礼仪主体在礼仪活动中的失态现象主要表现在以下方面:①用气势压制对方,让对方承受压力,心态失衡;②贬损对方,置对方于窘境;③举止不端,出言不逊,操之过急;④性格拘谨,畏缩不前,态度不明,行为不当;⑤因自己的过错遭到对方讥笑、非议,导致心态失衡;⑥礼仪知识缺乏,不注意细节、不了解对方造成的尴尬。

为了避免在礼仪活动中出现失态的情况,礼仪主体应强化礼仪心理训练,提高灵活调整能力;熟悉礼仪知识,加强礼仪实践;尊重对方,保持平等地位;借助一些礼仪工具,提高信息传输效果,减少误会。

4. 施礼者的情感

情感是人们内心对外界事物所持的肯定或否定态度的心理体现(如憎恶、喜欢、热爱等)。礼仪情感是指对礼仪或礼仪活动所持的态度。情感在礼仪活动中起着至关重要的作用。积极的情感,可以激发人们主动学习礼仪的各种知识,自觉遵守礼仪各种规范与准则,提高对礼仪活动的热情,主动自觉与客体进行沟通。消极的情感,会抑制人们对礼仪活动的热情,使人态度消极、冷淡,懒于同客体打交道,甚至中断礼仪活动。

从礼仪活动中情感流向看,礼仪情感可分为顺向性情感流向和逆向性情感。前者是指情感与礼仪活动同向流动,如高兴、同情等,它对礼仪活动起辅助作用。后者是指双方情感与礼仪活动逆向流动,如愤怒、厌恶等,它对礼仪活动起阻碍作用。在礼仪活动中要通过疏导情感,将逆向性情感转为顺向性情感。

(三)礼仪客体(受礼者)心理分析

礼仪客体可以是人,也可以是物,这里作为心理分析的礼仪客体指的是人,即受礼者。下面将重点从两个方面进行分析:一是受礼者的心理因素;二是受礼者的心理过程。

1. 受礼者的心理因素

在礼仪活动中,受礼者的智力因素和非智力因素都参与其中。智力因素主要有感知觉、注意、记忆、想象、思维等;非智力因素主要有动机、兴趣、习惯、情感、信念等。

(1)智力因素如下。

① 受礼者的感知觉。感觉是人脑对直接作用于感觉器官的客观事物的个别属性的反映,人对各种事物的认识活动都是从感觉开始的,感觉是最初级的认识活动。知觉是客观事物直接作用于感官而在头脑中产生的对事物整体的认识。在心理活动中,很少有单独的感觉,所以一般将感觉与知觉统称为感知觉。在礼仪活动中,受礼者对施礼者印象、施礼者言行、礼仪活动内容与仪式等,都是礼仪感知觉的结果。

② 受礼者的注意。注意是人的心理活动对一定对象的指向和集中,它分为无意注意和有意注意。无意注意是指没有预定目的,也不需要做意志努力的注意;有意注意是指有预定目的的,必要时需要付出意志努力的注意。在礼仪活动中,受礼者有意注意与无意注意都会参与其中,例如受礼者进入一个陌生礼仪场景中,对礼仪环境的关注多是无意注意引起。而受礼者

对礼仪流程跟随多要有意注意参与。

③ 受礼者的记忆与想象。记忆是人脑对过去经验的保持和再现。想象是人对头脑中已有表象进行加工改造,创造出新形象的心理过程,它分为再现想象和创造性想象。在礼仪活动中,离不开礼仪记忆与想象。礼仪记忆和礼仪想象对完成礼仪活动起着重要作用。例如在受礼者接受施礼后,先要回忆礼仪规范给予回礼。在看到精美礼仪场景布置时,会想象礼仪活动的隆重,从而会激发参与礼仪活动的兴趣。

④ 受礼者的思维。思维是人脑对客观事物的本质属性与内在联系的概括性反映,它是智力因素中的关键因素。礼仪思维是指人对礼仪的本质属性和内在联系的概括性反映,表现为对礼仪的分析、比较、概括和综合。受礼者在接受礼仪的过程中,会伴随着对施礼者言行、流程的分析与比较,最后得出一个综合性概括性的结论。例如在一个正式场合,年轻施礼者用"你"而不是"您"来称呼一个尊者。这个尊者听到"你"的称呼后,会认为年轻施礼者是一个不懂礼数之人,尊者得到这个结论,就是思维的结果。

（2）非智力因素如下。

① 受礼者的动机。前面分析过礼仪主体的动机,受礼者在礼仪活动中也有动机。例如平等对待动机、受到尊重动机、达成目标动机等。

② 受礼者的兴趣。兴趣是指一个人力求认识某种事物或从事某种活动的心理倾向,它是在社会生活实践中产生和发展起来的。在礼仪活动中,受礼者往往对某一类或几类礼仪表现出兴趣,一旦接触到或谈到这些礼仪时,就会津津乐道、兴致勃勃,并且会积极吸纳这些礼仪的相关新信息。

③ 受礼者的习惯。习惯是指在长时间里形成的不易改变的行为、倾向或社会风尚。礼仪习惯是指经过长期接触、学习并逐渐适应的礼仪行为和倾向。受礼者一旦对礼仪养成了习惯,在生活中就会顺势性地回馈礼仪,与施礼者积极互动。

④ 受礼者的情感。受礼者在接受礼仪时,伴随有强烈情感活动,并且这种情感推动受礼者做出积极反馈。当受礼者情感与施礼者的情感顺向就会让礼仪活动情景交融。

⑤ 受礼者的信念。信念是指一个人坚信某种观点的正确性,并支配自己行动的个性倾向。信念一旦形成,就会使人坚定不移、百折不挠地追求理想目标。在礼仪活动中,受礼者如果对礼仪有坚定的信念,就会坚定执行礼仪中的规范与准则。例如,当受礼者认为施礼者的出发点是好的时,即使施礼者在行礼过程中出现了错误或遇到困难,受礼者也会坚持认为施礼者绝不是怠慢自己,因而采取理解和宽容的心理倾向。

2. 受礼者的心理过程

受礼者心理过程是指受礼者在礼仪活动过程中心理活动发生、发展的过程,包括认知过程、情感过程和意志过程。

受礼者的认知过程是受礼者感知、记忆、想象与思维的过程,也是受礼者从感性走向理性的过程。对于受礼者来说,主要包括受礼者对自己所在社会环境中礼仪认知的过程,对施礼者所在社会环境中礼仪认知过程,以及受礼者观察或参与礼仪活动的认知过程等。受礼者通过认知过程,可以扩大礼仪知识面,深化对礼仪的观察,加深对礼仪的理解,提高行使礼仪能力,丰富礼仪的想象。

受礼者的情感过程是指受礼者在礼仪活动中产生的主观体验,如愉快、悲伤、愤怒、惊恐、尊敬、喜爱、厌恶等。受礼者在礼仪活动中,情感过程会经历悬念、定向、强化或冲突、稳定四个阶段。

（1）悬念阶段。在礼仪活动中开始前,受礼者产生礼仪需要,但礼仪活动还没有开始,对于会获得什么对待并不清楚。

（2）定向阶段。在礼仪活动初期,受礼者会将注意力集中在施礼者身上,并跟随施礼者的行为,积极参与活动。

（3）强化或冲突阶段。当礼仪活动开展到一定阶段后,受礼者可能在施礼者的情绪感染下,产生与施礼者顺向或逆向的情感。如果是顺向情感,就会强化受礼者的反馈,并积极参与礼仪活动中;如果产生了逆向情感,受礼者会产生情感冲突,拒绝与施礼者合作,完成礼仪活动。

（4）稳定阶段。在礼仪活动后期,受礼者对礼仪活动有了基本判断,于是情感发展进入平衡阶段,在其内心会产生满意或不满意的情感体验。

受礼者的意志过程是指受礼者在参与的礼仪活动中设置一定的目标,按计划不断地克服内部和外部困难并力求实现目标的心理过程,它是受礼者意识能动性表现。意志过程分为下定决心、树立信心和保持恒心三个阶段。在礼仪活动中受礼者在活动开启前需要下定决心是否参与活动,跟随施礼者行使礼仪时,甚至发生冲突时都需要受礼者树立信心,保持恒心。总之,受礼者参与礼仪活动离不开意志过程。

案例分析

英国著名戏剧家、诺贝尔文学奖得主萧伯纳,有一次访问苏联,在莫斯科街头散步时,遇到了一位聪明伶俐的小女孩,便与她玩了很长一段时间。分手时,萧伯纳对小姑娘说:"回去告诉你妈妈,今天同你一起玩的是世界著名的萧伯纳。"小姑娘望了望萧伯纳,学着他的口气说:"回去告诉你妈妈,今天同你一起玩的是苏联小姑娘安妮娜。"这使萧伯纳大吃一惊,立刻意识到自己太傲慢了。后来,他常回忆起这件事,并感慨万分地说:"一个人不论有多大的成就,对任何人都应该是平等相待,要永远谦虚。这就是那个苏联小姑娘给我的教训,我一辈子也忘不了她!"

【分析】

名气身份只是暂时的标记,放低自己往往会得到更大的尊重。在社会交往过程中,应根据具体情况对自己的礼仪行为、礼仪活动和礼仪态度加以调控,以更好地实现礼仪目标。

实操训练

1. 实操训练内容

有些人因各种原因存在一些礼仪方面的心理障碍,如说话不敢抬头、不敢和人进行目光交流、说话紧张声音小、服装过于暴露或者陈旧、对人冷淡等。对于这些人,克服礼仪心理障碍的主要办法是矫正行为,可以通过游戏训练来加以矫正。

2. 实操训练要求

分组制作一个游戏汇报的PPT。

3. 实操训练步骤

（1）九位学生围圈坐好,另外一位学生A没有座位,站在旁边,认真观察九位学生的表情动作判断其是否表现出礼仪心理障碍。

（2）学生A决定哪类人必须起身换个座位并念出相应的口诀,如"起风了,起风了,大风刮走低头看地的人"。

（3）在其他人换座位的同时,学生A抢个座位坐下,没找到座位的人继续观察并念出相应的口诀,十轮比赛之后,从未换过座位的学生获胜。

任务二 礼仪心理原理与心理效应

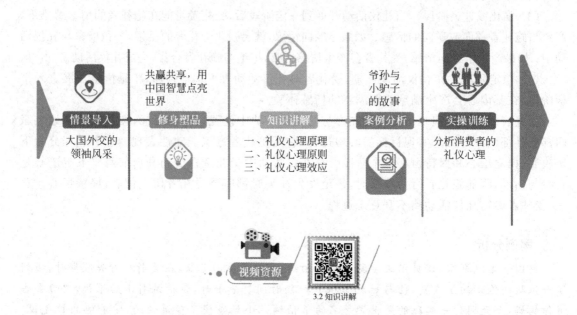

情景导入　　大国外交的领袖风采

修身塑品　　共赢共享，用中国智慧点亮世界

知识讲解　　一、礼仪心理原理
二、礼仪心理原则
三、礼仪心理效应

案例分析　　爷孙与小驴子的故事

实操训练　　分析消费者的礼仪心理

视频资源

3.2 知识讲解

 **情景导入**

1954 年周恩来总理应邀访问缅甸时，当时的缅甸总理吴努对如何接待这样一位世界著名的政治家、"共产主义大国"的总理，思想上顾虑重重，既怕接待上失礼，更怕谈话时失言而引起麻烦。所以初次和周恩来见面时，吴努十分拘谨，他谨慎地谈到了中缅两国之间的一些他称为"不愉快的事情"。对此，周恩来说："刚才吴努总理谈到的许多具体事情，有许多是传闻，有许多是误会。"然后说："我们愿意看到缅甸独立，自由选择绝大多数人民赞成的制度，并愿意与缅甸合作，这是中国政府的一贯政策。不应该由于传闻和误会而使我们两国之间产生隔阂，相反地，应该消除误会。"接着周恩来又非常宽容大度地说："我们不反对缅甸政府作友好的埋怨，我们也愿作友好的答复，辨明是非。"

周恩来诚恳的处事态度、合情合理的分析，深深地打动了吴努。他表示："阁下这次来访，起了很大的作用，很大程度上消除了缅甸人民对中国抱有的恐惧。"

当年年底，吴努来华访问时，再次向毛泽东表示："很坦率地讲，我们对大国是恐惧的，但是周总理访问缅甸以后，大大消除了缅甸人民的这种恐惧。"[①]

【修身塑品】

作为一个有担当的负责任大国，共赢共享，用中国智慧点亮世界一向都是历届领导人遵循的外交传统。以上案例中，周恩来总理和蔼可亲，平易近人，丝毫没有"大国架子"，完全以平等协商的态度交谈，深深感动了缅甸总理吴努。这充分说明，遇到难题，中国方案从不缺席；面对挑战，中国行动自信从容。新时期中国特色大国外交要求我们继续高举和平、发展、合作、共赢的旗帜，统筹国内国际两个大局，统筹发展安全两件大事，牢牢把握坚持和平发展、促进民族

---

① 吴珏.周恩来的说服与攻心之道[M].长沙：湖南人民出版社.2002.

复兴这条主线，维护国家主权、安全、发展利益，为和平发展营造更加有利的国际环境，维护和延长我国发展的重要战略机遇期，为实现"两个一百年"奋斗目标、实现中华民族伟大复兴的中国梦提供有力保障。

 知识讲解

一、礼仪心理原理

（一）相互吸引原理

在生活中，经常会出现这样一种现象，我们喜欢的人，也是喜欢我们的人。这就是心理学上的"相互吸引定律"。相互吸引，从物理角度来讲，是指两个物体在空间距离上的靠近。这里讲的是指人们在心理上的"相互吸引"。礼仪心理上"相互吸引原理"是指在礼仪实践中因各种因素导致礼仪主客体之间形成情感上相互亲密的状态。它是人际关系中的一种肯定形式，即礼仪主客体之间会给予对方积极、正面的认知和评价的倾向。

相互吸引是双向的，它不仅取决于个人的品质，还取决于礼仪主客体之间空间距离、情感接触频次和性别等因素，这称为相近吸引、相悦吸引和相异吸引。

1. 相近吸引

相近吸引是指人们在生活、工作和活动的空间距离上的邻近性，以及在兴趣、态度或价值观上因某种一致性或相似性而产生相互吸引的情况。这种吸引往往产生于人们社会交往的初期，在这个时期，人们一般从空间距离较近的人开始建立起各种关系，如邻居、同学、同事等。产生相近吸引除空间距离以外，更重要的是人们接触的频次，并由此产生愉悦心理，才能真正发挥相互吸引的作用。

2. 相悦吸引

相悦吸引是指人们在情感上的相互接纳、相互肯定和接触上的频繁与亲近而产生的吸引。相悦吸引是建立在对等吸引的基础上的，即相互吸引的人是彼此喜欢对方、彼此尊重对方的人，对于自己不喜欢、不尊重的人，或者歧视、疏远自己的人，是无法产生相悦吸引的。在礼仪生活中，可以通过真诚称赞、充分了解、适当肯定、由衷钦佩增加吸引力。

3. 相异吸引

相异吸引是指男性和女性基于心理或生理上的需要，并由此带来轻松、愉快的感受而产生的吸引。所谓"异性相吸""男女搭配，干活不累"说的就是相异吸引的现象。之所以男女相异能产生相互吸引，缘于性别相悦和个性互补。男女在一起，相互之间能产生令人欣慰、快意、自豪的情感，另外，男女相互之间肯定的态度和评价，能让人在心理上得到满足。此外，男女之间个性互补能够满足双方自我完善的需要，使相悦的情感得到平衡与升华。

（二）一致性原理

一致性原理是指人在认知失谐、出现不适感时，会产生一种试图减少这种不适感的内在驱动力，促使自己对客体产生一致的认知和行为。在礼仪实践中，人们往往通过维护或调整自己的言行、态度，保持与礼仪规范或礼仪活动要求相一致。利用一致性原理，可以通过礼仪的规范性、礼仪榜样作用和标定来提高人们的礼仪水平和礼仪实践效果。

1. 利用礼仪的社会规范性，提高人们的礼仪水平

社会心理学家谢里夫实验研究证明，在群体背景下，会出现一种无形的一致意见，他把这

种由互相依赖而形成的控制行为的一致意见叫作"社会规范"。在现实生活中,礼仪是人们为调节社会关系通过约定俗成等方式形成的规范。人们的礼仪行为都必须遵循这些规范,人们对于彼此的礼仪行为也较为敏感,因此利用这些规范帮助人们在社会交往中形成一致的行为模式,从而提高人们的礼仪水平。

2．利用礼仪榜样,提高礼仪实践效果

社会心理学通过研究发现,社会行为模式会从一人传播给另一个人,他们将这一现象称为"传染"。社会行为模式的"传染"主要通过"模仿"来完成。在生活中,可以看到人们为了更有效地学会如何做事,往往去"效法"或"模仿"别人的行动。尤其是某个人在某些方面取得巨大成就时,他的行为模式会被更多人模仿,从而在社会传播开来。在礼仪实践中,无论是礼仪知识的学习,还是礼仪实践的实现,都可以利用榜样的作用,来提高实践效果。

3．利用标定来促进礼仪主客体操持的一致性

心理学家克劳特曾做过这样一个实验:对于一些参加慈善宴会的人,根据其是否捐献钱物,给予了"慈善"或"不慈善"的标定,而对另一些被试者没有标定。后来,再次要求他们捐献钱物时,那些标定为"慈善"的人比没有标定的人要捐得多,而标定"不慈善"的人则比没有标定的人捐献得还少。实验证明,不适当的标定会促使人们做与自己意愿相违背的事情。在借助礼仪调节社会关系时,可以通过给个人或组织一个标定,使之做与己方意愿一致的事情,从而提高礼仪活动的效果。

（三）心理定势原理

心理定势是指心理上的"定向趋势",它是由一定的心理活动所形成的准备状态,对以后的感知、记忆、思维、情感等心理活动和行为活动起正向的或反向的推动作用。在礼仪活动中,心理定势会对人们的交往产生很大影响,人们很容易接受符合自己心理定势的交往者和他所谈及的观点等,反之则拒绝。当然,心理定势也不是一成不变的,在一定条件（如社会生活改变、意识形态改变）下,心理定势也会发生演变。礼仪活动涉及的心理定势,主要有仪表定势、观点定势和情绪定势等。

1．仪表定势

仪表定势是指根据对方仪容仪表、穿着打扮、举止言行,在头脑中形成的对对方礼仪的知觉。仪表有一种优先效应,它会干扰人们正确地认识对方。出色的施礼者往往会特别注意运用仪表定势来为社会交往打下良好的基础。

2．观点定势

观点定势是人们对与自己信念一致、见解接近的观点表现出认可与接受的一种心理状态,而对与自己的观点有着明显矛盾的见解,则常常采取回避的态度或表现出逆反心理。在礼仪活动中,应特别注意克服观点定势,特别是当对方的观点与自己的不一致或矛盾时,要避免出现逆反心理。

3．情绪定势

情绪定势是人们在长期情绪积累中形成的一种心理状态,是情绪个体对客观事物所持态度的内心体验,是在社会生活和礼仪活动中不可避免的心理活动。心理学研究表明,情绪对维持人类社会交往起着重要作用。当一个人情绪通过适当渠道传达出来时,可以引起对方共鸣,从而促进与对方建立相互依恋的情感联结,增进友谊。

（四）心理交融原理

心理交融原理是指人们在社会交往过程中，应努力克服与他人之间的"情感差"，使礼仪主客体之间在认知、态度、感情和思想上融合在一起。心理交融在协调社会关系，促进礼仪主客体相互尊重、平等互利和宽容忍让等方面有着积极意义。影响礼仪主客体心理交融的因素主要有以下几个。

1. 认识因素

人在社会交往中通过认识达到了解，通过了解增进感情。可以说是积极的认识活动开启了双方心理交融的大门。当然也存在随着认识的加深，让双方心理相隔千里的情况。所以在礼仪活动中，要以平等、尊重的心态去认识对方，要用积极心态去面对对方的优缺点，充分发挥认识因素，为双方心理交融打下基础。

2. 情绪因素

人是情绪动物，在外部环境的刺激下，人容易产生情绪。在礼仪活动中，情绪是一把双刃剑。积极的情绪会促进礼仪活动目标的实现，消极的情绪则会阻碍礼仪活动的展开。所以，在行使礼仪时，首先要善于充分利用能引起受礼者积极情绪的刺激物，以引起正确的情绪反应；其次要克服唯我独尊、盛气凌人的情绪，放低姿态，谦恭礼让，为礼仪活动顺利进行奠定良好的氛围。

3. 感情因素

人的礼仪行为受感情的制约。当人们对某个人产生了尊敬和爱戴之情，人们就愿意跟他交往；反之，就会疏远他。因此，在礼仪活动中，首先要增加对对方的信任感，给他更多关爱，让对方相信你是善意的，这样你才能得到对方信任，促进交流的深入。其次，消除对立感，缩短交流的距离，彼此以礼相待，增进相互理解。

（五）心理趋同原理

"趋同"原为生物学术语，是指亲缘关系较远的异性动物，因所处的生活环境相同，呈现出相似的特征。在社会生活中，由于种种原因，人们之间不但会产生心理互动，而且以一种隐蔽、微妙的方式影响着他人，同时也在不知不觉中接受他人的影响，最后彼此接近，趋于一致，导致人际间反应的同化。这种相互效法、趋于一致的反应，称为心理趋同。心理趋同主要包括暗示、心理感染和模仿三种基本形式。

1. 暗示

暗示是指在无对抗的条件下，用含蓄的、不作论证的方式对人的态度和观念发生影响，使人自然地接受一定的信息或按一定的行为方式去行动。暗示要起到作用取决于两个条件：一是暗示者的地位、身份、名望、威信越高，暗示越能发挥作用；二是发出暗示的人数，发出暗示的人越多，被暗示者越容易接受。例如，当某人不遵守礼仪时，可以安排一个礼仪水平较高的人与他一起生活、工作。

2. 心理感染

心理感染是个体对他人和特定情境中的情绪状态的自觉共鸣，或产生出类似的情绪活动，是人际间在情绪上的同化反应。它具有联动性和情境性两个特征。受心理感染源的性质以及受感染者的心理状态不同，心理感染可能会产生积极的促进作用，也可能会产生消极的破坏作用。另外，心理感染存在一种循环反应机制，即别人的情绪和行为引起自己产生同样的情绪和行为；反之，自己的情绪和行为也增加了别人的情绪、行为反应的强度。在礼仪活动中要发挥心理感染作用,要求双方具有相同的世界观,建立起朋友关系。

3. 模仿

模仿是指个人受到社会刺激后而引起的一种按照别人行为的相似方式行动的倾向,是人际间在行为上的同化反应。模仿根据有无意识参与,分为反射性模仿和观察性模仿。反射性模仿是模仿者没有模仿的动机,无意识地模仿他人。观察性模仿则是模仿者出于一定目标,有意识地模仿,社会生活中更多的是观察性模仿。在礼仪实践过程中引导人们模仿时,不可以强制命令别人模仿,而是尽量通过创设条件,引导人们进行无意识、不自觉地模仿。

二、礼仪心理原则

礼仪是人们在社会交往活动中,为了相互尊重,在仪容、仪表、仪态、仪式、言谈举止等方面约定俗成的、共同认可的行为规范。但是,在社会交往活动中,人的礼仪行为规范水平是参差不齐的。为了维护社会关系和谐发展,人们在礼仪实践过程中依据礼仪心理的原理,制订了相应的礼仪心理原则。

1. 尊重原则

在礼仪活动中,礼仪主客体都希望得到尊重。为什么人希望得到尊重呢?从心理学角度来看,当生产发展到能解决人们生理需要后,人们就会产生精神需要。根据马斯洛的需求层次理论,当人获得了生理需求、安全需求、爱和归属感后就会产生自我尊重、被他人尊重、信心与成就的需求,即尊重需求。从社会交往心理来看,只有相互尊重,才能真正建立起和谐的社会关系。礼仪活动的目标是协调社会关系,而长久和谐的社会关系则要求礼仪双方彼此尊重。这里所说的尊重是要求尊重他人的人格、能力、爱好、兴趣等一系列要素。在礼仪活动中贯彻尊重原则,要求礼仪的一方:①以热情的态度对待另一方;②维护另一方的自尊心,给他留有"面子";③在沟通中,给予另一方充分表达的时间和空间;④学会理解与宽容。

2. 平等原则

所谓平等原则,是指在礼仪活动中行使礼仪的双方要持有人人平等的观念,对所有交往对象都应一视同仁,要给予对等的礼遇。平等待人既是道德要求,也是礼仪心理要求。人际交往心理学认为人与人之间的交往本质上是一种社会交换,人们都希望在交往中得到的不少于所付出的。但如果得到的大于付出的,这也会令对方的心理失去平衡。心理的失衡进而会导致社会关系的失衡,所以在礼仪活动中应坚持平等的原则。要贯彻这一原则,要求礼仪双方:①以平等的姿态出现,给别人以充分的尊敬,双方在心理上相容;②树立人人平等的观念,互相尊重对方的人格、爱好和习惯,不嘲弄、取笑和侮辱对方;③学会使用一一对等法,即在礼仪实践中做到情感对等、价值对等、地位对等。

3. 互利原则

互利原则是指人们在礼仪活动中考虑双方的共同价值和共同利益,满足共同的心理需要,使彼此都能从交往中得到实惠。从礼仪心理来看,礼仪双方在礼仪活动中都有各自的需要,只有各自的需要得到满足,才能促进双方社会关系协调与融洽。贯彻这一原则,应做到以下几点:①在礼仪活动中了解对方的价值观倾向;②重视双方利益的互补;③积极构建和谐的关系,建立信任与合作;④完善交往标准,避免一方利益受损。

4. 宽容原则

宽容原则要求人们在礼仪实践中,不仅要严于律己,还要宽以待人;能够为他人着想,能原谅他人过失。从心理学来说,宽容作为一种对待事物的态度,可以帮助自己缓解敌对情绪状态,减少痛苦的持续时间和由此引发的冲动行为。在礼仪活动中要贯彻宽容原则,应做到以下几点：①要有宽广的胸怀，做到海纳百川，有容乃大；②提升自己的道德修养，做一个有德之人；③学会换位思考；④宽容要适度，宽容不是一团和气，不分是非，丧失原则。

5. 真诚原则

真诚即真实诚恳、真心实意、坦诚相待，以从心底感动他人而最终获得他人的信任。心理学家通过实验发现，人们喜欢自我坦白。依据交往对等原则，同时希望对方也坦白。坦白，也是人际沟通的需要，它是向他人展示信任的一种信号。在礼仪活动中贯彻这一原则，应做到以下几点：①要用坦诚之心去行使礼仪；②真诚也要讲究技巧，例如面对别人的错误，不讲技巧的真诚反而不利于关系的和谐；③坦诚要有度，个人应该保持适当的隐私；④友善待人，不说谎、不虚伪、不骗人、不侮辱人，所谓"骗人一次，终身无友"说的就是这个道理。

三、礼仪心理效应

心理效应是指某种人物或事物的行为或作用，引起其他人物或事物产生相应变化的因果反应或连锁反应。在礼仪活动中也存在各种心理效应。从其影响效果上，可以分为积极的心理效应和消极的心理效应。积极的心理效应主要有首因效应、同体效应、角色交换效应、情绪效应和保龄球效应等。消极的心理效应主要有晕轮效应、从众效应、刻板效应、近因效应、投射效应等。其实，不少心理效应都具有两重性，既具有积极的一面，又具有消极的一面。

（一）积极的心理效应

1. 首因效应

"首因"是指人们在初次接触时各自给对方留下的印象。首因效应，也叫首次效应、优先效应或第一印象效应，指交往双方形成的第一次印象对今后交往关系的影响，也就是"先入为主"带来的效果。首因对人们交往印象的形成有着决定作用。人际交往中，首因占据着主导地位，作用强而且持续的时间也长，是长期交往的基础，也是取信于人的出发点。所以，在礼仪活动中，为了给对方留下好印象，人们应该注重自身形象，言谈举止要大方、适度，不要为了取悦对方而使自己失态。具体来说，就是首次交往时，要做到衣着整洁、搭配和谐，注意自己的言谈举止，加强礼仪训练，提高言谈技能，掌握适当的社交礼仪。另外，在交往过程中，要向对方流露出友好、大方、随和的情感，因为大多数人喜欢与这类人交往。

在礼仪实践中运用首因效应时，也要注意避免先入为主，应加强深度学习，通过现象看本质。

2. 同体效应

同体效应，也称"自己人效应"，就是指对方把你与他归为同一类型。即为了让对方更容易接受你的观点和态度，你把对方与自己视为同体关系，把对方变成"自己人"。所谓自己人，就是在某个方面和我们属于同一类型的人。可能是同样的身份，或者同样的观念，或者同样的爱好等。心理学家卡姆经过研究认为，同样一个观点，如果是自己熟悉或者喜欢的人说，心理上更容易接受，如果是陌生人或者讨厌的人说，反而会产生抵制心理——这就是同体效应的原理。日常生活中，经常可以看到，人生观、宗教信仰相同，甚至有着同一偶像或相同爱好的人，更容易谈得来，感情更融洽。同年龄、同性别、同学历、有相同经历的人更容易组成一个群体。

由于同体效应的影响，人们更信赖和接受"自己人"所说的话，所以在礼仪实践中，首先要与他人建立亲善的关系，让对方与自己有一些共同点或强调双方的共同点；其次，努力使双方处于平等的地位，缩短和对方的心理距离；最后，提升综合素养，养成良好品德。见贤思齐是人的普遍心理，良好品德的人更会被他人视为"自己人"。

3. 角色交换效应

角色，原本是戏剧或电影、电视剧中演员扮演的剧中人物的意思，后来也比喻为生活中某种类型的人物。现在已被用于社会学、社会心理学之中，成为一个专用术语。角色交换效应是指人们把交往双方的角色在心理上加以交换从而产生的心理效应现象。角色交换效应在社会生活中运用较为广泛，例如"己所不欲，勿施于人""推己及人，将心比心""换位思考，相互宽容"等都是运用了角色交换效应。

社会生活中，每个人都具有不同的社会角色，发挥着不同的角色作用。在礼仪实践活动中，礼仪主客体与其他社会生活中的角色不一样，他们分别担任着施礼者和受礼者的角色，发挥协调关系、促进交流、提升社会文明水准的作用。礼仪活动中运用角色互换效应，可以让礼仪主客体尊重人、理解人、关心人，通情达理地谅解对方的行为和态度，从而能增进交往对象的交往频率和深度，建立越来越亲密融洽的关系。在礼仪活动中运用角色交换效应，首先要注意从对方的角度考虑问题，某些时候甚至需要暂时抛开自己的切身利益，去满足别人的利益。其次，角色换位不是简单地猜想别人的想法及感受，而是要走进对方的内心世界，想他所想，思他所思。

4. 情绪效应

情绪效应，又称情感效应，是指一个人的情绪状态可以影响对另一个人的评价。情绪之所以有这样强大的作用，主要是因为每一种情绪都会给人带来不一样的主观体验，还会唤醒不一样的生理反应和引导不同的外部行为。另外，情绪还有动机、组织和社会功能，人们在情绪的感染下，会打破原有的思维方式和行为模式，或丧失理智，或异常清醒。

在礼仪实践中，情绪效应普遍存在。例如对于同样的礼仪要求，当你今天高兴时，你觉得它的要求合理；假如你今天心情不好，你会认为这样的礼仪要求不合理。心理学家曾做过的研究也证实，一个人对于自己喜欢的人较少持批评的态度，往往乐意接受他的意见；反之，对自己不喜欢的人，往往对他的观点和提供的信息会不由自主地表示怀疑或否定。情绪效应要求人们在礼仪活动中重视情绪给对方带来的影响，要善于调剂好自己的情绪，不要把自己的不良情绪强加于别人头上；同时要认真选择交际对象，善待他人，加强感情沟通与联络，尽量做到忧他人所忧，助他人所急，在患难时伸出援助之手，这样就容易打动别人，实现礼仪目标。

5. 保龄球效应

保龄球效应起源于一场保龄球运动。保龄球运动教练甲和乙分别带领了两名运动员参加比赛，这两名运动员在比赛中都打出来7个瓶子的成绩。中场休息时，甲教练采取了积极鼓励的方法："非常好，你们打倒了7个瓶。"乙教练则采取了消极鼓励的方法："怎么搞的？还有三个没打倒！"最后结果是甲教练的队员们成绩越来越好，乙教练的队员们成绩却越来越差。这就是保龄球效应。保龄球效应说明积极激励评价与消极激励评价会带来不一样的结果。积极激励评价会让人取得更好的成绩，而消极激励评价则相反。

保龄球效应告诉人们，在礼仪实践中，尤其是礼仪宣传教育中，要善于发现对方的优点，多肯定对方，同时要管理好自己的期望值，使用热情、诚恳、准确的语言进行评价。

（二）消极的心理效应

1. 晕轮效应

晕轮效应又称光环效应，指的是在人际交往中，人们常从对方所具有的某个特性而泛化到其他有关的一系列特性上，从局部信息形成一个完整的印象，就像光环一样，从一个中心点逐渐向外扩散成为一个越来越大的圆圈。所谓"情人眼里出西施"，说的就是这种晕轮效应。晕轮效应实际上是个人主观推断泛化和扩张的结果。在晕轮效应状态下，人们常常会出现"以偏概全""爱屋及乌"的认知评价错误。当然晕轮效应如果运用得好，也会产生非常好的效果。例如，在礼仪实践中，如果穿着得体，面带微笑，给寒冷的客人送上一杯热饮，都会让客人对我们产生良好的印象，给予肯定的评价。

2. 从众效应

从众效应是指当个体受到群体的引导或施加压力的影响,会怀疑并改变自己的观点、判断和行为,使自己朝着与群体大多数人一致的方向变化。人们之所以会出现从众效应,主要是群体规模、人数和凝聚力会给个体带来压力,另外,个体所处文化差异、个性差异和知识经验也会导致个体从众。从众效应有三种表现形式:一是表面服从,内心接受;二是口服心不服;三是随大流,不存在服与不服。

从众是普遍的社会心理现象,从众效应没有好坏之分,在一定场景中可以发挥积极作用,如在有序排队的人群中较少有插队的现象;但在某些场景中却带来消极作用,例如相互攀比的浪费现象。在礼仪实践中,可以通过营造礼仪舆论场、树立礼仪活动主干核心地位以及加强相互沟通等方法发挥从众效应的积极作用,从而完成礼仪活动。

3. 刻板效应

刻板效应,又称定型效应,是指人们用刻印在自己头脑中的关于某人、某一类人的固定印象,来作为判断和评价别人依据的心理现象。例如老年人是保守的,年轻人是爱冲动的;山东人实在、北京人仗义、天津人幽默等都是刻板效应的反映。刻板效应会对人们的社会知觉产生积极和消极两方面的影响。积极影响表现为可以简化人的认识过程,让人更快适应环境;消极影响表现为阻碍人们接受新鲜事物,容易让人产生成见。相对来说,刻板效应的消极作用更多些。

在礼仪实践中,刻板效应除具有让人较快识别某一类人的礼仪方式与行为的优势外,带给人们更多是消极作用。例如礼仪行为上的以点代面、固执行礼、绝对化礼仪规程等;礼仪认知上的性别偏见、种族偏见和民族偏见等。人们如何消除刻板效应的消极作用呢? 第一,需要耐心与对方相处,加强沟通,给对方表现的机会,不要凭自己的生活经验和第一印象就给对方贴标签;第二,对于身份刻板的情况,可以选择更优身份去证明刻板身份的错误;第三,提升自己的文化素养,打破对某人、某一类人的固定印象。

4. 近因效应

近因效应是指在人际交往中,对他人最近的、最新的认识会占据主导地位,从而掩盖了以往形成的对他人的评价和印象的一种心理现象。也就是说,交往中最后一次见面给人留下的印象在对方的脑海中存留时间最长。

近因效应有积极作用,例如在与朋友分别时,给予他良好的祝福,你的形象会在他的心中美化起来;也存在消极作用,例如关系一直很好的同事,可能会因发生误会或者是矛盾,导致双方不开心,严重时关系会破裂。在礼仪实践中,可以利用近因效应的积极作用来实现礼仪目标,也可以通过调整内容表达顺序和活动结束阶段的言行来消除近因效应带来的消极作用。

5. 投射效应

投射效应是指将自己的特点归因到其他人身上的倾向。在人际交往中,当某人不知道别人的情况时,就常常认为别人具有与自己相同的特性。所谓"以小人之心,度君子之腹",反映的就是这种投射效应的一个事例。投射可分为两种类型:一种是指个人没有意识到自己具有某些特性,而把这些特性加到他人身上。例如,一个对他人有敌意的人,总感觉对方对自己怀有仇恨,并且认为对方的一言一行都有挑衅的色彩。另一种是指个人意识到自己的某些不称心的特性,而把这些特性强加到他人身上。例如,在某个接待会上,某人不想尊重这个客人时,总认为其他人也不会尊重这个客人。对于后一种投射类型,要特别注意有些人将自己不称心的特征,投射到尊重和崇拜的人身上。例如有些人会想:他们这些人有那么多不足,照样辉煌,我有这些不足,有何关系呢? 这种将自己的不足投射到名人或成功人士身上,其实就是为自己不愿意改变不足而寻求心理上的平衡。

在礼仪实践中,投射效应往往会给对方带来巨大的压力,进而影响礼仪活动的顺利开展。为此,在礼仪活动中,要做到以下几点:第一,保持理性,克服惯性思维;第二,要注意切断投射与责备的联系,避免两者恶性循环;第三,减少投射效应发生的机会。

 案例分析

有一天,一对爷孙赶着一头小驴去小镇赶集。

他们走啊走,一个路人看见了,就对他们说:"哎,你们怎么那么笨呢,有驴也不骑?"

爷爷心想:人家说得对啊,有驴不骑那不是傻子吗! 于是爷爷就骑上驴,让孙子走路。

刚走了一小段路,一个中年人看见了,就对爷爷说:"你是个大人,这么健壮,怎么自己骑驴,反而让一个小孩走路呢? 你真不爱自己的孙子。要是我,可舍不得让我的孙子受一点儿罪。"

爷爷心想:这人说得也对,怎么可以让自己的小孙子走路,而自己骑驴呢? 然后爷爷下来,让孙子骑上驴,自己走路。

刚走了一小段路,一个青年人走过来,对孙子说:"你难道不知道尊重老人吗? 让老人家走路,你年纪轻轻的反而骑驴,这实在太不像话了!"

爷爷听了,心想自己走路不对,孙子走路也不对,于是两人就一起骑在驴上。

这时又有一个人,对着爷孙俩说:"这爷孙真没慈悲心! 看那驴多可怜! 这么小的一头驴,却让爷孙俩骑,驴被你们压得都喘不过气了!"

爷爷听完后大怒,让孙子也下来,便对孙子说:"我骑驴不对,你骑驴也不对,两人一起骑驴还不对,不骑驴又让人认为我们傻,那我们俩抬着驴走总可以了吧!"

结果,每个人都把抬着驴走的爷孙俩当疯子。

这时驴也很无奈,驴心想:我怎么遇到了这样的主人,他们难道不知道,被人这样抬着,我很难受吗? 不过驴只能受罪了,因为爷爷没有自己的主见,不知道自己该怎么办。

【分析】

爷孙与驴的故事是从众效应发挥消极作用的一个典型案例,爷爷在受到路人的引导或施加压力的影响时,频繁怀疑并改变自己的观点、判断和行为,结果导致无所适从。在日常生活中,我们应该有自己的判断力和决策力,即使面对质疑和反对,也应保持独立的思考能力和个性。

实操训练

1. 实操训练内容

某消费者从某电动车直营店购买了一辆电动自行车。他骑车外出的第一天,由于操作不当,在他所住小区的人行道上摔倒了。于是第二天他怒气冲冲地来到店铺说:"你们厂一点公德都没有,生产的电动自行车不合格也拿出来卖,我第一天骑,就刹不住车,你们的车刹车就没有做好。刹车这么重要的功能都能出问题,你们考虑过消费者的生命安全吗?"这天负责接待他的是李小姐,她应该如何与这位消费者建立平等融洽的交际氛围呢?

2. 实操训练要求

分析这位消费者的心理,利用礼仪原理和方法,写出处理思路,并模拟出来。

3. 实操训练步骤

(1)分析消费者的心理。

(2)写出处理方法以及模拟脚本。

(3)布置简易场所。

(4)模拟表演。

(5)拍视频汇报。

仪 态 礼 仪

任务一 站姿礼仪

情景导入
酒店商务中心员工站姿引起的风波

修身塑品
呈现职业素养、专业水平、敬业意识、职业操守和自信严谨的态度

举止礼仪做到"立容端正"

知识讲解
一、基本站姿的要领
二、女士常见站姿
三、男士常见站姿

案例分析
大运会贵宾休息室志愿服务的失误

实操训练
进行站姿基本功、标准站姿及变化站姿训练

视频资源

4.1.1 预习动画

4.1.2 知识讲解

4.1.3 案例分析

4.1.4 要领示范

情景导入

某酒店商务中心，两位女员工上班时间凑在一起聊天，由于经理和领班已经下班了，又没有客人，所以她们很随意地站着靠在椅子边上。此时有客人进来询问是否可以复印文件。客人看了一眼她们的站立姿势，没有说任何话就径直走进了酒店的大堂，向大堂经理投诉。最后大堂经理向客人道歉并免费为客人复印了文件，两位女员工也因此受到了严重的警告。

【修身塑品】

早在西汉时期，贾谊就在其著作《贾谊新书》中对人的站姿做出过表述，要求举止礼仪做到

"立容端正"。古人说的"立容",就是今天讲的站姿,"立容端正"也是俗话中常强调的"站有站相"。站姿是人们日常生活中最常见的姿势之一,可以在一定程度上反映一个人的精神状态、品质修养和健康状况,也是一个人仪表礼仪的重要表现。在公众场合和工作当中,需要保持端庄文雅的符合职业特征的站姿,这些良好的站姿会呈现个人的职业素养、专业水平、敬业意识、职业操守和自信严谨的态度,能衬托出一个人美好的气质和风度,也能反映出一个公司的管理水平和精神风貌。

 知识讲解

仪态是指人的表情、手势、体态方面所表现出来的特征。体态语言学家伯德惠斯戴尔的研究显示,在沟通过程中,高达 65% 的信息是通过体态语言表达的。良好的体态能促进沟通。培养正确的体态尤为重要。

站姿是所有体态的基础和起点。优美挺拔的站姿可体现一个人的修养、性格、职业素养等,衬托出其美好的气质和风度,并给他人留下深刻的印象。

立有立容、挺拔优雅。站的姿态要自然、放松、优美、挺拔。不论是哪种仪态或者姿势,脚的姿势及角度可以变化,但身体一定要是挺拔的。

一、基本站姿的要领

站立时可以想象有一根线在头的顶部提拉着你的身体,身体有一种离地的感觉。想象头顶的线被提起时,人的身体就自然会把头抬起,胸也自然地挺起来,腹部也自然收回去。这种站姿就应该是挺拔的。具体来讲,基本站姿包括五个要领(图 4-1)。

头正　　肩平　　　　臂垂　　　　躯挺　　　腿并

图 4-1　基本站姿的要领

1. 头正

抬头并保持头部平正,头顶上悬,脖颈挺直。目光平稳自然,朝向正前方,嘴微闭,微收下颌,面带微笑,表情自然。训练时可面对镜面墙,和镜中的自己微笑对视,同时对照头正的要领依次检查是否到位。

2. 肩平

双肩保持一条直线,放松、平正,微向后,向下压。训练时可面对镜面墙,向后绕肩到打开双肩的位置停住,保持一分钟,同时对照肩平的要领依次检查是否到位。

3. 臂垂

双臂自然下垂于身体两侧,手心向内,虎口向前,手指自然弯曲,中指贴于裤缝。训练时可面对镜面墙,对照臂垂的要领依次检查是否到位。

4. 躯挺

肩、胸打开,挺胸,收腹,立腰,提臀,膝盖向后顶,脊柱后背挺直。训练时可以采取以下方法。

(1)背墙站立,脚跟、小腿、臀部、双肩和头部紧靠墙壁,以训练整个身体的控制能力。

(2)面对镜面墙,对照躯挺的要领依次检查是否到位。膝盖向后顶,大腿肌肉保持紧张的状态,停留一分钟。

(3)头顶书本。站立者按要领站好后,在头上顶一本书,努力保持书在头上的稳定性,以训练头部的控制能力。

5. 腿并

并腿,小腿肌肉收紧,膝盖并拢,大腿肌肉绷紧并拢。脚跟相靠,身体重心主要支撑于脚掌、脚弓之上。训练时可于站立状态下在两大腿间夹一张纸,保持纸不松、不掉,以训练腿部的控制能力。

二、女士常见站姿

女士站立时要表现出优美、典雅的韵味,追求"娴静、内柔"的美感(图 4-2)。

"V"字步　　　　　　"丁"字步　　　　"前搭手式"或"自然式"手势

图 4-2　女士常见站姿

1. "V"字或"丁"字步

在基本站姿的基础上,脚跟靠拢,两脚尖展开约 45°,双脚呈"V"字形,重心平均置于两脚,或右脚后撤,直到左脚内侧脚跟靠在右脚的足弓处,形成左"丁"字步,也可根据实际情况转换方向,形成右"丁"字步。

2."前搭手式"或"自然式"手势

在基本站姿的基础上,双肘离开身体,自然打开,双手手指自然并拢,右手轻握左手的手指部位,轻贴于腹脐以下部位,或左(右)手握着右(左)手的手腕,自然垂放于体前。

三、男士常见站姿

男士站立时要表现出优美、刚健、英武的风采,追求"劲健、外刚"的壮美感。

1."V"字或"平行"步

在基本站姿的基本上,两脚尖展开到 60°左右,双脚呈"V"字形,重心平均置于两脚。或两脚平行开立,两脚与肩同宽形成"平行"步。

2."前腹式""自然式"或"后搭手"手势

在基本站姿的基本上,双肘自然打开,右手握住左手的手背位置,放置在腹脐以下部位或左(右)手握着右(左)手的手腕,自然垂放于体前。也可双手在身后相搭,贴在后尾骨处。

 案例分析

某市正在举行全省大学生运动会,开幕式这天,张老师作为教师志愿者,负责在市中心体育馆的贵宾休息室门口迎接领导并为他们进行必要的服务工作。离领导到场还有一段时间时,张老师突然接到一个电话,聊了两分钟后,张老师不自觉地将左手插在裤袋里,并整个人斜靠在了贵宾休息室的门边。此时,负责运动会协调工作的市教育局的陈处长恰好路过,严厉地批评了张老师。

【分析】

全省大学生运动会期间,在贵宾休息室为领导提供服务是非常重要的一项工作,志愿者需要展示专业的礼仪素养以及优良的服务意识。上述案例中,尽管领导还未到,礼仪现场的服务志愿者仍应以饱满的精神状态做好各项准备工作,避免长时间接私人电话,保持端正的仪态,站立时双手自然下垂或轻握搭在身前,斜靠在桌边或门边的站姿是不可取的。

实操训练

1. 实操训练内容
通过训练使站姿优美、典雅,从而显示个人自信,衬托出美好的气质和风度。

2. 实操训练要求
(1)进行站姿基本功训练,提高头部、腿部及整个身体的控制能力。
(2)进行标准站姿及变化站姿的训练,以适应日常工作及生活的不同需要。

3. 实操训练成果
站姿基本功、标准站姿、变化站姿训练图片。

4. 实操训练步骤
(1)五分钟全身控制能力训练:背墙站立,脚跟、小腿、臀部、双肩和头部靠着墙壁。
(2)五分钟头部及腿部控制能力训练:头上顶书、双腿夹纸站立。
(3)五分钟标准站姿训练:微笑着平视前方,微收下颌,双肩打开,挺胸收腹,双手自然下垂,大腿肌肉收紧,膝盖向后顶,重心落于两腿中间,脚尖分开约 45°。

（4）五分钟变化站姿训练：右手轻握左手手指位置，自然地放于体前，右脚后撤，身体左转，"丁"字步站姿训练，身体重心交替放在左右腿上。

5. 实操反思整改

（1）背墙站立时，能否做到五点同时靠墙。

（2）头部、腿部训练时，能否保持书在头上的稳定性以及纸不松、不掉。

（3）标准站姿训练时，目光是否自然亲切，身体是否舒展，姿态是否挺拔。

（4）变化站姿训练时，转换是否顺畅，动作是否显得美观大方。

任务二　坐姿礼仪

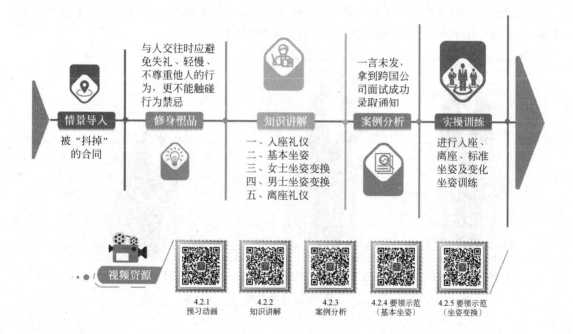

情景导入

一位知名企业的领导，几次到某市一家企业洽谈合作业务，最后一次洽谈之前，他曾对朋友说："这是我最后一次洽谈了，我要跟他们的最高领导谈，谈得好，就可以拍板。"过了两个星期，朋友问，"谈成了吗？"他说："没谈成。"朋友问其原因，他回答，"对方很有诚意，进行得也很好，就是跟我谈判的这个领导坐在我的对面，当他跟我谈判时，不时地抖着他的双腿，我觉得还没有跟他合作，我的财都被他抖掉了。"

【修身塑品】

从礼仪上来讲，抖腿是一种失礼且轻慢的行为，是不尊重别人的表现，甚至有个别人把抖腿视为禁忌，认为抖腿会抖去自己的运气。在这个案例中，知名企业领导就是觉得和抖腿的人合作会损坏他的财运，所以不想和他合作，虽然这种说法缺少科学性，但也从侧面说明了举止礼仪对促成一项业务的重要性。

知识讲解

站姿展示的是一种挺拔且积极进取的奋发向上精神,坐姿则更多地展示人的沉稳、从容的内敛状态。良好的就座姿态能展现个人的修养。坐有坐相、端庄雅致,是指坐姿要端庄、自然、稳定,以展示从容、稳如钟的风度。

一、入座礼仪

1. 尊卑顺序

入座时要轻、稳、缓。如和客人或多人一起入座,先分清长幼尊卑,请对方先入座,待他人都坐好后自己再轻轻入座。

2. 入座流程

正式场合,一般从椅子的左边入座,走到椅子的正前方,入座时要轻、稳、缓。右腿向后撤半步,右手理一下衣裙,上身保持正直,坐下后右腿收回(图4-3)。

走到椅子的正前方　　　　　右腿后撤半步的同时右手理衣裙　　　　　坐下后右腿收回

图 4-3　入座流程

3. 座位占比

正式场合,一般只坐座位 2/3 的位置,不要整个身体靠在椅背上。如果和长辈座谈,则只坐椅子的 1/2,上身朝向对方,略微往前倾,双手自然地放在膝盖上,以示尊重。

4. 训练方法

(1) 从椅子的左侧走到椅子的正前方。在椅子的左侧,面向正前方,右脚起步,四步走至椅子正前方距离椅子边缘一个脚长的位置,双脚并齐,脚尖向前。口诀为"右—左—右—并"。

(2) 在椅子正前方落座。右腿后撤半步,找到椅子的边缘,重心后移,落在右脚上;上身保持正直,右手手背在身体后侧自上而下整理下半身的衣裙并坐下;右脚向前收回并左脚;右手轻握左手手指,放在大腿中间的位置。口诀为"退—坐—并—放"。

二、基本坐姿

1. 上身动作要领

入座之后,面带微笑,眼睛平视前方,嘴唇微闭,微收下颌;时时保持双肩平正放松,呈一条直线;立腰、挺胸、收腹,背部保持自然平直。

2. 双臂动作要领

双肘离开身体,自然打开;双臂自然弯曲;双手轻握,女士双手叠放置于大腿中部。男士双手分别放在膝盖上。

3. 腿部动作要领

左、右大腿大致平行,膝弯曲大致成直角,小腿与地面垂直,双腿自然着地,女士双膝、小腿肚位置靠紧,双脚并齐,平放在地面上(图4-4)。男士两脚可平行放置与肩同宽。

左、右大腿平行　　　　膝弯成直角　　　　双腿自然着地

图4-4　女士基本坐姿腿部动作要领

三、女士坐姿变换

在基本坐姿的基础上,适当变换腿位,不仅可以适应不同场合与对方交流的需要,还可有效缓解疲劳(图4-5)。

双腿斜放式坐姿　　　双腿叠放式坐姿　　　开关式坐姿

图4-5　女士坐姿变换

1. 双腿斜放式坐姿

以左斜放式坐姿为例。坐正,双膝并紧,上身挺直,左腿向左斜向45°摆出,右脚跟上,左脚靠近右脚内侧,右脚脚跟提起,双手放置于右腿上,头向右侧转。

2. 双腿叠放式坐姿

以左叠放式坐姿为例。髋部左转45°,头胸向右转,左小腿垂直于地面,右腿重叠于左腿上,相靠并在一起,右腿向里收,右脚尖向下。

3. 开关式坐姿

以右脚在后为例。坐正，双膝并紧，左腿不动，右脚跟抬起，向后摆45°，右脚尖后移到左小腿的正后方，脚尖着地，两小腿前后分开，从正前方的角度看，两只脚在一条线上，两手合握置于两腿间或腿上。

4. 双腿交叉式坐姿

在双腿斜放式坐姿的基础上，双膝并拢，双脚踝部交叉，不宜远伸。

四、男士坐姿变换

除基本坐姿外，男士还可采用重叠式坐姿，其要领是：右腿叠在左膝上部，右小腿内收贴向左腿，脚尖下点。采用以上坐姿时，切忌为了舒适而将双手扣住膝盖并不停晃动脚尖，这是一种傲慢无礼的表现。

五、离座礼仪

1. 尊卑顺序

离座和入座要求一致。起身时应注意先后次序。尊者先离座，卑者稍后离座。辞行者先离座，送别者后离座。

2. 示意离座

离开座位时，如身边有人，应事先向对方示意，随后再站起身来轻缓离开。

3. 离座流程

离座时要自然稳当，右腿先向后撤半步，上身保持挺直，起身，右腿收回，再次向对面或旁边的人致意后，右脚向椅子右方迈出，左脚跟随其后，必要时侧身，双手扶椅背，将椅子靠回桌旁，如图4-6所示。

起身，右腿收回　　　　右脚迈出，左脚跟随　　　　将椅子靠回桌旁

图4-6　离座流程

4. 训练方法

（1）在椅子正前方起身，右脚先撤半步，在上身依然保持正直的情况下，在左小腿和臀部中间的这个面上先站起来，然后重心前移、并右腿。口诀为"退—起—移—并"。

（2）从椅子的正前方走至椅子的右侧，然后离开椅子区域，右脚起步，四步从椅子右侧退出，退出时注意留头，走出椅子的区域后再转头离开。口诀为"右—左—右—左（转）"。

案例分析

某跨国公司要招聘新职员，很多人前来应聘。有一位应聘者进门后沉着地向大家举手打招呼，然后选择了最前排中间座位就座，他就座的地方人最多。就座后，他很坦然地坐在椅子上，上身挺直，两手自然地放在膝盖上，双眼一直注视着面试官。等到他面试时，一言还未发，面试官就说："恭喜你，你已经被录用了。"

【分析】

面试官录取该应聘者的理由如下：这位先生的举止体态已经交了一份最好的答卷。他进门后沉着地向大家举手打招呼，说明他有很好的修养；选择了最前排中间座位就座，表明他希望别人注意自己，善于自我推销，充满自信，有较强的优越感；并且他就座的地方人最多，说明他与人合群，善于交际；就座后，他的坐姿极佳，很坦然地坐在椅子上，臀部占据了椅子大部分，并且上身挺直，两手自然地放在膝盖上，不左顾右盼，双眼一直注视着我们，表明他稳重、沉着、冷静、大度、认真，对人尊重。我们认为，这位先生是一名难得的人才，非常适合我们所要他做的工作。

实操训练

1．实操训练内容
通过训练使坐姿文雅、端庄，从而展现自己的内在修养。

2．实操训练要求
（1）进行入座、离座训练，做到相应动作轻柔和缓，端庄稳重。
（2）进行标准坐姿及变化坐姿的训练，以适应日常工作及生活的不同需要。

3．实操训练成果
入座、离座的训练视频，标准坐姿、变换坐姿的训练图片。

4．实操训练步骤
（1）5分钟入座、离座训练：从椅子左侧走到椅前半步远的位置立定，右腿后撤半步，右手理衣裙，坐下。坐下后，双腿并齐，双手轻握，自然地放在双腿间，之后动作倒推，进行离座训练，从椅子右侧出。
（2）5分钟标准坐姿训练：微笑着平视前方，微收下颌，双肩打开，挺胸收腹，坐满椅面2/3的位置，双膝并拢，双脚并齐，双手轻握，自然地放在双腿间。
（3）2分钟开关式坐姿训练：两脚前脚掌着地，前后在一条直线上。
（4）2分钟左斜放式坐姿训练：双脚左移一步，左脚掌内侧、右脚掌着地，双腿靠拢斜放。

5．实操反思整改
（1）入座、离座时，是否前倾后仰，猛坐猛起。
（2）标准坐姿时，小腿是否分开，上身与大腿、大腿与小腿、小腿与地面的夹角是否为90°。
（3）开关式坐姿时，前腿是否伸出过长。
（4）左斜放式坐姿时，右脚脚掌是否靠在左脚内侧脚窝处。

任务三　走 姿 礼 仪

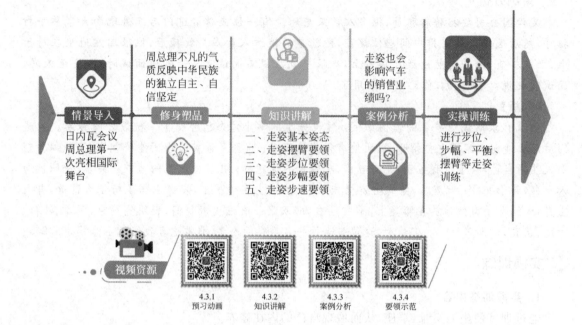

视频资源

| 4.3.1 | 4.3.2 | 4.3.3 | 4.3.4 |
| 预习动画 | 知识讲解 | 案例分析 | 要领示范 |

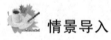 **情景导入**

　　1954 年,在日内瓦会议上,周恩来总理第一次亮相国际舞台。图 4-7 所展示的这张照片,那种充满自信的动作和走姿就连当今好莱坞的影帝也模仿不出来!

图 4-7　日内瓦会议上的周总理

【修身塑品】

　　周恩来总理的这一走姿充分反映出老一辈外交家的风采,体现出从容、自信、坚定的不凡气质,也喻示着中华人民共和国在世界历史舞台上直起了腰杆,挺起了胸膛,一个独立自主、自信坚定的大国出现在东方。

 知识讲解

走姿是人体在行走时所呈现出的一种姿态,是展示动态美的重要形式。稳直从容、优美韵律的步伐,能让我们走出风度、走出风采、走出韵味。女士文雅、端庄的走姿,展示轻柔之美,能给人以沉着、稳重、冷静的感觉;男士走姿则要突出阳刚之美。

在日常生活和工作当中,走路姿势最能体现一个人的心情、态度和修养。肢体语言是强而有力的沟通方式之一,根据环境的不同,对走姿有着不同的要求。如秉承凡事"从别人的利益着想"角度出发的原则,迎客时,步伐须大方热情;有紧急任务时,急人所急,步伐应快捷迅速;参加吊唁活动时,步伐应沉重轻缓;在楼道、走廊上给他人让路时,应侧身慢行;向对方告辞时应目视对方,身体后退几步,再转身离去,不应直接掉头走人。

一、走姿基本姿态

正确的走姿应当身体直立、收腹直腰、上身保持挺拔的姿态,抬头挺胸,双眼平视前方,双肩保持平稳。

起步时,身体微向前倾,大腿带动小腿,脚跟先着地,身体重心落于前脚掌,前脚着地和后脚离地时伸直膝部(图4-8),行走中身体的重心要随着移动的脚步不断向前过渡,步伐稳健并富有韵律感。

大腿带动小腿,脚跟先着地　　　前脚着地和后脚离地时伸直膝部

图 4-8　走姿腿部动作要领

二、走姿摆臂要领

行走时,手掌心向内,虎口朝前,指关节自然弯曲,双臂放松,在身体两侧前后有节奏地自然摆动。摆臂时,虎口朝前,手心向内,手指自然弯曲。前臂摆出的幅度要大一些,大概35°。后臂则是摆出15°左右即可(图4-9)。行走时上臂和前臂要同步摆出,保持一条直线。

三、走姿步位要领

步位是指双脚平行、在一条直线上或是左右交叉的位置关系。商务场合行走时要保持步位平行,两脚的内侧为一条直线,脚尖微向外或向正前方伸出,避免臀部左右摆动。每一步应

前臂摆35°　　　　　　后臂摆15°

图 4-9　走姿摆臂动作要领

脚掌着地,重心由脚跟传送到脚尖,膝盖绷直。

四、走姿步幅要领

步幅是指双脚前后的距离,行走时须跨步均匀,男士的步幅约 40cm,女士的步幅不超过 30cm,即为一只脚到一只半脚的距离。女士步态要轻而稳,自然而均匀,走出韵律,步韵优美,不能发出过大的声响(图 4-10)。男士步幅则可稍大些。

女士步幅不超过30cm　　步态自然而均匀

图 4-10　走姿步幅动作要领

五、走姿步速要领

商务场合行走的速度既不能太快,也不能太慢,更不能忽快忽慢。男士每分钟走 100～110 步,女士每分钟走 110～120 步,即两秒走三四步。

案例分析

小形毕业后,在一家汽车品牌 4S 店的汽车销售顾问岗位实习。有一天,顾客不算太多,小形斜靠在一把椅子上发呆,一位衣着得体、仪态优雅的女士走进展厅,小形看到后连忙起身走向这位女士。出于紧张,小形的步伐有点犹豫,两个手臂摆起来显得不自然,不摆又显得僵硬。终于走到了顾客面前,小形问候道:"欢迎光临!请问有什么可以帮助您的?"不料对方打量了小形一眼,淡淡地说:"哦,随便看看,谢谢!"随后逛了一下,转身离开了展厅。

【分析】

礼貌、热情的汽车销售服务工作人员可使客户感到被关注、被重视,其良好的服务礼仪可达到吸引客户、留住客户、促进成交、提高客户满意度的销售服务目标。客户看到小彤斜靠在一把椅子上发呆,无法在心目中留下其积极、正面的第一印象;接下来小彤不自然的走姿又暴露了她的不自信,而且表明她并未经过专业的礼仪训练,这会让客户对4S店的整体销售服务质量产生疑虑,不利于建立积极的客户关系。

实操训练

1. 实操训练内容

通过训练使男士走姿稳定、矫健;女士走姿轻盈、优雅。

2. 实操训练要求

(1) 进行步位、步幅、平衡训练,做到行走时头部、脚部、臀部动作端正。

(2) 进行摆臂训练,做到行走时双臂自然摆动。

3. 实操训练成果

走姿综合训练视频。

4. 实操训练步骤

(1) 在地面上画一条直线,行走时手部叉腰,上身正直,双脚内侧踩在线上,按要求走出相应的步位与步幅。

(2) 头顶书本行走,进行整体平衡练习。

(3) 进行原地摆臂训练。站立,两脚不动,原地晃动双臂,前后自然摆动,手腕进行配合,掌心要朝内,以肩带臂,以腕带手。

(4) 结合以上练习的要点,进行前行式走姿练习。

5. 实操反思整改

(1) 行走时是否有摆胯、送臀、扭腰、"八字步态"、步幅过大过小的毛病。

(2) 行走时是否有低头看脚、摇头晃脑、东张西望、脖颈不正、弯腰弓背的毛病。

(3) 行走时是否有双臂横摆、同向摆动、单臂摆动、双臂摆幅不等的现象。

任务四　蹲姿礼仪

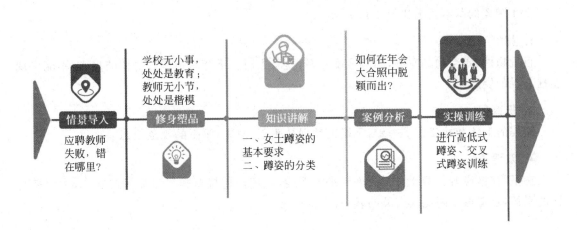

情景导入	修身塑品	知识讲解	案例分析	实操训练
应聘教师失败,错在哪里?	学校无小事,处处是教育;教师无小节,处处是楷模	一、女士蹲姿的基本要求 二、蹲姿的分类	如何在年会大合照中脱颖而出?	进行高低式蹲姿、交叉式蹲姿训练

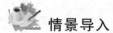

情景导入

某天,大四的梁倩去应聘某学校的初中英语教师,她特意穿了一套得体的西装套裙。走进面试室时,一不小心,梁倩手里的文件袋掉在了地上,她马上弯下腰,以最快的速度把文件袋捡了起来,并及时地向面试的评委道歉,但是依然看到了评委不悦的表情。面试进行到一半,评委便跟她说:"这位同学,你现在可以离开了。"梁倩原以为自己的在校学习成绩优秀,面试通过的概率很大,可最终事与愿违,并且梁倩本人不明白自己的问题究竟出在哪里。

【修身塑品】

著名教育家陶行知曾说过:"学校无小事,处处是教育;教师无小节,处处是楷模。"教师的仪态是教师职业规范的重要内容之一,在教育教学活动中,教师正确运用态势礼仪,既是自身素质的体现,也是教师教学基本功的重要体现;教师的一举手一投足,甚至一个微表情,都蕴含着教育的力量。梁倩同学面试失败,就在于她的蹲姿不符合职业礼仪的要求,不能成为楷模。对处于性刚萌动的初中学生来说,这种蹲姿不仅不能成为学生的"楷模",而且容易让学生产生其他的遐想,不利于学生的健康成长。此外,梁倩同学面试失败,还在于她没有关注到"小节"。俗话说,细节决定成败,梁倩同学虽然特意准备了着装,发生意外时能冷静处理,但是不当的弯腰的"小节",让她丧失了这次面试的机会。

知识讲解

蹲姿是人体在捡拾物品、低处取物时所呈现的特殊姿势。为了表示尊重,同时也方便交流,低位服务时,如办公人员为坐在较矮沙发上的客人敬茶,或是空乘人员与乘客进行较长时间交流等,也宜采用蹲姿。蹲姿是静态美和动态美的综合展示,在商务社交场合中,须蹲有蹲态、优雅大方。

一、女士蹲姿的基本要求

女士蹲姿的基本要求如图 4-11 所示。

1. 把握平衡

目视物件,走至物品左侧,两脚适度分开,直腰下蹲。下蹲时把握好身体的重心,不能出现左摇右晃的姿态。

2. 挺直下蹲

蹲姿的上体和站姿要求一致,下蹲前须保持头正、肩平、躯挺的规范仪态。

3. 双腿靠拢

在下蹲时,应避免两腿叉开或展开平衡下蹲,一定要保持双腿尽量靠拢的状态,为保持身体的平衡,双腿可呈高低或交叉的状态。

两脚适度分开，直腰下蹲　　双腿尽量靠拢　　弯腰时护领口

图 4-11　女士蹲姿的基本要求

4. 臀部向下

下蹲时臀部应向下，避免向后撅起的不雅姿态。

5. 弯腰时护领口

如上衣衣领较松或较低，可以用一只手护住自己的衣物避免"走光"，确保既能达到拾物的目的，又能展现优雅大方的仪态。

6. 侧身取物

身体向侧面倾斜，伸手拾取物品。切勿正对客人下蹲。

7. 直腰站立

拾起物品后，恢复站姿体位，头、身、腰成一条线再站起。站稳后，重心前移，收左脚。

8. 物品递接

走至客人面前，微笑，欠身，双手递上物品，礼貌地说："这是您的物品，请收好。"

二、蹲姿的分类

1. 女士高低式蹲姿

以客人在右侧为例，女士高低式蹲姿的要领：走至需捡拾物品的左侧约 10cm 的位置停下，左脚撤半步，重心后移，上身保持正直，把握平衡，下蹲；左脚脚跟慢慢抬起，臀部向下，靠在左脚脚跟的位置，以左腿支撑身体。

下蹲后右小腿垂直地面，右脚完全着地，左膝低于右膝并向右脚内侧靠拢，左脚脚掌着地，脚跟提起。

2. 女士交叉式蹲姿

女士交叉式蹲姿要领如图 4-12 所示。

以客人在右侧为例，女士交叉式蹲姿的要领：走至需捡拾物品的左侧约 10cm 的位置停下，上身挺直，右腿放在左腿的左前侧，重心前移，就势下蹲，臀部朝下，右腿小腿垂直地面，右脚全脚掌着地，左腿从右腿的下面穿出，左脚跟抬起，两腿用力交叉紧靠支撑身体；上身略前倾，完成任务后，起身收右腿。相比高低式蹲姿，交叉式蹲姿姿态更优雅，但同时对人的平衡性

右腿放在左腿的左前侧　　　　左腿从右腿的下面穿出　　　　两腿交叉紧靠

图 4-12　女士交叉式蹲姿要领

要求更高,操作难度更大,须反复练习。

3.男士高低式蹲姿

男士在下蹲自我整理及捡拾物品时,应自然、得体、大方。下蹲时,上身挺拔,两腿合力支撑身体,避免滑倒。以需捡拾的物品在身体右侧为例,下蹲时,右脚在前,左脚在后,两腿向下蹲,前脚全着地,小腿基本垂直于地面,后脚脚跟提起,脚尖着地。臀部向下,基本上以后腿支撑身体。保证头、胸、右膝关节在一个角度上。与女性不同的是,男性可适度地将双腿分开,如图 4-13 所示。

上身挺拔,两腿合力支撑身体　　　前脚全着地,后脚脚跟提起　　　可适度地将双腿分开

图 4-13　男士高低式蹲姿要领

案例分析

某公司在华兴大酒店举办以"激扬青春、筑梦远航"为主题的年会,结束时安排公司各级领导及全体演职人员大合照。由于人员较多,穿红色大摆裙的弗拉明戈舞演员站在领导两侧,而包括刘艳在内的健美操表演者则是蹲在第一排。该照片在公司的网站发布后,刘艳看到照片里的自己,腰背没有挺直,双腿的摆放也看起来十分别扭,比两旁的同事明显矮了一截,你能帮刘艳改进一下她的蹲姿吗?

【分析】

拍大合照时,仪态应保持自然、得体、大方,如拍照人数较多,第一排可采取高低式蹲姿,下蹲时两腿合力支撑身体,避免滑倒,头、胸、膝关节在一个角度上,将腿靠紧,臀部向下,可使蹲姿更加优美。下蹲时,左脚在前,右脚稍后。左脚应完全着地,小腿基本上垂直于地面;右脚则应脚掌着地,脚跟提起。此刻右膝低于左膝,右膝内侧可靠于左小腿的内侧,形成左膝高、右膝低的姿态。

➡ 实操训练

1. 实操训练内容

通过训练使蹲姿动作平稳,操作方位准确,姿态优雅。

2. 实操训练要求

(1)进行高低式蹲姿训练,满足日常蹲姿需要。

(2)进行交叉式蹲姿训练,满足女士穿短裙时蹲姿需要。

3. 实操训练成果

高低式蹲姿、交叉式蹲姿的各角度图片,下蹲、起身的训练视频。

4. 实操训练步骤

(1)高低式蹲姿训练:侧身下蹲,向后移右脚半步,靠紧双腿,左手整理衣裙,缓缓下蹲,挺胸收腹,调整重心,起身,收回右脚。

(2)交叉式蹲姿训练:右脚在左脚后点地,或交叉步下蹲,两膝交叉,右脚前脚掌着地,两脚前后靠紧,合力支撑身休,上身略向前倾,臀部朝下,上体保持直立姿势。

5. 实操反思整改

(1)下蹲、起身的动作是否轻缓自然。

(2)下蹲的方向是否避免了面对他人、背对他人或较低的腿位侧对他人。

(3)下蹲时是否有整理衣裙、遮掩领口。

(4)下蹲和起身时能否把握平衡。

任务五　微笑礼仪

| 4.5.1 | 4.5.2 | 4.5.3 | 4.5.4 |
| 预习动画 | 知识讲解 | 要领示范 | 微笑礼仪操 |

 情景导入

原一平在日本被称为"推销之神"。他在 1949—1963 年,连续 15 年保持全国寿险业绩第一。其实,他身高只有 1.53m,而且其貌不扬。在他最初当保险推销员的半年里,他没有为公司拉到一份保单。但是,他从不气馁,遇见所有人都报以真诚的微笑,不管对方回应态度方式如何,他都不在乎,他始终以微笑回报。看上去他永远是那么精神抖擞,充满信心。

终于有一天,他的微笑感动了一位大老板,原一平有了自己的第一个业绩。这位大老板又把原一平介绍给他的许许多多商场上的朋友。就这样,原一平凭借他的自信和微笑感染了越来越多的人,最终,他成为日本历史上签下保单金额最多的一名保险推销员。

【修身塑品】

微笑是一种生活态度,是人与人之间最好的语言。微笑,是一种礼貌,是对他人最基本尊重,也是人际交往中最基本、最常用的一种礼仪。微笑在人们的日常交往和服务性工作中能够发挥巨大的作用,它就像一缕春风,可以吹散别人郁结于心的阴霾;它也是一剂良药,可以治愈别人心中的创伤。原一平的巨大成功也许就是因为他的微笑,吹散了他人心中阴霾,治愈了别人心中的创伤。

 知识讲解

表情是用面部或姿态的变化表达思想感情。微笑是通过面部表情——笑这个动作表达对他人设身处地的理解、发自内心的关爱,体现人的礼貌和修养,也是内在谦恭、友善、自信的反映。微笑在人际关系中起着重要作用。微笑是世界上通用的肢体语言,是社交的通行证。俗话说,一笑泯恩仇,说明微笑是人际关系交往中的润滑剂,同时也是紧张的人际关系中破冰的利器。"笑一笑,十年少",微笑更是永葆青春的秘诀。

一、微笑礼仪的基本要领

有礼貌的微笑应该是发自内心地面露喜悦之色。笑的时候要表里如一,内心的豁达与自己的举止、谈吐要很好地呼应。正式场合见面后,要沿正前方迎面走向对方,在两人相距 1m 左右的位置停住,放松面部肌肉,然后使嘴角微微向上翘起,让嘴唇呈弧形,在不牵动鼻子、不发出笑声、不露出牙齿的前提下,轻轻一笑。微笑时,眼睛须平视对方,发自内心、自然大方、真挚热忱,如图 4-14 所示。

二、微笑礼仪基本动作训练

1. 眼神带光,清澈透明

眼神训练的时候要保持头部和颈部不动。

第一步,两个食指向上,放在正前方半臂左右的距离,眼睛依次看向两个指尖,一拍一动,

两人相距1m左右　　　　　　　　　平视对方，发自内心的微笑

图 4-14　微笑礼仪的基本要领

沿左右方向做睫状肌运动。

第二步，第一步做出的手臂动作保持不动，眼睛依次看向右指尖、右肘部、左肘部、左指尖，一拍一动，沿四边形做眼斜肌运动。

第三步，双臂在原来动作的基础上整体向右倾斜45°，眼睛依次看向左指尖、右肘部、右指尖、左肘部，一拍一动，沿方形的对角线、八字形做眼直肌运动。

第四步，前搭手站姿，低头放松，抬头，眼睛看向正前方最远处，两拍一动，训练眼神的穿透力（图 4-15）。

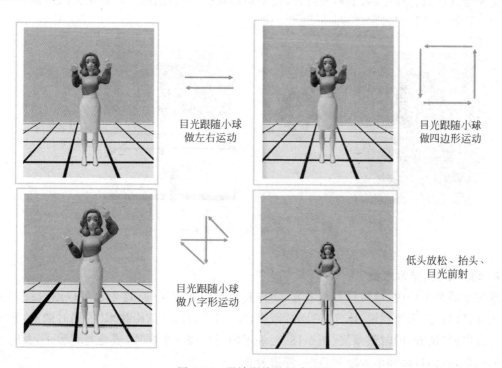

目光跟随小球做左右运动

目光跟随小球做四边形运动

目光跟随小球做八字形运动

低头放松、抬头、目光前射

图 4-15　眼神训练的基本要领

2. 嘴眼配合，收放自如

嘴角上咧但眼角肌不动会给人假笑的感觉，嘴角、眼角拉伸收拢训练的具体方法如下。

第一步，平视前方，双手食指垂直向上，从嘴角位置开始，一拍一动，向外平移至脸颊两侧，再按原来的路线返回至嘴角位置，嘴角跟随手指向外拉伸、向内收拢。

第二步，平视前方，双手食指水平方向指尖相对，从眼角外侧位置开始，一拍一动，向外平移至脸颊两侧,再按原来的路线返回至眼角外侧,眼角跟随手指向外拉伸、向内收拢(图4-16)。

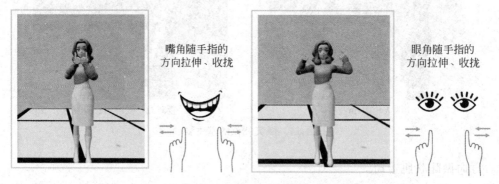

图4-16　嘴眼配合的基本要领

3. 笑肌有力,自然持久

脸部肌肉的力量不够会导致笑容无法持久,短时间内变形。解决这个问题的方法之一是连续进行口内鼓气放松的动作训练。可以单鼓左边,单鼓右边,左右同时鼓,或是用漱口的动作来完成全方位鼓。鼓完,双手伸展打开,用手指部位轻轻拍打脸颊,让紧张的肌肉放松一下,准备下一轮训练(图4-17)。

口内鼓气、放松

轻拍面部,放松肌肉

图4-17　笑肌训练的基本要领

4. 动作语言,结合顺畅

现实生活和工作中,微笑只有和语言、动作有机结合才有生命,这个也可以通过练习来改善。例如可以在点头致意说"你好"的同时微笑,在引领前行说"请跟我来"的同时微笑,还可以在指示方向说"请看"的时候微笑(图4-18)。练习的时候找一个同伴,或是对着镜子,及时纠正存在的问题,直到自己和他人感到自然、舒适为止。

5. 情绪诱导,有效唤起

可借助外界物质,引发情绪上的兴奋,以唤起微笑。方法可以是打开自己喜欢的书籍或照片、相册,回想生活中幸福的快乐时光,播放自己喜欢的乐曲等。反复训练多次,每次记录都可用手机记录下来进行对比、改正,以找到最适合自己的笑容。

6. 关键字词,勤念多练

带一面镜子,对着镜子念英文字母"E"或者"茄子",同时有意识地把嘴角向耳垂处咧笑,

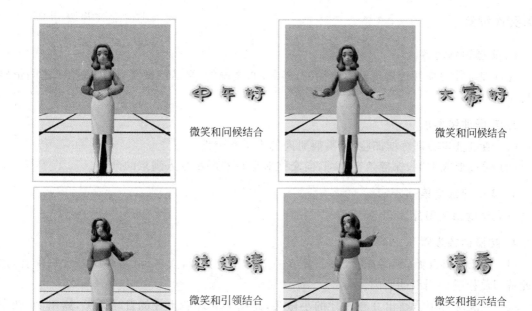

微笑和问候结合　　　　微笑和问候结合

微笑和引领结合　　　　微笑和指示结合

图 4-18　结合动作语言训练的基本要领

尽量可能咧到最大,然后稍稍放松。注意看笑到什么程度表现得最自然、最真诚。

7. 竹筷辅助,固定口型

选用干净光滑的筷子或安全的圆柱形筷子,横放在嘴中,用牙轻轻咬住,对照镜子以观察微笑的状态。此训练可强化口腔肌肉,帮助固定口型。

案例分析

1930 年是美国经济最萧条的一年,全美国的酒店倒闭了 80%。希尔顿酒店也一家接着一家地亏损不堪。然而希尔顿并不灰心,他召集酒店的员工特别交代:"目前正值酒店亏空靠借债度日时期,我们要挺过难关。因此,我请各位注意,希尔顿酒店服务员脸上的微笑是永恒的。"并且希尔顿在微笑经营的具体措施上,制定了一套完整的步骤和规则。例如,把微笑及态度和蔼、语言温馨、举止规范礼貌等素质纳入量化考核,实行奖惩制度,把微笑这个"软件"提高到比任何"硬件"都重要的位置予以呵护。所以,当经济萧条刚结束,希尔顿酒店果然领先进入了新的繁荣期。

正是凭着微笑这把"利剑",希尔顿酒店得到了客人的认可,得到了世界的认可。

【分析】

酒店是客户的另一个家,家的感觉就是要温暖、温馨和愉快,而微笑是最好的调味剂。真诚的微笑,能让客户有宾至如归的感觉,能满足客户感情的需要,能为酒店带来巨大的商机和利润。因此,微笑服务是酒店服务的宗旨。希尔顿认为微笑具备"简单、容易、不花本钱和长久有效"四大条件,他说:"一个酒店只有一流的设施设备没有一流的服务员的美好微笑,正好比花园失去了春天的阳光和风。""微笑服务"成了希尔顿酒店经营的一大特色。

→ **实操训练**

1．实操训练内容

通过训练能习惯性地展现富有内涵的、善意的、真诚的、自信的微笑,促进人与人之间情感的交流。

2．实操训练要求

（1）通过基本功训练增加脸部、嘴唇肌肉的力量和弹性。

（2）通过形成微笑、保持微笑训练,向交往对象自然展示令人满意的微笑。

3．实操训练成果

不同程度微笑图片。

4．实操训练步骤

（1）从低音哆开始,到高音哆,一个音节一个音节地发音,大声、清楚地说三次每个音,通过此练习放松嘴唇周围的肌肉。

（2）依次练习稍微露出 2 颗门牙的小微笑,露出 6 颗左右上牙的普通微笑,露出 10 颗左右的上牙及稍微露出下门牙的大微笑,每次练习都分为微笑及恢复原来的状态并放松两个阶段。

（3）对照镜子,选出自己最满意的微笑,进行至少维持此表情 30 秒的训练。

5．实操反思整改

（1）微笑时左右两边的嘴角是否不能一齐上升。

（2）微笑时是否露出牙龈。

（3）微笑时是否不够自信,有遮嘴、腼腆地笑等习惯。

办 公 礼 仪

任务一　前台接待礼仪

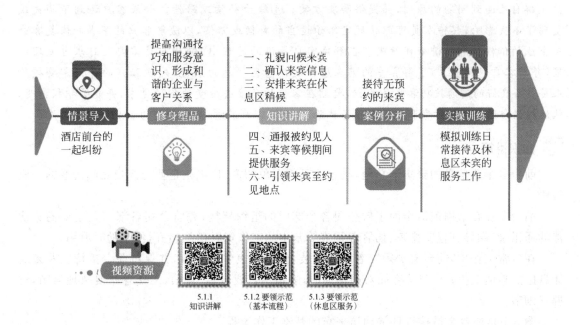

提高沟通技巧和服务意识,形成和谐的企业与客户关系

情景导入
酒店前台的一起纠纷

修身塑品

知识讲解
一、礼貌问候来宾
二、确认来宾信息
三、安排来宾在休息区稍候
四、通报被约见人
五、来宾等候期间提供服务
六、引领来宾至约见地点

案例分析
接待无预约的来宾

实操训练
模拟训练日常接待及休息区来宾的服务工作

视频资源

5.1.1
知识讲解

5.1.2 要领示范
(基本流程)

5.1.3 要领示范
(休息区服务)

情景导入

　　小梁大学毕业后,在一家五星级酒店做前台工作。一天,小梁正在计算机上整理一些资料,一个客人怒气冲天地来到前台,下面是他们之间的对话。

　　客人:找你们经理出来。

　　小梁:您好!可以告诉我发生了什么事情吗?

　　客人:昨晚10点,前台在电话里答应为我提供今早6点半的叫醒服务,结果并没有把我叫醒,现在我的飞机赶不上了,你们必须要赔偿我的损失。

　　小梁:先生,这件事您先别着急。

客人：不急？换了你能不急吗？

小梁：如果事情发生在我身上，我一定会冷静的，所以希望您先冷静下来，我们再解决问题。

客人：你的意思是我的修养没你好吗？我们没什么好讲的，去叫你们经理来。

小梁：您必须清楚一件事情，我是帮您解决问题的工作人员，不是您撒气的对象。

客人：难道花了钱的客人就应当是你们教训的对象吗？真是岂有此理！

小梁：……

【修身塑品】

客户异议是在客户与接待人员进行沟通交流过程中出现的问题或不满，接待人员需要及时处理异议，以维护客户关系和企业形象。下面是一些处理客户异议的方法。①听取客户的异议。当客户提出异议时，接待人员首先要保持冷静，耐心听取客户的意见和建议，了解客户的具体问题和不满之处。②表达理解和同情。在听取客户的意见后，接待人员要表达对客户的理解和同情，让客户感受到自己的意见得到了重视和关注。③查清并解释情况和原因。接待人员需要了解查清事情的经过，向客户解释产品或服务的情况、使用说明、政策规定等，让客户了解自己遇到问题的原因，并提供解决方案。④给予补偿或赔偿。如果客户遇到了损失或受到了不良影响，接待人员可以按规定给予适当的补偿或赔偿，以缓解客户的不满和恢复客户对企业的信任。⑤跟进处理结果。在解决客户异议的过程中，接待人员需要及时跟进处理结果，并与客户保持联系，了解客户的满意度和反馈意见。总的来说，处理客户的异议需要接待人员具备良好的沟通技巧和服务意识，要站在客户的角度去感受他们的需求，并能够积极倾听，然后提供合适的解决方案和优质的服务体验，做到让客户满意，形成和谐的企业与客户的关系。

 知识讲解

前台是企业信息的聚集汇总地，是企业品牌形象的窗口，也是企业与客户之间沟通的一座桥梁。

前台文员在上岗前需全面了解公司各个部门的组织架构，并将公司各部门及主要商务伙伴的通讯录、领导日程安排表、访客登记表等基本的工作资料摆放整齐，便于随时取用。

在日常工作中，前台文员须穿着职业套装，仪容仪表整洁大方，并保持前台接待区及来宾休息区的整洁卫生；在与访客面对面沟通时，表情语言要自然、自信，工作思路要条理清晰，把握好细节。

图 5-1 是前台文员接待日常到访来宾的基本工作流程。

一、礼貌问候来宾

前台文员在岗位上一般都是坐着的。但当来宾来临，走至离自己 3m 之内的距离时，需立即起身相迎，标准姿势站立，朝向来宾点头、微笑致意。

来宾在对面站定后，前台文员应面带微笑双眼注视来宾，主动愉悦地打招呼："您好，先生/女士，请问有什么可以帮到您？"

二、确认来宾信息

确认来宾的约见人："您好，请问您找哪一位？"

确认来宾是否有预约："请问您之前有预约吗？"

礼貌问候

安排来宾在休息区稍候

通报被约见人

引领来宾至约见地点

图 5-1 前台文员接待日常到访来宾的基本工作流程

对于无预约的来宾,确认对方此行的目的:"方便告诉我您找×××的事由吗?"

准确了解来宾的公司、职务、姓名等身份信息:"根据公司的规定,我们要协助来访的客人做好身份登记工作,请问可以给我看一下您的名片吗?"

尽量从来宾的答复中,充分判断能否让他与同事见面。如果来宾要找的人是公司领导,就更应该谨慎处理。

三、安排来宾在休息区稍候

如果来宾有预约,但离约见还有一段时间,需提示并指引来宾到休息区休息:"吴经理,段经理的会还要 15 分钟才能结束,您可以先到那边的休息区休息一下。"

如果来宾无预约,也应先请其到休息区休息,避免其久等,或是避免让其听到通报过程中可能令其不快的内容:"好的,张经理,请您先在那边的休息区休息片刻,我帮您尽快联系王经理。"要注意保护上级及同事的隐私,尊重他们是否想和无预约来宾面谈的意愿,切勿直接答复对方被约见的人在或不在。

指引来宾至休息区休息的标准仪态:左手自然下垂,右手从腹前抬起,横摆式手势指向休息区方向,目光跟随手的方向先确认休息区的位置,再转身目视来宾,面带微笑,说出引导语。

四、通报被约见人

通报时要向被约见人说明来宾的公司、职务、姓名、预约情况等详细信息,便于其判断是否见面,以及见面的时间:"王经理,您好! 我是前台小王。华兴科技有限公司销售部的张经理来公司找您,想跟您当面谈谈那批电子元器件采购的具体事项,请问您方便接待他吗?"

如果被约见人无法与未预约的来宾面谈,前台文员要注意答复来宾时的表情、态度及语言,并主动提供帮助:"张经理,非常抱歉,王经理这几天出差不在公司,需要我帮您留言吗?"

五、来宾等候期间提供服务

前台文员在日常工作中需保持来宾休息区清洁卫生状况良好,准备并及时更新茶具、咖啡、果汁饮料、水果、糖果、公司宣传资料、报纸杂志等物资。来宾在休息区休息时,前台文员应做好相应的服务工作。

告知来宾需等待的时间,并询问对方的服务需求。

"张经理,王经理手头还有一些事情需要处理一下,跟您的交流大概要 20 分钟后才能开始,请问您要不要先喝点什么? 茶、咖啡,还是果汁?"

"帮我拿杯热茶吧,谢谢!"

"好的。那边的报纸架有今天的报纸,还有一些杂志,需要我帮您取过来吗?"

"不用了,我自己去拿就好了。"

"嗯,那我去取您的茶,请稍等。"

如果等了很长时间,被约见者还在忙,要照顾一下来宾并说明情况,不要让来宾有被冷落的感觉。可适当和来宾交谈,但切记不可谈及公司的敏感话题或需保密的信息。

六、引领来宾至约见地点

约见时间到了之后,告知并引领来宾到约见的地点。

"张经理,王经理和相关部门的负责人,已经在二楼会议室恭候您了,我现在带您过去可以吗?"

"好的。"

"请随我来。"

引领来宾前行时,应在其二三步之前,配合步调,让来宾走在内侧。如果会见地点是领导办公室,即使门是开着的,也要先敲门,获得许可后再请来宾进入。

案例分析

为进一步开拓销售渠道、增强对用户的吸引力、推动市场发展,卓瑞电子责任有限公司正在积极筹备一次较大规模的产品发布会。前台小李最近的工作非常忙碌,不时有产品经销商、代理商、相关行业的联系人打电话或是亲自到访公司,协商相关的活动筹备工作。请认真观察以下小李的接待过程,分析她的工作方法是否恰当。

一位女士走向前台,小李起身,微笑致意。

小李:"女士您好! 请问有什么可以帮到您?"

访客:"你好,我找你们市场部的张经理。"

小李:"请问您跟张经理是之前已经约好的吗?"

访客:"没有,昨天在跟张经理电话沟通之后,我突然想到一些有关发布会组织的新思路,感觉还是当面沟通更清晰些,于是我就过来了。"

小李:"好的,那我带您到张经理的办公室,这边请。"

【分析】

案例中,小李工作的前半段都完成得很好,对客人微笑致意、称呼得当、礼貌问候,从而表现出和蔼可亲的态度,能令客人觉得容易接近。客人提出来访的目的后,小李及时询问对方是否有预约,也是恰当的。然而之后,她未经张经理的允许,直接带客人到张经理的办公室就欠妥了。正确的做法如下:打电话给张经理,说明访客的身份和目的,询问张经理能否接待。如能,进一步确认接待的时间和地点;如不能,应采取礼貌的方式得体地拒绝客人,如"抱歉,张经理今天出差不在公司,您能否跟他电话联系,预约另外的时间见面呢?"类似这样的方法可为下一步的处理留下余地。

实操训练

1. 实操训练内容

通过训练使前台接待过程符合工作规范,有利于维护公司的形象。

2. 实操训练要求

(1)自设工作情景,模拟训练日常到访来宾的接待、登记、导引工作。

(2)自设工作情景,模拟训练休息区来宾的服务工作。

3. 实操训练成果

前台接待过程中来宾的确认、指引、休息区服务情景模拟视频。

4. 实操训练步骤

(1)有客来访时起身微笑相迎,礼貌地称呼对方,并确认对方的身份以及来访事由。

(2)如来宾有预约,用规范的手势及语言指示或引领来宾到达约见的地点。

(3)如来宾无预约,则先指引来宾到休息区休息,再打电话询问拟约见人员能否接待。

(4)如拟约见人员可以接待无预约的来宾,告知来宾约见的时间、地点;如不能接待,用委婉的语言告知来宾。

(5)如来宾在休息区等候时间较长,需向其提供必要的茶水、报纸杂志服务。

5. 实操反思整改

(1)当来宾走至前台 3 m 之内的范围时,起身相迎是否及时,称呼致意是否得当。

(2)能否准确把握来宾的公司、职务、姓名等身份信息,拟约见人的部门、姓名,以及约见事由。

(3)问候、导引、茶水服务等前台接待过程中,动作是否规范。

任务二　电话接打礼仪

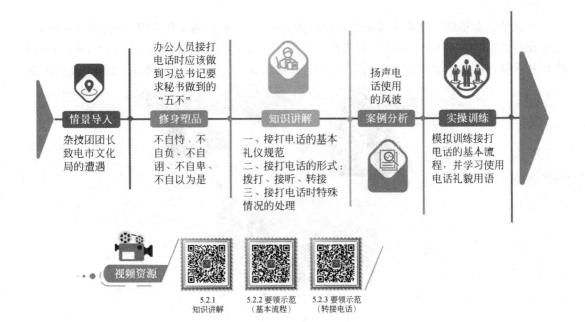

情景导入 修身塑品 知识讲解 案例分析 实操训练

情景导入
杂技团团长致电市文化局的遭遇

修身塑品
不自恃、不自负、不自诩、不自卑、不自以为是

知识讲解
一、接打电话的基本礼仪规范
二、接打电话的形式:拨打、接听、转接
三、接打电话时特殊情况的处理

办公人员接打电话时应该做到习总书记要求秘书做到的"五不"

案例分析
扬声电话使用的风波

实操训练
模拟训练接打电话的基本流程,并学习使用电话礼貌用语

视频资源

5.2.1
知识讲解

5.2.2 要领示范
(基本流程)

5.2.3 要领示范
(转接电话)

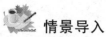 **情景导入**

　　某杂技团计划于下月赴美国演出，该团团长刘明需就此事向市文化局作请示，于是他拨通了文化局局长办公室的电话。

　　可是电话响了足足有半分多钟，不见有人接听。刘明正纳闷着，突然电话那端传来一个不耐烦的女高音："什么事啊？"刘明一愣，以为自己拨错了电话："请问是文化局吗？""废话，你不知道自己往哪儿打的电话啊？""哦，您好，我是市杂技团的，请问王局长在吗？""你是谁啊？"对方没好气地盘问。刘明心里直犯嘀咕："我叫刘明，是杂技团的团长。"

　　"刘明？你跟我们局长什么关系？"

　　"关系？"刘明更是丈二和尚摸不着头脑："我和王局长没有私人关系，我只想请示一下我们团出国演出的事。""出国演出？王局长不在，你改天再来电话吧。"没等刘明再说什么，对方就"啪"的一声挂断了电话。

　　刘明感觉像是被人戏弄了一番，拿着电话半天没回过神来。

　　【修身塑品】

　　电话是一种常见的通信、交往工具，接打电话已成为人们日常生活中重要的交际方式。接打电话过程中，虽然双方不是面对面，但双方通过语音能感知对方的神态、心态和身姿，犹如人在面前一样。所以在接打电话中时应有良好的电话礼仪。良好的电话礼仪，不仅可以帮助维护个人及工作单位的形象，提高沟通效率，还能够促进业务合作和增强人际关系。上述案例中，文化局那位女同志在接听电话时态度懒散，语气生硬、粗鲁，给人以盛气凌人的感觉。这不仅影响公务的正常办理，而且极大损害了国家公务员在人民群众心目中的形象和地位，所以作为办公室人员应该做到习近平总书记对秘书工作提出的"五不"：不自恃、不自负、不自诩、不自卑、不自以为是。

 知识讲解

　　电话是企业单位与外界沟通交流最便捷的工具之一，在提高工作效率、改善服务质量方面发挥着重要的作用。办公人员需了解工作场合接打电话的要点及基本流程(图 5-2)，掌握规范的接打电话用语和技巧，从而提高电话沟通的质量，展示良好的个人及企业形象，维护企业的声誉。

保持姿态端正

记录沟通内容

转接时手捂听筒

图 5-2　接打电话要点

一、接打电话的基本礼仪规范

（1）身体应保持姿态端正，与话筒保持 3cm 左右的距离，不可随意走动，不得趴着、仰着、跷着腿，以免影响正常发音。

（2）应吐字清晰，语速适中，音量适宜，语调圆润。

（3）语言须简洁扼要，表述准确，直击主题。

（4）应始终保持亲切、礼貌、耐心、热情的态度，不可语气懒散，态度粗暴无理；也不可低三下四、阿谀奉承。

二、接打电话的形式

1. 拨打电话

（1）拨打电话前应明确去电目的、沟通方法以及想要达成的结果，列一个简单的提纲。

（2）合理选择去电时间，避开工作较忙的时间段，一般不要在节假日期间、对方休息时间去电。

（3）电话接通后，先道一声："您好！打扰了。"

（4）自报家门并确认对方是否是自己要找的人："我是隆兴实业销售部的杨蓉，请问您是采购部的吕经理吗？"

（5）说明去电目的，确认对方方便通话的时长："关于您上次提到的那批办公家具，我想跟您汇报一下具体的参数信息，请问您现在有时间吗？"

（6）如果对方不能立即处理，可进一步询问："抱歉给您添麻烦了，您什么时候方便，我可以再联系您吗？"

（7）通话时要按计划控制好时长，既能解决问题，又不耽误对方太多时间。

（8）对方提供帮助后，应及时表达感谢，并在结束通话时送上祝福："感谢您的支持，再见！祝您工作愉快！"

（9）在电话结束时，应礼貌地请对方先收线。

2. 接听电话

（1）一般应在铃响两声之后拿起电话，给对方一点准备时间，同时也避免对方等待时间过长。如因特殊情况推迟接听，电话接起后应先道歉："不好意思，让您久等了。"

（2）电话接通后，首先热情地向对方问好并自报家门，确认对方没有拨错电话："您好，这里是瑞峰科技销售部。"

（3）确定来电目的："您好，有什么可以为您服务的？"

（4）应以礼貌、恰当的方式确认对方的身份："请问您怎么称呼？"

（5）尽快记住对方的姓名，并在交谈中使用尊称，礼貌称呼对方："好的，陈先生，很高兴为您服务。"

（6）为表示对通话内容感兴趣并认真倾听，对方讲话时应不时做出回应："嗯，是的。"

（7）通话过程中，要认真记录沟通的重要内容，并和对方确认，防止记录偏差或错误而带来误会："陈先生，我再跟您确认一下，您的单号是 RF38965902，购买日期是 2023 年 5 月 2 日，请问是这样吗？"

（8）对于对方想了解的信息，要尽快查询清楚，认真复核后再应答，查询前提示对方稍等："好的，请稍等，我马上为您查询。"

（9）提供信息后确认对方是否已知悉："请问我表达清楚了吗？"

（10）对方的要求无法当场满足时要道歉，并给出处理期限："对不起，请您留下联系电话，我们将在 10 个工作日之内给您答复。"

（11）结束通话前，确认对方的来电事项均已解决："请问您还需要其他帮助吗？"

3. 转接电话

（1）帮人转接电话时，首先确认对方要找的人："请问您要找的是采购部的王琳经理吗？"

（2）询问来电者的身份、姓名等基本信息时要语气和缓，方法得当："请问方便告知您的单位吗？"

（3）转接电话前让对方等待时要说："请稍等，我马上为您转接。"

（4）如果对方要找的人就在旁边，应手捂听筒，小声示意对方过来接电话："吴经理，长龙传媒的梁经理找您，方便过来接一下吗？"

（5）如果对方要找的人短时间内不在办公室，可以建议对方重拨或等待回拨："吴经理刚刚出去了，大约半小时后回来，到时候让他给您回电话好吗？"

（6）如果对方要找的人出差远行了，可建议对方留言或是询问对方能否由其他同事解决相应的问题："吴经理近期不在深圳，请问您的问题是否紧急？需要我联系其他同事帮您解决吗？"

（7）结束通话前请对方放心，你代接电话是会负责的："好的，梁经理，请您放心，这件事我会尽快请同事处理，给您一个满意的答复。"

（8）得体回应对方的致谢："梁经理，您客气了，这是我应该做的。"

（9）帮人转接电话时，一定要尊重双方的隐私。随意打探电话的内容，甚至无中生有传播谣言，都是不可取的。

三、接打电话时特殊情况的处理

（1）如果对方拨错了电话，要展示公司良好形象，还要避免对方一错再错，可以说："不好意思，您可能打错电话了，这里是 85621475，请您再核对一下号码。"

（2）如果没有听清楚对方说的话，请对方重复时不可抱怨对方声音太小："对不起，刚才这边有点吵，单号信息可以请您再说一遍吗？"

（3）通话时，如果遇到电话意外断线应马上回拨，无论是什么原因，先主动道歉："抱歉，刚才我这边的线路出了点问题，请问……"

（4）如果对方语言不够简练，重复内容较多，可以帮对方稍加总结，以便提高通话的效率："赵女士，您看我这么理解您的问题是否正确？……"

（5）如果在处理投诉电话时遇到对方态度恶劣，应先主动道歉，等对方情绪稳定后再解决问题："实在对不起，请相信我们会立即采取措施，争取给您一个满意的答复。"投诉处理完毕后要致谢："感谢您的来电，您提的宝贵意见，我们一定慎重考虑。"

案例分析

　　一位经理正在电话中与一位客户商谈一项买卖合同的细节，经理使用的是扬声电话，并且礼貌地告诉对方自己用的是扬声电话，且还有两位助手在旁边。这位经理在谈话中发现自己手中缺少一些资料，便向客户说明并告之稍等一会儿给他打过去，对方同意了。这位经理到销售经理处取资料时，销售经理要求一起商谈合同细节。之后，这位经理再一次用扬声电话打给那位客户,告诉他自己没有找到要找的资料,说着就将话题绕到销售部,客户批评了销售部的一些行为。此时,销售经理实在忍不住了,直接通过扬声电话解释事情的来龙去脉。

【分析】

电话礼仪反映了每位接听者的情绪、文化修养和礼貌礼节,电话接打时保持文明的态度和举止十分重要。上述案例中,有关买卖合同相关问题的电话协商,内容较敏感,经理礼貌地经对方允许后开启扬声电话是没有问题的,但打电话之前,没有准备好会谈需要的全部资料,在打电话的途中再去找资料的做法需要改进。第二次拨通对方的电话时,经理并未告知对方销售经理也在旁边,导致客户在批评销售部的一些行为时没有考虑到销售经理在场的因素,此时销售经理意外地直接通过扬声电话插话,会让客户对这家公司的信任度大大降低,直接影响后期的结果。

实操训练

1. 实操训练内容

通过训练能在接打电话的过程中礼貌、高效地完成相应的工作任务。

2. 实操训练要求

(1)练习接打电话时规范使用礼貌用语。

(2)自设工作情景,模拟训练接打电话的基本流程。

3. 实操训练成果

接打电话的情景模拟视频。

4. 实操训练步骤

(1)2人一组,进行接打电话常用礼貌用语练习,注意说话时的姿势、语音、语调、语速等,以下用语供参考。

① 您好,这里是×××公司,请问有什么可以为您服务的吗?

② 请问我还有什么没有表达清楚的地方吗?

③ 对不起,请稍等。

④ 好的,我马上帮您转接。

⑤ 实在抱歉,我们会马上处理,尽快给您一个满意的答复。

⑥ 请问是否方便留下您的联系方式,我会尽快转告张经理给您回电。

⑦ 感谢您的宝贵意见,我们一定慎重考虑。

⑧ 不客气,这是我们应该做的工作。

(2)2人一组,自设情景,扮演公司电话接线员的学生进行接听电话练习,基本流程包括铃响后接起电话,自报公司、部门名称,确定来电者的身份,来电的目的,重复来电要点,道谢等。

(3)2人一组,自设情景,扮演公司电话接线员的学生进行拨打电话练习,基本流程包括电话接通后礼貌问候,自报家门,说明打电话的目的,运用恰当的电话沟通方式;如对方不能立即处理相关事项,询问再联系的时间和方式等。

5. 实操反思整改

(1)接打电话时,坐姿或站姿是否端正,是否发音清晰、语速适中、音量适宜、语调圆润、语言简练。

（2）接打电话时，态度是否热情主动，表达诉求或是解决对方的问题时是否耐心细致。

（3）接打电话的工作流程是否规范，能否顺利解决电话中沟通的问题。

任务三　电子邮件收发礼仪

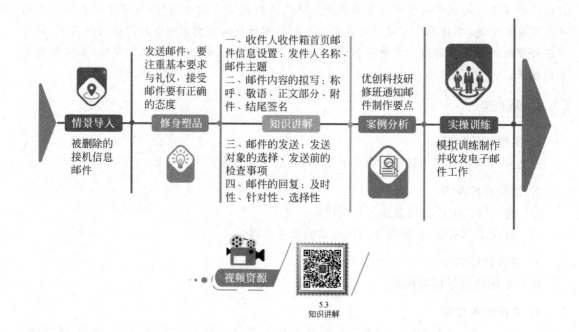

5.3
知识讲解

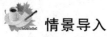 情景导入

　　宏海石油大学继续教育学院拟面向社会层面的学员开展一期油气勘探新技术培训班，培训班的特聘讲师中包括国内石油地质领域颇负盛名的朱凌教授。培训班开班的前一天下午两点，宏海石油大学继续教育学院行政办的秘书小吴突然接到了朱教授的电话。

　　朱教授："吴老师，你好，我已经下飞机了，请问我怎么联系接机人员？"

　　小吴："非常抱歉，朱教授，我们没有收到您的接机信息，您是什么时候，通过什么方式告诉我们的？"

　　朱教授："我的助理担心电话里说不清楚，两天前就通过电子邮件把我的航班信息发给你了呀，怎么，没收到吗？"

　　小吴把电子邮箱里近三天收件箱里的电子邮件全部查看了一遍，并没有找到，结果在已删除邮件里发现了一封没有主题的电子邮件，打开后正是朱教授的助理发来的接机要求及航班信息，才想起两天前看到了这封没有主题、发件人为"萌小妹"的电子邮件，因为工作太多没有细看，直接当垃圾邮件删除了。

　　【修身塑品】

　　互联网时代，收发电子邮件（以下简称电邮或邮件）是每一位职场人必须具备的技能，相比大家使用最多的即时通信工具如微信、QQ 等，邮件仍然是职场公认的最正式规范有效的沟通方式之一。微软语言专家负责人 Michelle 曾经说过,有很多人,这辈子你都不会当面见到,你给他留下印象的唯一方式,就是邮件。因而,用"见字如面"来形容电子邮件对职场沟通的重要性一点都不为过。在互联网的另一头给别人的印象,就依托于我们发出的每一封电子邮件。

案例中,收发邮件的双方都存在问题。邮件发送方存在的问题有以下几个:一是邮件没有标明主题,导致接收方未能重视此电子邮件;二是在邮件发送中使用了"萌小妹"这样非常不正式的称呼作为邮件发送人姓名,导致对方误作为垃圾邮件处理,建议发送人一定要使用真名再加上工作单位作为发件人名字;三是在用邮件沟通非常重要的事情时,如遇对方没有回复,这种情况下有必要通过其他方式(例如电话)和对方确认是否收到邮件和其他相关事宜。邮件接收方也存在处理瑕疵,如处理邮件没有做到一视同仁,一般来说,除进入黑名单的邮件外,对于其他邮件都要看一遍,然后视具体情况做出处理。不能依据没有主题或者发件人名称来判断邮件是垃圾邮件。由此可见,在工作中发送邮件,要注重基本要求与礼仪,接收邮件要有正确的态度。只有这样,才能让你事半功倍,加分多多,变成卓越的职场达人!

知识讲解

在日常工作中,一些重要的文件、图片、报表等资料要送到外地的往来对象手中,电子邮件是不可缺少的沟通工具。由于商务往来邮件具备严肃性和规范性,合适的邮件语言可以传达专业的形象,组织得当、条理清晰的邮件也可提高工作的效率,因此,办公文员一定要掌握商务往来电子邮件拟写及收发的基本礼仪。

一、收件人收件箱首页邮件信息设置

邮件发送成功后,收件人打开收件箱的首页,首先看到的是发件人名称及邮件主题(图 5-3),这两项内容的规范设置,是电子邮件礼仪展示的一个良好开端,也方便收件人第一时间将重要邮件与垃圾邮件或携带计算机病毒的邮件做好区分。

图 5-3　发件人及主题显示效果

1. 发件人名称

商务邮件往来需使用专门的工作邮箱,邮箱建立之初,应规范设定自己的发件人名称,包括公司名称、姓名等基本信息。此名称的设置不宜过长,以 QQ 邮箱为例,在收件箱首页超过9 个字的发件人名称无法全部显示,后半段只能以省略号的形式出现。发件人名称的设置步骤:在邮箱首页点击"设置"按钮,在"账户"选项卡中找到"账号昵称管理",点击"设置"按钮,修改"发信昵称"后保存更改(图 5-4)。

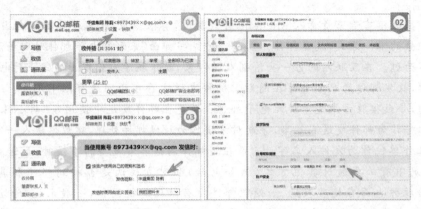

图 5-4　发件人名称设置步骤

2. 邮件主题

（1）邮件主题位置留白是邮件发送过程中严重失礼的表现。

（2）邮件主题必须具体，能概括邮件内容，并且包括醒目字眼以引起收件人注意，便于其迅速了解邮件内容并判断其重要性，如"8 月 3 日宣传册商品购买意向"。切忌使用含义不清的主题，如"来信已收到"，也不要使用无实际内容的主题，如"Hi"。

（3）每封邮件最好只针对一个主题，同类主题的系列邮件标题可以选用相同的格式。

（4）在回复邮件或转发邮件时，要根据邮件内容修改主题以反映新的内容。邮件回复或转发多次后，主题前面会自动添加"回复""Re""Fw"等，一般应删除。

二、邮件内容的拟写

1. 称呼、敬语

商务邮件正文开头对收件人的称呼要得体，不可直呼其名。通常情况可称"×先生""×女士"；如对方有职务，可按职务尊称对方。称呼之后要礼貌地问候对方"您好！"。

2. 正文部分

电子邮件的正文部分要简明扼要，多用简单词汇和短句，遵循一定的逻辑顺序，准确清晰地把事情表达清楚，如可先介绍自己的身份，说明邮件的目的，进行相应的细节描述，说明背景，提供支持性材料，致谢并祝对方工作顺利。

3. 附件

在邮件的正文中要提及所加附件的名称，强调附件中的重点，并提示对方下载，特殊格式的附件要说明打开的方式。附件的文件名要易于理解，并且有唯一性，发送邮件前应打开附件进行检查，确认文件和版本正确。

4. 结尾签名

商务邮件应合理选择结尾签名的形式，可包括姓名、职务、公司名称、联系电话、传真、地址等信息。

三、邮件的发送

1. 发送对象的选择

图 5-5 中的"收件人"框填写最主要的发送对象，他们是需要详细阅读邮件内容并作出回

复或采取行动的人；将需要了解此邮件事项的相关人员（如双方主管）添加至"抄送"框；而"密送"框中的收件人信息，"收件人"及"抄送人"是看不到的。

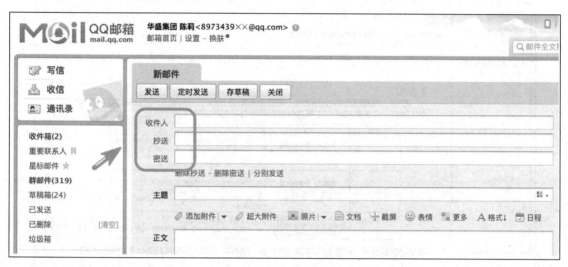

图 5-5　邮件发送对象的选择

2. 发送前的检查事项

（1）收件人、抄送人、主题、所添加的附件等是否正确无误。

（2）正文部分是否清晰合理，标点符号是否遗漏或错用，文字是否通顺，是否有错别字。

（3）格式排版是否整洁、清晰。

（4）结尾签名信息是否完整。

四、邮件的回复

（1）收到他人重要的电子邮件后，一定要及时回复。

（2）回信中可列出来信咨询的主要问题，有针对性地一一回复。

（3）回信发送时要根据邮件内容修改"收件人"和"抄送"名单，通常不使用"回复全部"按钮。

（4）如果只是告知发件人邮件已收到的礼节性回复邮件，仅回复给发送者即可。

最后要提的是，电子邮件尽管简单方便，但是也不能滥用。商务交往的过程中，要权衡是否直接会面或是打电话会更好些。

案例分析

请分析电子邮件制作的要点，如图 5-6 所示。

【分析】

电子邮件的主要项目包括发件人、收件人、主题、正文、附件、结尾签名等。以上案例是一家科技有限公司的客服顾问发给一名教师的邮件，邮件的主题聚焦课程建设服务，正文部分给出了有关课程建设服务的研修课程信息，结尾签名信息方便对方通过邮件、QQ、电话等多种形式与自己进一步沟通。该邮件称呼得体、信息简要清晰、用词恰当，较好地实现了电子邮件发送的目的。

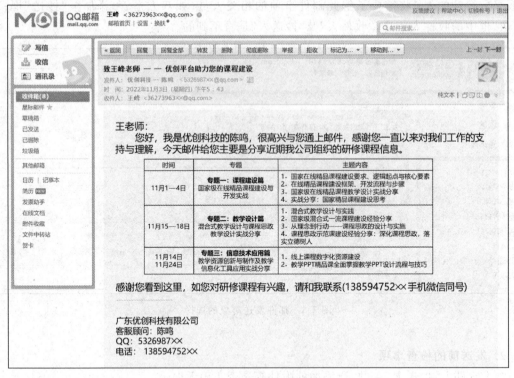

图 5-6　电子邮件案例分析

➡ 实操训练

1. 实操训练内容

通过训练,能借规范拟写、收发电子邮件提高对方邮件处理的效率,以表达尊重。

2. 实操训练要求

(1)练习制作格式规范的电子邮件。

(2)自设工作情景,模拟训练收发电子邮件的基本流程。

3. 实操训练成果

邮件收发的邮箱截图。

4. 实操训练步骤

2 人一组,自设工作情景,进行邮件收发练习,基本要求如下。

(1)邮件主题:单一事项简短主题,能反映正文的内容及重要性。

(2)称呼及问候:按职务尊称对方或用泛尊称。

(3)正文部分:简明扼要,表述清晰,内容完整,如事项较多应作为附件发送。

(4)附件:正文部分用一句话提示对方查收,数目较多时应打包发送。

(5)结尾签名:包括姓名、职务、公司、电话、传真、地址等信息,如有座右铭或公司的宣传口号,要分清收件对象与场合。

5. 实操反思整改

(1)发件人的名称设置是否规范。

（2）标题是否空白或过于冗长,导致后半段以省略号的形式出现。

（3）称呼语是否明确了收件对象,是否合理表达了尊重。

（4）正文部分的语气能否根据自己和收件对象的熟络程度、等级关系恰当选择。

（5）结尾签名信息是否过于冗长,超过 4 行。

任务四　茶水服务礼仪

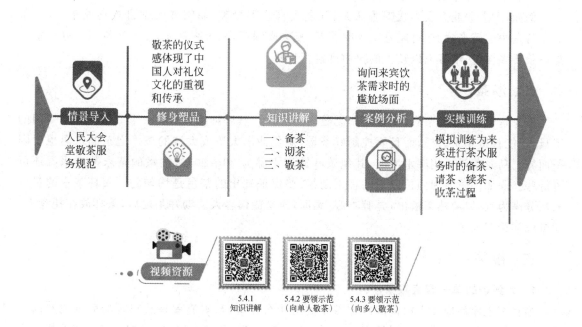

5.4.1
知识讲解

5.4.2 要领示范
（向单人敬茶）

5.4.3 要领示范
（向多人敬茶）

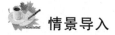 **情景导入**

曾任人民大会堂 118 厅资深服务员侯桂珍女士在一档电视节目当中分享了她当年为首长敬茶时的服务规范。

她用 500mL 的矿泉水模拟给客人喝茶用的高杯的重量,服务人员女生一次要端 10~15 杯,男生端 15~20 杯。端托盘时要求服务人员左腿向前迈半步,侧身左手伸出,五指分开,手心向上,托住托盘的中心,用右手扶住托盘,左腿收回,所有服务员挺胸收腹、目视前方,先迈右腿,排成一字形往前走。走到客人面前时,右腿向前迈半步,左脚后跟抬起,把一杯茶放在客人的右手边,便签的右上角,然后把右腿撤回来,"一、二、三",每走三步上一杯茶,正好是一个椅子扶手的距离。顺时针上完茶,然后再换人……

【修身塑品】

敬茶是中国传统文化的一种重要表现形式,敬茶需要讲究细节和仪态。上述案例中侯桂珍女士的敬茶服务有着规范的礼仪程序和满满的仪式感,这充分体现了中国人对礼仪文化的重视和传承。敬茶礼仪在商务场合、家庭聚会或朋友间交往中广泛使用,代表的不仅是一种礼节,更是一种维系人际关系的方式。另外,侯桂珍为了将敬茶方式做到极致,刻苦训练,也反映出要取得好的礼仪效果,还需要有坚强的意志和不断进取的决心。

知识讲解

中国是茶的故乡,也是茶文化的发源地,素来就有"客来敬茶"的习俗,茶可以说是国饮。在日常社交、生活、办公场合,熟知敬茶、饮茶之道,不仅可以表现出对上级、对客人的尊重,也可以充分展示自己良好的修养。

一、备茶

一般来讲,喝什么茶跟地域和季节有关。

例如,大多数北方人喜欢喝香味茶,江浙人喜欢喝绿茶,而闽粤人则喜欢乌龙茶、普洱茶等。若是按季节来分,还可能是春天喝花茶,夏天喝绿茶,秋天喝乌龙,冬天喝红茶。办公室日常备茶要多样化,给客人以较大的自由度进行选择。

二、沏茶

首先是检查、清洗茶具,保证它们无破损、无污垢,然后再用开水烫一下。取茶要用专门的工具,不能直接用手去抓,而且要控制好茶量,避免冲出太浓或太淡的茶。泡茶的水温也要因茶而异。乌龙茶需要用沸水冲泡,其他茶叶冲泡水温为 80~90℃,细嫩的茶末冲泡水温还可再低些。假如同时要为两位以上的客人沏茶,要保证端出的茶色是均匀的。每杯茶水的量以七八分满为宜,以免热茶溢出,弄脏衣服、桌面,或是烫伤客人。沏好茶之后,茶杯放在托盘上,就可以端给客人了。

三、敬茶

1. 为到访的单一宾客敬茶

当宾客入座后应先上前询问对方需要饮用什么茶水,基本流程是从宾客的后方或斜前方走到其右侧,面对宾客,前搭手站姿,稍微躬身,微笑致意,待对方回应后,询问宾客的选择。宾客确认后,以"请稍等"结束。

"刘总,您好! 请问您想喝点什么茶,普洱、铁观音,还是菊花?"

"菊花就可以了。谢谢!"

"好的,不客气。请稍等。"

之后再次躬身致意,先后退至宾客视线之外的位置,再行离开。

茶水准备好后,双手端着茶盘进入客厅,走到邻近客人的茶几或备用桌前,侧身下蹲,放下茶盘,然后右手拿着茶杯的杯托,左手附在杯托附近,将茶杯放在茶几上客人方便拿取的地方;同时,轻声告之:"这是您的茶水,请慢用。"客人没空回应时,需给一个手势表达:这是您的茶。然后,收茶盘,起身,躬身致意,后退几步,走出客人的视线之后,转身离场,如图 5-7 所示。

2. 为会议室多个参会者敬茶

茶泡好后,把茶杯放在托盘中端起,左手五指分开,手心空出,捧着茶盘底部,右手扶住茶盘的边缘,走路时身体端正,不要摇晃,挺胸收腹,目视前方,面带微笑。

会议室同时给多人敬茶时要讲究尊卑顺序(图 5-8),如人数不多,尊卑关系差距较大,那就得遵循先客后主、先主宾后次宾、先上级后下属的原则。如人数较多,职位高低差别不大,则可参考以下几种方式。

询问饮茶需求　　　　　　　　　标准蹲姿敬茶

图 5-7　为单一宾客敬茶

端茶盘的仪态　　　　　后方上茶的方法　　　　　后方添茶的方法

图 5-8　为会议室多个参会者敬茶

（1）从上茶者的位置为起点，由近及远。

（2）以门为起点，顺时针方向。

（3）以客人的先来后到为顺序。

（4）将茶水放在会议室一角，请饮用者自取。

如会议台型是课堂式，需从参会者的前方上茶，其他台型则是从参会者的后方上茶。基本流程是走至参会者的面前或身后时，右腿向前迈半步，左脚后跟抬起，左手托住茶盘的中心，右手端起一杯茶水，侧身从参会者的右方奉上，茶杯放置在参会者右手偏上的位置，避开其行动时容易经过的地方，然后面带微笑，眼睛注视参会者，用手势及语言轻声提示对方用茶。完成一位参会者的上茶任务后，左手托茶盘，右手扶着茶盘的边缘，左脚起步，三步走到下一位参会者的面前或身后，再重复上面的上茶动作。

添茶时尽量使茶汤的浓度和温度前后大略一致，其基本流程是左手端茶壶，走至参会者的面前或身后时，右腿向前迈半步，左脚后跟抬起，右手小拇指和无名指拿起杯盖，控一下水，接着大拇指和食指抓住杯柄，退后一步，使之远离参会者身体和座位，左手将水续入。整个续水斟茶过程以不妨碍参会者为佳。

收茶的工作要等参会者全部离开后才能进行。

案例分析

赛腾科技有限公司新建的办公大楼需要添置一批办公家具，这天，卓伦家具公司的销售团队一行三人来到赛腾科技有限公司，因为比约定的时间早到了半个小时，采购部的张经理上一个会议还没结束，还在试用期的小梁负责接待他们。安排客人在会议室坐好后，小梁热情地准备为客人提供茶水服务。

　　小梁："请问你们想喝点儿什么？我去准备一下。"

　　客人 A 答："帮我拿杯普洱茶吧。"

　　小梁："不好意思，我们的普洱茶刚刚喝完，新的买了，还没到。"

　　客人 B 为避免场面尴尬，马上说："没关系，没关系，菊花茶也可以。"

　　小梁："好的，没问题。"

　　在上一轮提问中，小梁意识到了自己工作的失误。接下来在面对第三位客人时，改进了提问的方式："除了菊花茶，我们还有橙汁和柠檬水，请问您来点儿什么？"

　　客人 C："给我来杯橙汁吧，谢谢。"

【分析】

　　俗语说："众口难调"，其实饮茶也是如此。在以茶待客时，若有可能，应尽可能照顾来宾，尤其是主宾的偏好；也可多准备几种茶叶，供客人选择。上茶之前，应先询问一下客人喜欢用哪一种茶。以上案例中，小梁用开放性的问题询问客人，而不是给出公司准备好的几种茶饮供客人选择，结果出现了客人想喝的茶没有的尴尬局面，还有可能引起客人的不悦。后面小梁改进了提问方式，就没有问题了。

➡ 实操训练

1. 实操训练内容

通过训练使接待敬茶过程中自然地表达出对客人的尊敬之意，同时也体现出自身的修养。

2. 实操训练要求

（1）自设工作情景，模拟训练备茶、请茶的过程。

（2）自设工作情景，模拟训练续茶、收茶的过程。

3. 实操训练成果

接待敬茶过程情景模拟视频。

4. 实操训练步骤

　　3 人一组，情景模拟秘书为领导及客人敬茶的过程，场景为领导及客人坐在办公室的两张单人沙发上，沙发中间有一个小茶几。基本要求如下。

　　（1）在和客人及领导确认好喝茶的喜好后，将装好茶水的两个茶杯放在托盘上端进会客区。

　　（2）走到茶几旁，蹲姿将茶杯放在茶几上靠近领导及客人的位置，手势提醒"请用茶"，然后起身后退几步，转身离开会客区。

　　（3）观察到领导及客人的茶喝完后，用右手的大拇指、食指和中指握住杯把，左手端茶壶及时续茶。

　　（4）客人离开后再收茶。

5. 实操反思整改

　　（1）走入会客区时端托盘的动作以及走姿、面部表情是否自然大方。

　　（2）请茶时的蹲姿及手势、表情、语言是否规范，顺序是否为先客后主。

　　（3）茶水的水温是否过热或过冷，水量是否为八分满。

任务五　会议组织礼仪

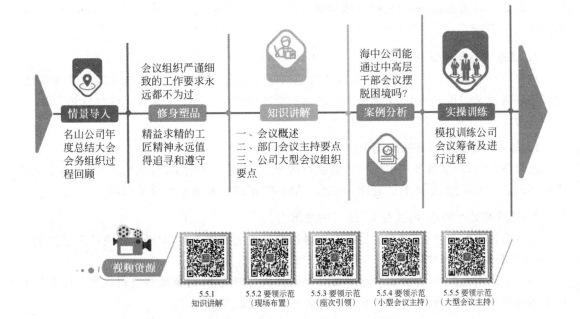

5.5.1　知识讲解

5.5.2　要领示范（现场布置）

5.5.3　要领示范（座次引领）

5.5.4　要领示范（小型会议主持）

5.5.5　要领示范（大型会议主持）

情景导入

　　名山公司要召开年度总结大会,作为大会组织人员的王琴主要负责会议文件材料工作。会前王琴进行会议筹备有关信息的搜集,为会议议题的确定及大会会议材料的形成做好准备。年度大会的工作报告非常重要,包括一年度的工作总结、体会或者经验,对目前情况的分析和下一步工作的思路、要求及具体措施等内容。为此,王琴广泛而有针对性地搜集一段时间以来各方面工作的进展情况。会议期间王琴认真做好会议记录,力求会议记录准确、完整,遵从发言人的原意,并对会议发言进行录音和录像。为了尽快将会议信息传递给与会者,她及时编写会议简报,使会议达到良好的效果。会后王琴认真编写会议纪要,成为与会代表贯彻执行的依据,推动会议精神的贯彻落实。她还搜集齐会议期间所有文件材料,及时整理有关会议文件,为会议文件的归档打下基础。王琴大会期间的表现赢得了大家的一致好评。

【修身塑品】

　　从案例中可以看到,作为会务组织人员的王琴对整个会议全过程的材料准备工作非常到位、专业,她充分考虑参会人员的需求,并以此为出发点,在会议的不同阶段提供准确及时的材料信息服务,让整个会议得以高效推进和顺利完成,也让参会者感受到关怀、尊重和满意。正如老子所言"天下大事必作于细",天下的大事都是从细小的地方一步步做起的。对会议组织工作来讲,严谨细致的工作要求永远都不为过,精益求精的工匠精神永远值得追寻和遵守。

知识讲解

一、会议概述

会议是一种最直接、最直观的群体沟通方式,公司定期组织不同规模、不同层次会议主要有以下三个目标。

1. 信息传达与资源共享

通过会议可以向员工传达来自上级或其他部门的相关资讯,通报一些决定及决策,特别是有些内容复杂又很重要的事,须确保所有的人都能正确理解。同时汇集员工的信息和资源,以期相互帮助,共同进步。

2. 形成一致意见以解决问题

通过举行会议,了解各项工作任务的执行情况,点明存在的困难,讨论处理的办法,并使员工的不同点相互碰撞,形成新的思路,确定行动纲领,形成一致意见以解决问题。

3. 开展有效的沟通,增强公司、部门的凝聚力

通过会议中的多向交流,有效协调上下级以及员工之间的关系,鼓励全体成员上下团结一心,为实现公司的目标共同努力。

为了实现以上目标,办公人员须掌握必要的会议管理技巧,避免浪费公司成本。如果员工花太多时间在无效率的会议上,甚至使会议要解决的问题愈趋复杂。

二、部门会议主持要点

部门会议主持场景如图 5-9 所示。为保证部门会议顺利展开,主持人须有一定的影响力和说服力,善于把握全局、控制场面,使会议讨论的过程井然有序;具体工作包括:营造和谐的气氛,掌握好会议的时间,引导参会者按照议程积极参与讨论,听取并考虑所有观点,正确总结讨论的内容,引导发言者解释令人困惑的发言,帮助与会者理清考虑不周的想法,尊重别人,控制冲突和不同意见,避免出现会中意见一边倒的情况,减少与议题无关的争辩和讨论,保持中立态度等。

图 5-9　部门会议主持场景

在部门会议进行期间,主持人的工作重点主要有以下几个方面。

(1)会议开场白要系统、简洁,明确会议宗旨和会议目的,说明会议议程、时间安排、议事方式、纪律规则等会议相关信息。

(2)参会者发言时要认真倾听,可通过身体前倾、点头微笑、眼神接触、发出倾听的声音、重复和总结、做记录等形式呈现。

（3）注意观察参会者的表现,如发现参会者对会议缺少兴趣,注意力不集中；或不满会议进行的方式；或身体语言表明一种对抗态度时,应及时调整语言表达的方式。对于态度认真,积极保证会议进程顺利开展的参会者也应适当鼓励及肯定。

（4）要保证各种类型的参会者有序发言,贯彻会议的主题。①主持人应能保证每个发言人遵守规定的时间,以确保准时开休会。如果某个参会者发言超时,主持人要及时介入,可对发言内容提炼总结,提醒对方结束发言。②会议主持人务必保证参会者的讨论发言不能对会议议程进行随意的增减调整。如某位参会者质疑正在进行的会议程序,总是提议不同的程序或建议,主持人可先肯定对方的贡献,继而说明现有程序设计的理由,提出在将来的会议中采取对方建议的设想。③会议主持人对会议讨论过程中出现的争端,要善于引导参会者求同存异,达成一致意见；要表示理解对方的想法或情绪,重申会议中无论什么意见都可以提,但正面的建议会更受欢迎；也可采用非语言性方式打断,如可以站起来,用一种平静的、有分寸的语调重新控制局面并使争端双方镇静下来。④对于开会时做与会议无关的工作,如私自发起小团体讨论、时常接电话、或打瞌睡、走神的参会者,主持人可暂停说话或者示意发言者暂停,询问参会者是否需要先分组讨论,然后集中讨论；或是否需要中间休息 5 分钟,后期再加快会议进程等。

三、公司大型会议组织要点

大型会议的组织工作,要求工作人员对会议的每一个细节做出精心部署和科学安排,以最大限度地提高会议效率、完成会议确定的各项任务。其准备工作主要包括：确定会议的形式,安排会议的议程,决定并协调会议的时间、地点、人员安排,进行会场布置,安排参会者座次,发送会议通知,制作、分发会议资料,进行会议主持等。

1. 公司大型会议会场布置要点

（1）会场主席台下会议桌摆放的位置要适宜、端正,椅子左右之间以及椅子与会议桌之间均应保持约为一人的距离,桌椅摆放完毕后,横看、竖看都要成一条直线(图 5-10)。

图 5-10　公司大型会议布置场景

（2）主席台及前排领导的座次安排,原则上是位次最高的领导居中,其余领导根据职位高低,按照在最高领导右—左—右—左的顺序依次排列。领导的座位签两边都要有字,放在离上桌沿 2cm 的地方。

（3）参会者的会议桌布置的要求：记录纸距下桌沿 2cm,笔放在记录纸右边,会议材料装订美观,装入资料袋或文件夹中,放在记录纸上,右方和下方错开 1cm。咖啡杯或水杯摆放在会议材料的右上方,与其保持约为一指的距离,杯把朝右。如果是茶话会,则需要点心、水果配纸巾,一般是两人一份,摆放在中间靠近上桌沿的位置(图 5-11)。

会议材料与记录纸右方和下方错开1cm　　水杯摆在会议材料右上方　　水果摆在靠近上桌沿的位置

图 5-11　参会者会议桌布置要求

（4）会议开始前，提前调试会议使用的音响、话筒、多媒体播放设备、网络通信设施、录音摄像设备，确保其能正常使用。再次检查会议横幅内容是否正确，悬挂是否对称、牢靠。会议开始前半个小时左右，开启会议有关区域的照明设备，空调温度夏季应不低于 26℃，冬季应不高于 20℃。

2. 公司大型会议主持要点

（1）保持自然大方的主持姿态，吐字清晰，音量大小、语速适中。

（2）会议开始，主持人首先要先向参会者问好，问候时要对所有来宾做好分类，尊贵的领导要特别给以强调。

（3）宣布会议开始，指明会议的全称，说明会议的主要内容。

（4）介绍领导和嘉宾的环节要按照职位由高到低的顺序进行。

（5）介绍并依次进行会议的议程。

（6）会议总结要肯定会议效果，说明会议所取得的成果，表明会议精神一定会落实到位。

（7）宣布会议结束，再次感谢到场人员，并安排好退场的顺序和具体方式。

3. 公司大型会议引领各类参会者入场要点

（1）引领领导到主席台就座的基本要领：到贵宾休息室礼貌提示领导会议即将开始，以规范的姿态引领领导走出贵宾休息室，到主席台台口位置用上举式手势指引领导上台阶。

（2）引领嘉宾到主席台下前排就座的基本要领：在主通道处，横摆式手势引领嘉宾到会议室前排位置，直臂式手势指明该嘉宾座位的具体位置，协助其入座。

（3）引领普通参会者就座的基本要领：在会议室大门入口处，迎候参会者的到来，确认对方身份后，直臂式手势指示其就座的区域。

案例分析

海中公司面临着巨大的市场挑战，市场个性化程度越来越高，交付周期越来越短，竞争对手云集，经营管理活动难度大大增加，企业经营业绩快速衰退，各种库存持续增加。总经理为此忧心忡忡，不知如何下手才好，于是召开全体中、高层干部会议，想听听各个部门有何良策。

市场部是公司对外的窗口，掌握着企业所有客户关心的数据和信息，市场部经理首先发言：

——最近订单减少，主要原因是产品的报价太高，客户经常杀价，如果把产品价格降低一成以上，我们的产品在市场上才有竞争能力。

财务部经理接着发言：

——目前我们的产品价格没有太多的利润，如果再降低销售价格，就会亏损，除非我们降低产品的成本。

质量部经理总结：

——我们解决企业问题的关键是在趁着现在不景气的时候,多加强员工的教育和培训工作,以提高产品质量水平。

就这样,各部门的中、高层干部各抒己见,在讨论了一个小时之后,却无法达成一个统一的意见。总经理宣布会议结束,各部门进一步将建议考虑成熟后,再召开新的会议讨论这个问题。

造成这次会议无果而终的原因是什么?

【分析】

会议是一种群体沟通的方式,是一个集思广益的渠道。会议的正面作用是解决问题,反面作用则是带来难题,因此,会议不仅需要管理,更不能缺少技巧。上述案例中的会议总体来讲比较失败,主要表现在以下几个方面。

(1)未明确会议的目标和预期成果,并根据会议的目的确定会议的主题和议题范围。

(2)未编写详细的会议议程,包括议题顺序、讨论时间、发言人员等。

(3)主持人未能明确自己的职责和要求,缺乏管控能力,导致讨论问题时非常"发散而不能聚焦",不能引导大家针对问题提出有效的解决办法。

➡ 实操训练

1. 实操训练内容

通过训练提升会议管理能力,掌握会议主持技巧。

2. 实操训练要求

(1)自设工作情景,模拟训练会议筹备的过程。

(2)自设工作情景,模拟训练会议进行的过程。

3. 实操训练成果

会议筹备及进行过程情景模拟视频。

4. 实操训练步骤

(1)2人一组,情景模拟领导向秘书布置公司内部某次会议的筹备工作任务,内容须包括会议的目的、参会人员的选择及通知发送、会议的时间地点、会场的布置、会议材料的准备等。

(2)5人一组,情景模拟某公司部门会议进行的过程,重点展示主持人的主持技巧,内容须包括营造和谐气氛、保证会议按议程进行、引导与会者在规定的时间内参与讨论、以中立态度总结讨论的内容等,会议内容有专人做记录。

5. 实操反思整改

用以下高效会议的八大特征来衡量实操训练的效果。

(1)只在必要时才召集。

(2)好好筹划过程。

(3)拟定和分发了议程表。

(4)遵守时间。

(5)一切按部就班。

(6)邀请了最有经验的和最有才能的人出席。

(7)做出了评论和归纳。

(8)记录下所有决定、建议和负责人。

项目六

商务礼仪

任务一　乘车礼仪

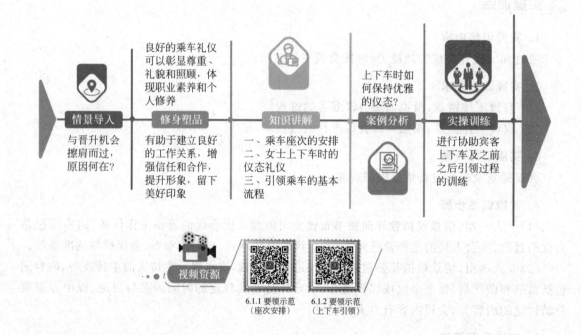

情景导入　与晋升机会擦肩而过，原因何在？

修身塑品　良好的乘车礼仪可以彰显尊重、礼貌和照顾，体现职业素养和个人修养

有助于建立良好的工作关系，增强信任和合作，提升形象，留下美好印象

知识讲解
一、乘车座次的安排
二、女士上下车时的仪态礼仪
三、引领乘车的基本流程

案例分析　上下车时如何保持优雅的仪态？

实操训练　进行协助宾客上下车及之前之后引领过程的训练

视频资源

6.1.1 要领示范（座次安排）　　6.1.2 要领示范（上下车引领）

情景导入

某公司的王先生年轻肯干，点子又多，很快引起了总经理的注意并拟提拔其为营销部经理。为了慎重起见，决定再进行一次考察，恰巧总经理要去省城参加一个商品交易会，需要带两名助手，总经理选择了公关部杜经理和王先生。

王先生自然同样看重这次机会，也想寻机好好表现一下。

出发前，由于司机小王乘火车先行到省城安排一些事务尚未回来，所以他们临时改为搭乘董事长驾驶的轿车一同前往。上车时，王先生很麻利地打开了前车门，坐在驾车的董事长旁边的位置上，董事长看了他一眼，但王先生并没有在意。车上路后，董事长驾车很少说话，总经理

好像也没有兴致,似在闭目养神。为活跃气氛,王先生寻一个话题:"董事长驾车的技术不错,有机会也教教我们,如果都自己会开车,办事效率肯定会更高。"董事长专注地开车,不置可否,其他人均无应和,王先生感到没趣,便也不再说话。一路上,除董事长向总经理询问了几件事,总经理简单地回答后,车内再也没人说话。到达省城后,王先生悄悄问杜经理:董事长和总经理好像都有点不太高兴?杜经理告诉他原委,他才恍然大悟,"噢,原来如此。"会后从省城返回,车子改由司机小王驾驶,杜经理由于还有些事要处理,需在省城多住一天,同车返回的还是四人。

这次不能再犯类似的错误了,王先生想。于是,他打开前车门,请总经理上车,总经理坚持要与董事长一起坐在后排,王先生诚恳地说:"总经理您如果不坐前面,就是不肯原谅来的时候我的失礼之处。"并坚持让总经理坐在前排才肯上车。

回到公司,同事们知道王先生这次是同董事长、总经理一道出差,猜测着肯定提拔他,都纷纷向他祝贺,然而,提拔之事却一直没有人提及。

【修身塑品】

工作中,很多时候需要与领导一起乘车,这是近距离和领导一起共事工作的场景,对很多人来说,既是一个难得的工作机遇,也是一个不小的挑战。良好的乘车礼仪,可以彰显你对领导的尊重、礼貌和照顾,体现自己的职业素养和个人修养,有助于你和领导之间建立良好的工作关系,增强领导对你的信任,进而提升你在领导心目中的形象。以上案例中,王先生由于不了解领导及专职司机驾车时车内座次的尊卑排位,屡次犯错,失去了晋升的机会,可见掌握与领导一起乘车的礼仪规范在实际工作中有着非常重要的意义。

知识讲解

乘车礼仪是商务接待中的一个重要环节,乘车过程中座次的安排、上下车的仪态以及引领乘车的流程体现了对宾客的尊重程度,既能反映出接待人员自身的素质,也可折射出公司的企业文化和经营管理水平。

一、乘车座次的安排

商务场合,决定乘车礼仪座次尊卑的影响因素主要有是否安全与方便、驾驶者为何人、车型及宾客的本人意愿等。

1. 座次安排的安全与方便因素

乘车接待宾客,除迅速、舒适之外,安全问题是不容忽略的。从某种意义上讲,甚至应当将它作为头等大事来对待。

调查结果表明,在发生交通意外时,车辆的前排座,即驾驶座与副驾驶座的安全系数远低于后排座。因此通常认为轿车的座次应当是后排为上座,前排为下座。

在公务活动中,副驾驶座,特别是双排五座轿车上的副驾驶座,被称为随员座,专供秘书、翻译、警卫、陪同等随从人员就座。

双排座、三排座轿车,尊者一般应坐在后排,后排靠右的座位更为尊贵。多排中巴车,则更多考虑上下车方便的因素,尊者坐在司机后方第一排有小桌的位置。

2. 座次安排的驾驶者因素

所谓轿车座次的后排为上座,前排为下座,实际只是在由专职司机驾驶车辆时才是如此。

当主方领导亲自驾车的时候,则按商务礼仪前排的副驾驶座为上座。如车上只有一名客人,则其应就座于前排;若此刻车上的乘客不止一人,应推举其中地位、身份的最高者,在副驾驶座上就座;如果他于中途下车了,则应立即依次类推,"替补"上去一人,始终不应让该座位留空,以此表达对开车主人的友好和尊重,愿与其"同甘苦,共患难"。

3. 座次安排的车型因素

车辆的类型与座位数不同,其座次的尊卑也不尽一致。

(1)双排五座轿车。有专职司机驾驶的双排五座轿车,领导的专座在后排右座,这个位置处于非车行道的位置,方便迎送;除驾驶座外,车上其余的四个座位的顺序由尊而卑依次应为后排右座,后排左座,后排中座,前排副驾驶座。

如主方领导亲自驾驶,则前排座为上,后排座为下。车上除驾驶座外,四个座位的顺序由尊而卑依次应为副驾驶座,后排右座,后排左座,后排中座。这种坐法体现出"尊重为上"的原则,体现出客人对开车者的尊重,表示平起平坐,亲密友善(图6-1)。

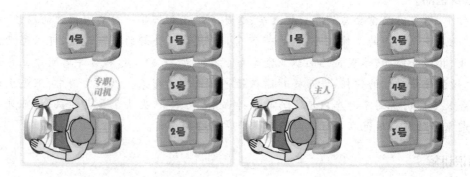

图 6-1   双排五座轿车座次安排

(2)三排七座轿车。由专职司机驾驶的三排七座轿车,领导的专座依然是在后排右座,车上其余六个座位的顺序,由尊而卑依次应为后排右座,后排左座,后排中座,中排右座,中排左座,副驾驶座。

如主方领导亲自驾驶,则1号尊位移至副驾驶位,其他座位的尊卑顺序不变,依次为后排右座,后排左座,后排中座,中排右座,中排左座(图6-2)。

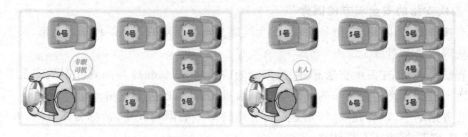

图 6-2   三排七座轿车座次安排

(3)四排座及以上的中型或大型轿车。在大中型轿车上,通常其合"礼"的座次由尊而卑的排列依据是由前而后,由右而左,距离前门由近至远,即最尊贵的位置在司机正后方第一排,这个位置既方便又舒适,而且视线也比较好。如图6-3所示,具体顺序为第一排右座,第一排左座,第二排右侧座,第二排左侧右座,第二排左侧左座,以此类推,服务人员坐在副驾驶位上。如果车上有主方的领导陪同,可以将其安排在轿车右侧最前面的位置。

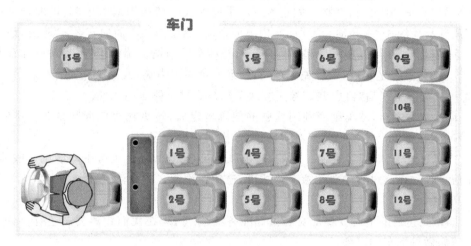

图 6-3　中大型轿车座次安排

4. 乘车时嘉宾本人的意愿

在正式场合乘坐轿车时,应请尊长、女士、来宾就座于上座,这是给予对方的一种礼遇。然而,假如不是在某些重大的礼仪性场合抛头露面的话,对于轿车上座次的尊卑,不宜过分地墨守成规,特别是要尊重嘉宾本人的意愿和选择,并要将这一条原则放在最重要的位置。嘉宾坐在哪里,即应认定哪里是上座。即便嘉宾不明白座次,坐错了地方,也不要随意对其指出或纠正。尊重别人就是尊重人家的选择,这就是商务礼仪中"尊重为上"的原则。

上面的这四条因素往往相互交错,可根据实际情况在基本原则的基础上灵活运用。

二、女士上下车时的仪态礼仪

女士上下轿车应注意自己的仪态。

女士打开车门上车时,不要一只脚先踏入车内,也不要爬进车里,应采用背入式,即靠近座位,侧身背对车内,把身体降低,臀部先坐下,接着上身及头部入内,然后双膝保持合并的姿势,双腿并拢收进车内。坐好后稍加整理衣裙,保持其平整状态,并在确保长裙及随身物品远离车门夹缝的位置后关车门。

下车前应尽量将身体移近车门,车门打开后,采用正出式,即先双腿并拢踏出车外,立定后将身体重心移至双脚,头部先出,然后再把整个身体移至车外。如穿低胸服装,可以加披一条围巾,以免弯身下车时出现难堪的局面;也可利用钱包或手袋轻按胸前,并保持身体稍直。以上原则的应用,可以有效避免"走光",也会显得姿态优雅。

三、引领乘车的基本流程

在接待来往宾客的过程中,掌握一定的引领乘车礼仪,会给人留下认真严谨的好印象。以双排五座轿车为例,引领宾客乘车的基本流程如下。

(1) 出大门后,首先要第一时间告知宾客停车的位置。指引远处车的停放位置,用直臂式手势,即左臂自然下垂,右臂伸直,从体侧抬起,四指并拢伸直,手掌与地面呈 45°夹角,指向车的方位,然后微笑着面向宾客:"陈总,我们的车就停在那边。"

(2)到达停车的位置后,开门请宾客中的尊者先上车。走至轿车后排右侧座位附近,右手将车门全部拉开呈 90°夹角,并将其固定好;左手曲臂式手势指引对方上车,即左臂从体侧抬起,大臂离开身体约 45°夹角时,小臂向车内方向摆动,然后微笑着面向宾客:"陈总,请上车。"

(3)宾客上车的同时,左手举起,手心向下,挡在车门门框上端的位置,提醒并保证宾客头部的安全。确认宾客坐定后,轻轻关上车门,注意避免弄出声响,或是夹伤宾客。

(4)一号宾客上车后,再引领二号宾客从车尾绕到另一侧车门入座。

(5)自己最后上车,从车尾绕到副驾驶的位置坐定后,转头礼貌地询问坐在后排的宾客:"陈总,请问现在可以出发了吗?"待对方确认后,提醒司机开车。

(6)行车过程中,如宾客提出了问题,应报以微笑,得体回答;也可主动谈论一些天气、民俗、娱乐信息等。在此过程中要注意交谈适度,避免谈论过多的政治、隐私等内容,更要避免喋喋不休、高谈阔论。

(7)即将到达目的地时要提醒宾客做好准备:"陈总,现在我们距离公司还有 5 分钟左右的车程,请您做好下车的准备。"

(8)待车停稳后,自己先下车,走至轿车后排右侧座位附近,右手将车门全部拉开呈 90°夹角,并将其固定好,左手横摆式手势指引对方下车,即左小臂从体前抬起,指尖向右,抬至与地面平行的位置后向外摆出,然后微笑着面向宾客:"陈总,请下车。"

若宾主不乘坐同一辆轿车,依照礼仪规范,主人的车应行驶在前,是为了开道和带路。若宾主双方的车辆皆不止一辆,依旧应当是主人的车辆在前,宾客的车辆居后。它们各自的先后顺序,亦应由尊而卑地由前往后排列,只不过主方应派一辆车殿后,以防止客方的车辆掉队。

 案例分析

小陈是创远公司新入职的员工,由于她学历高素质好,待人又和善,总经理派她去机场迎接两位重要的客人。小陈对待这项工作非常认真,确认接机信息,又精心制作了接机牌。接机当天,小陈特地穿了一身素雅的套裙以表示对客人的尊重。在顺利地接到了客人之后,小陈指引客人来到公司的专车前,礼貌地帮客人开车门,用手护住车顶保证客人的安全。客人安排好后,她打开副驾驶的车门,直接抬右腿上车,发现裙子太窄迈不开腿,而且有走光的危险,赶紧换左腿,慌乱之中头碰到了车顶,终于坐定后,小陈赶紧转头向两位客人道歉,却发现从见面时一直挂在客人脸上的微笑不见了。

你觉得小陈正确的上下轿车的方式应当是怎样的?

【分析】

小陈穿套裙上轿车,要采用背入的方式,即先整理裙摆,将身子背向车厢入座,坐定后随即将双腿同时缩入车厢。在关上门前,再确认一下衣裙以及随身物品是否靠近车门位置,有没有可能被夹到。下车时宜采用正出的方式。准备下车时,应将身体尽量移近车门,再次整理好衣裙,车门打开后,先将双腿踏出车外,然后将身体重心移至双脚,头部先出,然后再把整个身体移离车外,此时可利用钱包或手袋轻按胸前,并保持身体稍直,有效避免"走光",也会显得姿态优雅。

➡ **实操训练**

1. 实操训练内容

通过训练掌握商务接待乘车服务的基本流程及方法。

2．实操训练要求

（1）自设工作情景，模拟训练引领及协助宾客上车的过程。

（2）自设工作情景，模拟训练协助宾客下车及后续的引领过程。

3．实操训练成果

乘车服务过程情景模拟视频。

4．实操训练步骤

4人一组，情景模拟专职司机、领导及女秘书到机场迎接一位商务伙伴，迎接的过程如下。

（1）确认宾客，相互介绍后，秘书引领宾客到达停车场。

（2）秘书协助宾客及领导上车后，自己以标准的动作上车，提示宾客沿途风景、路程的时长等。

（3）到达目的地后，秘书先下车，然后协助宾客及领导下车，并引领其进入公司大门。

5．实操反思整改

（1）秘书引领宾客及领导至停车场的语言和动作是否规范。

（2）秘书协助宾客及领导上车时，座次安排、上车顺序是否合理，开车门及护车顶的动作是否规范。

（3）秘书各个阶段的提示语言是否清晰简练，语气表情是否亲切自然。

（4）秘书协助宾客及领导下车时，顺序是否合理。

任务二　介绍礼仪

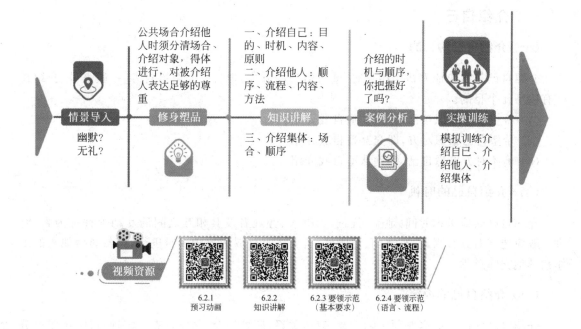

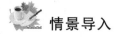 **情景导入**

李先生是一位作家兼演说家。一次他应邀去参加一个会议并进行演讲。演讲开始前，会

议主持人将李先生介绍给观众时,是这样说的:先生们,女士们,请注意了,今天晚上我给你们带来了不好的消息。我们本想邀请刘先生来给我们讲话,但他病了,来不了。后来我们邀请政协委员孙先生前来,可他太忙了。最后我们请到了——李先生。

【修身塑品】

作为会议场合的主持人,介绍主讲人是非常重要的一项任务。主持人首先可以向观众介绍主讲人的基本信息,如姓名、头衔职称、工作单位等,这有助于观众了解主讲人的背景与资格;接下来可以介绍主讲人的专业领域,帮助观众更好地理解主讲人演讲的主题;还可以介绍主讲人的主要成就、经验等信息,增强观众对主讲人的信任感和兴趣度;最后重要的是介绍主讲人本次演讲的主题,引导观众尽快进入演讲的主题和氛围上来。但是,在这个案例中,这位主持人犯了一个很大的错误,他向观众介绍了邀请演讲嘉宾的具体细节过程,给人的印象是本次主讲的嘉宾李先生是其他人没请到的情况下不得已而请来的嘉宾,这对于主讲人来说是极大的不尊重,而且这样说对观众来说也是很不合适的。这位主持人应该把介绍主讲人的主要任务聚焦在上面所讲的几个方面内容上来。所以要谨记作为主持人说话要分场合、要看对象。只有这样,才能吸引听众,不伤害主讲者。

 知识讲解

在商务交往的过程中,介绍是人们从陌生走向熟识的第一步,也是人与人之间相互了解的基本方法。人们在初次相见时,经过自己主动沟通,或者借助第三者的帮助,从而使原本不相识者彼此之间有所了解、相互结识。因此,掌握必要的介绍礼仪,既可以使自己多交朋友、广结善缘、扩大交际圈,又可以适当地展示自我,使人际沟通更加高效。具体来讲,介绍可分为介绍自己、介绍他人、介绍集体三种基本方式。

一、介绍自己

(一)介绍自己的目的

介绍自己是指与他人初次相见时,通过恰当的方式,把自己介绍给对方,一般来讲,介绍自己有以下几个目的。

(1)希望对方结识自己,即主动型自我介绍。

(2)希望自己结识对方,即交互型自我介绍。

(3)确认对方熟悉自己,即确认型自我介绍。

(二)介绍自己的时机

介绍自己时应考虑时间、地点、气氛、当事人、旁观者及其相互之间的互动等种种因素,时机一般应选在对方有兴趣、有空闲、情绪好、有要求且外界影响较少时进行,切勿妨碍他人的工作和其他交际过程。

(三)介绍自己的内容

介绍自己的内容应当兼顾实际需要、双边关系、所处场合,并应具有一定针对性,主要可分为以下几种形式。

1. 应酬式

适用情形为面对泛泛之交、不愿深交者,或有必要再次向他人确认自己时,其内容通常只有姓名一项："您好！我是刘凡海，2024 年的春季广交会我们见过一面，不知道您还有没有印象？"

2. 问答式

适用情形为对方以提问的方式表达需要了解的情况后，做出相应的回答，如对方问："请问您在哪家公司高就？"自己答："我在康源实业有限公司供职，很高兴认识您。"

3. 交际式

适用情形为有和对方深入交流的意愿时，选择其有可能感兴趣的问题择要介绍。其主要内容有籍贯、学历、兴趣等。如"梁总您好！我是融创集团的赵成，毕业于西南财经大学，听张总说我们是校友"。

4. 工作式

适用情形为工作场合，将自己的单位、部门、职务、姓名等信息介绍给对方。如"您好！我是伦达集团的营销总监赵麟德"。

（四）介绍自己的原则

1. 自然大方的原则

进行自我介绍前，可以先向对方点头示意，得到对方回应后再做介绍。介绍的过程中保持端庄的仪态，合理运用手势，和对方有眼神接触，声线听来流畅自然，充满自信，语气平和，语言清晰，语速正常。

2. 真实坦诚的原则

既不宜过分谦虚，贬低自己，也没有必要自吹自擂，夸大其词。

3. 长短适度的原则

介绍内容力求简明扼要，努力做到长话短说，废话不说。一般的自我介绍在时间上应限定在一分钟之内结束。

二、介绍他人

（一）介绍他人的顺序

介绍的顺序，遵循的基本原则是"尊者有优先知情权"，即先让尊者了解对面人的信息。因此，应把职位低者、晚辈、男士、未婚者分别介绍给职位高者、长辈、女士和已婚者。如"李总，这是我们人事部的方经理""方经理，这位就是万方实业大名鼎鼎的李总"。

（二）介绍他人的流程

（1）介绍前确认双方联系的纽带，征得双方的同意。如"钱经理，享泽实业的技术总监今天也来到了洽谈会的现场，需要我帮您介绍一下吗？"

（2）介绍时如各方均处于站立状态，则介绍的基本要领如图 6-4 所示。

①基本仪态。介绍全程各方均需保持标准端庄的站姿，身体直立，收腹直腰，上身挺拔，双肩平稳，面带笑容，表情自然，态度友好热情。②确认被介绍人。中间人与介绍双方呈三角形方位站立，各自保持 1m 左右距离。介绍时中间人首先面向被介绍人，靠近其一侧的手掌心向上，四指并拢，拇指微张，与地面呈 45°，抬至其肩的高度，指向被介绍人。③中间人转向另一

保持标准端庄的站姿

右手指向被介绍人

说出介绍内容

被介绍双方进行交流

图 6-4　站立状态介绍的基本要领

方,说出介绍内容:"李总,这是我们人事部的方经理。"讲述过程需自然、清晰。④双方交流环节。中间人微笑着用自己的视线把另一方注意力引导至被介绍的一方,指向被介绍人的手自然放下。如果尊者有进一步交往的意向,一般会在第一时间主动伸手问候:"你就是方经理啊,陈总多次跟我提到过你,年轻有为,前途不可限量。""感谢李总的鼓励,我一定会继续努力。"

(3) 会议、宴会进行中介绍他人双方一般不必起立,被介绍人只要微笑点头示意即可。

(三) 介绍他人的内容

介绍他人用尊称,内容须简明扼要,主要可分为以下几种形式。

1. 引见式

普通社交场合一般用引见式介绍,只需引导双方聚集到一处即可,如"刘经理,这位就是您让我找的策划部的小温了,你们慢慢聊,我先去忙其他工作"(图 6-5)。

图 6-5　引见式介绍

2. 标准式

正规场合用标准式介绍,包括被介绍方的单位、部门、职务、姓名等基本信息,如"马总,这位是隆盛集团销售部的张经理,久仰您的大名,今天终于见面了"(图 6-6)。

3. 强调式

交际应酬中,如需强调被介绍人的某些特殊点,宜使用强调式介绍,如"温经理在我们单位

图 6-6　标准式介绍

可是个名人,不光业务出色,还是有名的篮球健将,张总有兴趣的话,说不定哪天还能一起切磋一下"。

(四) 远距离单向介绍他人的方法

在商品交易会、酒会等人数较多的环境,介绍他人也可采取远距离单向介绍的形式,其方法如下。

1. 锁定目标

中间人应抓住被介绍人的显著特征,帮助身边的人快速找到被介绍人,如"梁经理您看,飞辰集团展位上正在站着和一位女士交流的就是他们市场部的邹经理"。

2. 分组介绍

为提高介绍的效率,使介绍内容更加便于记忆,可将被介绍者适当分组,分组依据可以是同一公司、类似职务、同个家庭等,如"姜总您看,坐在那边二号桌的是几个公司的运营总监,正对我们的那位是东峰集团的林总监,他右手边是明博实业的陈总监,左手边是康艺集团的赵总监"。

三、介绍集体

(一) 介绍集体适用的场合

(1) 大型报告会或演讲会,主持人简要介绍报告人或演讲人情况。

(2) 多单位会议,主持人介绍主席台上人员、主要来宾、参会单位。

(3) 新加入集体的成员被介绍,结识主要领导人。

(4) 宴会或晚会主人介绍主宾,再介绍其他来宾。

(5) 多人聚会,按身份年龄介绍。

(二) 介绍集体的顺序

1. 单向式

单向式介绍,有时亦称少数服从多数。其含义是当被介绍者双方一方为一人,另一方为多人时,往往应当前者礼让后者,即只将前者介绍给后者,而不必再向前者一一介绍后者。

2. 概括式

当被介绍者双方均人数较多,而又确无必要或不可能对其逐一加以介绍时,不妨酌情扼要地介绍一下双方的概况。

3. 尊卑式

尊卑式多见于十分正规的公务交往中。它的具体要求是在为双方均不止一人的被介绍者进行介绍时,不仅需要先介绍位卑的一方,后介绍位尊的一方;而且在介绍其中任何一方时,均应由尊而卑地逐一介绍其具体人员。

 案例分析

通鹏公司在一家五星级酒店组织了一场较大规模的营销商联谊会,目的是对公司年度销售工作进行简要总结,并对来年工作重点和目标进行展望。郑杨和他的妻子应邀早早地来到活动现场,过了不久,郑杨惊喜地发现他的大学同学曹宇和另外一个中年男子走进了酒店大门。郑杨连忙迎了过去,亲切地跟老同学打招呼,聊起了大学时的趣事。几分钟后,曹宇才留意到郑杨旁边的女士一直在微笑着看着他俩,问道:"这位是……""哦,这是我的爱人肖丽,我俩在同一家公司工作。"这时曹宇才想起忘记介绍自己身边的朋友了,连忙说:"这位是赛腾实业销售部的张经理,这些年我们在业务上一直是非常好的合作伙伴。"

你认为郑杨和曹宇的表现是否符合礼仪规范?为什么?

【分析】

人和人打交道,介绍是一座必经的桥梁。介绍要把握好合适的时机。在上述案例中,四人相遇,郑杨和曹宇两位老同学在聊了几分钟后才想起介绍身边的张经理和肖丽,这种做法对后者不够尊重。此外,介绍的顺序,原则上是先把被介绍人介绍给你所尊敬的人,因此曹宇在介绍张经理和郑杨时,正确的顺序应当是:"张经理,这位是我的大学同学郑杨。郑杨,这位是赛腾实业销售部的张经理。"而在郑杨向张经理介绍自己的爱人时,应当这么说:"张经理,您好!这是我的爱人肖丽。"

实操训练

1. 实操训练内容

通过训练能够熟练掌握各类介绍的操作方法,促进人际间相互结识、增进了解。

2. 实操训练要求

(1)自设工作情景,模拟训练介绍自己的过程。

(2)自设工作情景,模拟训练介绍他人的过程。

(3)自设工作情景,模拟训练介绍集体的过程。

3. 实操训练成果

三类介绍的情景模拟视频。

4. 实操训练步骤

(1)2人一组,情景模拟商务酒会中介绍自己的过程,注意把握介绍自己的时机、内容及方式。

(2)3人一组,情景模拟商务酒会中介绍他人的过程,注意把握被介绍者的意愿、介绍时的顺序及内容等。

(3)7人一组,情景模拟商务酒会中介绍集体的过程,注意把握一对多集体介绍、多对多集体介绍操作方法的区别。

5. 实操反思整改

（1）介绍自己时，是否考虑了双方的实际需要、双边关系、所处场合，并具有一定针对性。

（2）介绍他人时，是否事先征得被介绍者双方的首肯，是否遵循了尊者拥有优先知情权的原则，介绍内容是否是根据所在场合确定的。

（3）介绍集体时，单向式介绍是否遵循了少数服从多数的原则，概括式介绍是否做到了平等对待。

任务三　见 面 礼 仪

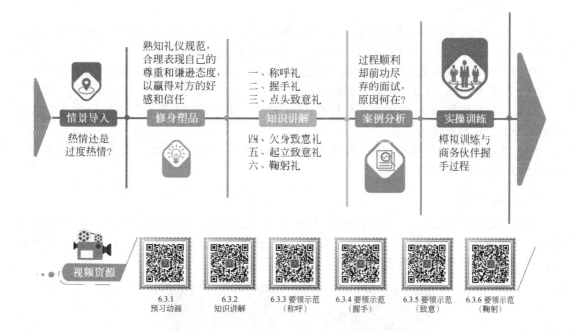

6.3.1 预习动画　　6.3.2 知识讲解　　6.3.3 要领示范（称呼）　　6.3.4 要领示范（握手）　　6.3.5 要领示范（致意）　　6.3.6 要领示范（鞠躬）

情景导入

小张是刚到公司工作的业务员，这天在公司内遇到了公司总经理，小张立即跑过去，向总经理问好，并伸出双手，去握住总经理的手，却看见总经理微蹙眉头，面露不悦之色，小张很纳闷，不知自己哪里做错了。

【修身塑品】

握手礼仪是当今社会社交礼仪中最常见、最普遍的一种相见礼仪，握手的时候伸手顺序主要采取"尊者优先"的原则，也就是说，握手时伸手的先后次序主要取决于两者的职位、身份、年龄、性别等因素，通常由位尊的一方先伸手。在本案例中，可以看出小张想表现出他对总经理的尊重，主动伸手去和总经理握手，但这在总经理看来，觉得他不尊重自己，所以不高兴。小张的做法是因为不懂得握手的礼仪，心里想着主动展示敬意但行动上却做得适得其反。所以，在人际交往中，必须掌握好握手礼仪，在与他人握手时，要注意遵循握手的礼仪细节，表现出自己的尊重和谦逊态度，以赢得对方的好感和信任。

知识讲解

商务社交场合与来宾交往时,恰当地称呼对方并合理运用见面礼仪,表达友好与尊重,能给其留下良好的第一印象,为以后顺利开展工作打下基础。

迎接宾客到来时,主要接待人员一般要与其行握手礼,而其他人员在与宾客相距较远或不宜多谈的场合,则多使用点头致意礼、欠身致意礼、起立致意礼、鞠躬礼、挥手致意礼等无声的动作语言表达问候。无论何种见面礼仪,运用时都应诚心诚意,表情和蔼可亲,仪态文雅端庄,使双方心灵沟通、感情融洽、缩短彼此距离。遇到别人向自己首先致意,必须马上用对方所采取的致意方式回敬对方,绝不可置之不理。上述几种致意方式,在同一时间,对同一对象,可以用一种,也可以几种并用,依自己对对方表达友善恭敬的程度而定。

一、称呼礼

在工作及社交场合,称呼即关系定位,可表明说话动作或内容的指向对象,同时表达对该对象的态度。恰当规范的称呼,能更好地融洽人和人之间的关系。

作为一种规范性礼貌用语,称呼重在表达尊重,其基本要求是使用尊称,主要类型如下。

(1)以职务相称,以示身份有别,敬意有加:"刘总您好!欢迎光临浚卓集团指导工作。"

(2)以职业相称,也可细化为职称称呼:"陈教授,一路辛苦了,参加今天培训的员工已经在会议中心三楼恭候您的到来了。"

(3)泛尊称,适用于职场商界、服务场合不熟识的人:"先生,您好!我是客服部的周经理,请问有什么能帮到您?"

二、握手礼

握手礼流行于许多国家,是在初次相见、久别重逢、离别、恭贺、致谢、接送礼品、收授奖品等场合相互表示情谊、致意、尊重的一种礼节。规范的握手礼仪能体现交往双方各自的礼仪修养以及对对方的态度,也能有效促进人们的交往(图 6-7)。

尊者先伸手　　　　握手时的距离

握手的手型　　　　握手的表情

图 6-7　握手礼基本要领

(一)握手的顺序与原则

1. 社交场合握手的顺序

一般来讲,社交场合握手的顺序,即握手时谁先伸手,是由尊者决定的。也就是说,由职位、身份较高的人是否先伸手来决定两者间要不要握手。

（1）女士同男士握手时，应由女士首先伸手。如女方不伸手，没有握手的意愿，男方可点头致意或鞠躬致意。

（2）长辈同晚辈握手时，应由长辈首先伸手。当年龄与性别冲突时，一般仍以女性先伸手为主，同性老年的先伸手，年轻的应立即回握。

（3）上级同下级握手时，应由上级首先伸手。

2. 接待来往宾客握手时应遵循的原则

（1）客人抵达时，应由主人首先伸手以示欢迎，即女主人要主动伸手表示欢迎，男主人也可以先伸手对女宾表示欢迎。

（2）与多人握手时，遵循先尊后卑、先长后幼、先女后男的原则，也可按照由近而远的顺序。

（3）要按顺序握手，不可越过其他人正在相握的手去同另外一个人握手。

（4）客人告辞时由客人先伸手，以示愿意继续交往，主人可以就此留步。

（二）握手的基本流程及方法

1. 起身相迎

宾客来临时，如果两人距离较远，需马上起身，迎向对方，在距其 1m 左右的位置停下脚步。

2. 问候

现代握手礼通常是先打招呼，如"您好！""欢迎光临！"，然后相互握手，同时寒暄致意。

3. 基本姿态

身体以标准站姿站立，上体略向前倾，右手手臂前伸，肘关节稍屈，握手时双方的手臂伸直后成直角。

4. 手型

四指并拢，拇指张开，虎口向上，手掌垂直地面，手腕处不要弯曲。

5. 手位

男士与男士握手，虎口相对，互握手掌部位；男士与女士握手，要轻握女士手指部位；女士与女士握手，两者手指相握。

6. 力度

男性老朋友相见，握手的力度自然要更大一些，手握着的部位也可以更深一些；和领导握手，力度就要适中，轻握代表犹豫与胆怯，握得太用力表示过于热情或专横，中等握力才可传达出足够的信心；与异性握手时用力轻、时间短，不可长时间握手和紧握手；女士之间的握手较男士间力度稍轻。

7. 表情神态

握手时不可旁顾他人他物，要神态自然，注视对方，面带微笑，表达专注、热情、友好、重视和礼貌。

8. 时间

手握住之后，上下轻轻摇动两三次，持续两三秒后即可放开。

（三）握手的禁忌

与人握手时，如果不遵守约定俗成的礼仪规范，会被认为失礼。下面是握手时一般需要注意的问题。

（1）不要伸脏手、湿手、凉手、病手与人握手。

（2）不要戴墨镜、戴帽子、戴手套与人握手，切忌握完手后擦手。

（3）不要用左手相握，尤其是和阿拉伯人、印度人打交道时要牢记，因为在他们看来左手是不洁的；也不要用双手与人握手，熟人之间例外。

（4）不要在握手时把对方的手拉过来、推过去，或者上下左右抖个没完，握手幅度过大；或是长久地握着异性的手不放。

（5）握手时应该是手掌对手掌，指尖对指尖意味着有意与对方保持距离。

（6）握手时切忌掌心向下，掌心适度向上可表示谦虚和尊重。

（7）不要在握手时另外一只手插在衣袋里或拿着东西。

（8）不要在握手时面无表情、不置一词或长篇大论、点头哈腰，过分客套。

（9）不要跨门槛握手。

（10）不要拒绝和别人握手，即使有手疾或汗湿、弄脏了，也要和对方说一声："对不起，我的手现在不方便。"以免造成不必要的误会。

三、点头致意礼

商务见面环节，点头致意礼（图 6-8）的适用场景如下。

（1）在会前、会间的休息室或办公室走廊上等非正式场合，初次遇见到访的宾客。

（2）同一场合与宾客多次见面，彼此距离较近但不适宜交谈，也不便握手寒暄时。

（3）在大型会议室，与宾客同桌而坐但距离较远，不便起立或握手寒暄时。

（4）接待服务人员向宾客行鞠躬礼，或提供了引领、上茶等接待服务后，宾客在表示感谢还礼时。

点头致意礼的动作要领是面带微笑，目视对方，头部向下轻点一次即可。动作时屈颈，收颔，上身可以微微前倾。

四、欠身致意礼

一般接待人员在等候宾客从面前通行时，或是在被介绍后，发现宾客无握手意向时，可使用欠身致意礼表达问候（图 6-9），其动作要领如下。

图 6-8　点头致意礼

图 6-9　欠身致意礼

（1）以正确端正的站姿站立，身体直立，收腹直腰，双脚并拢。

（2）上身保持挺拔的姿态，双肩保持平稳。

（3）两眼目视被致意者。

（4）行礼时上半身轻向前倾，微微一躬，头与身体保持直线，也可同时点头。

五、起立致意礼

商务接待过程中，宾客经过工作区域，员工一般应暂时停下手头的工作，对宾客行起立致意礼，直至宾客离开；此外，接待过程中的会谈进行前，宾客在进入会议室时，已经在场的参会人员均应起立致意（图 6-10）。起立致意的动作要领如下。

（1）保持正确端正的坐姿，上半身直立，双腿自然并拢摆放。

（2）行礼时微微将椅子后挪，起身，以正确的站姿站立。

（3）待宾客离开或落座后，自己才可落座。

图 6-10　起立致意礼

六、鞠躬礼

鞠躬即弯身行礼，源于中国的商代，是一种古老而文明的表达对他人尊敬的郑重礼仪。在现代社会商务接待过程中较正式、庄重的场合，对客人、长辈、领导等身份高者或众人表示欢迎、感谢以及敬意时，可行鞠躬礼（图 6-11）。

图 6-11　鞠躬礼

1. 一般性（即 30°）鞠躬礼适用的场景

（1）公司大门处或会客室迎接客人到来时。

（2）在自我介绍或交换名片时。

（3）当众讲话前后。

2. 鞠躬礼的动作要领

（1）距离宾客两三步远，标准姿势站立，脚跟靠拢、双脚尖处微微分开，保持身体端正。男士在鞠躬时，双手应放在大腿两侧的裤线稍前的地方，女士则应将双手放在身前腹部处轻轻搭在一起，也可放在正前方。

（2）行礼时应保持微笑，双目凝视受礼者，头、颈及上身保持一个平面，然后以臀部为轴，以适中的速度上体前倾，视线随身体前倾下移至地面自己的脚前一米处，同时问候对方。

（3）礼后起身还原，面带微笑。

（4）行礼时，应心存感谢和尊重，目光不得斜视和环顾，不得嘻嘻哈哈，动作不能过快，要稳重、端庄，从而给对方留下诚恳、真实的印象。

案例分析

陈刚去某贸易公司应聘，招聘主管是位女士。因为事先看过陈刚的简历，女主管觉得陈刚很有实力，认为他是个人才。面试进行得很顺利，陈刚给女主管留下了很好的印象。面试结束时，女主管热情地伸出右手，说："小伙子，表现不错！"陈刚赶忙伸手相握，他手心朝下，像铁钳一般握住女主管的手。女主管面露微妙的惊异之色，她想：这个小伙子太傲了。陈刚就这样被女主管从新员工名单中划掉了。

【分析】

海伦·凯勒说过："握手，无言胜有言。有的人拒人千里，握着冷冰冰的手指，就像和凛冽的北风握手。有些人的手却充满阳光，握住你使你感到温暖。"这说明握手的姿势和方式至关重要。在上述案例中，陈刚手心朝下，像铁钳一般握住女主管的手，这种握手方式是不可取的。正确的握手方式：身体以标准站姿站立；上体略前倾；右手手臂前伸，肘关节屈；拇指张开，四指并拢，手掌与地面垂直，大方伸手，和对方虎口相对，面带微笑目视对方，握手的时长一般不超过3秒。

实操训练

1. 实操训练内容

通过训练能够运用恰当的握手礼表达对对方的态度，体现自己的礼仪修养，并促进和对方的交往。

2. 实操训练要求

自设工作情景，模拟训练与商务伙伴握手的过程。

3. 实操训练成果

握手时的情景模拟视频。

4. 实操训练步骤

2人一组，情景模拟公司大门迎接商务合作伙伴时握手的过程，注意把握以下要点。

（1）宾客到达时，主人主动迎向对方，在距其1m左右时伸出右手，握住对方的右手手掌。

（2）与对方握手时的神态应专注、认真、友好。

（3）握手时恰当问候及称呼对方。

（4）握手时准确把握手型、时长、力度等要素。

5. 实操反思整改

（1）握手时的目光是否左顾右盼，飘忽不定。

（2）握手时左手是否插在衣袋里或是拿着东西。

（3）握手时是否面无表情、不置一词或长篇大论、点头哈腰，过分客套。

（4）握手时是否把对方的手拉过来、推过去，或者上下左右抖个没完。

任务四 指引礼仪

情景导入	修身塑品	知识讲解	案例分析	实操训练
一次愉快的电梯乘坐经历	在和他人一起乘坐电梯时，要注意礼仪细节 保持谦虚、礼貌、尊重的态度，展现出自己的职业素养和工作能力	一、大门迎候 二、开启行程 三、参观园区 四、乘坐升降电梯 五、使用扶手梯 六、经过狭长走廊 七、进入会议室 八、展示环节	指引工作不容忽视的细节	模拟训练指引来宾经过不同形式路段到达会见地点的过程

视频资源

6.4.1 预习动画	6.4.2 知识讲解	6.4.3 要领示范 (引领前行)	6.4.4 要领示范 (引领入门、特殊路段)	6.4.5 要领示范 (引领入电梯、会议室)	6.4.6 要领示范 (指引方向)	6.4.7 要领示范 (指引方位)

 **情景导入**

这天下班后，小谭和几个同事相约一起去来福士广场六楼的港丽餐厅聚餐。可能是因为到了就餐的高峰时间，广场一楼的电梯门口聚集了不少顾客，但大家都秩序良好地等候在门两旁。电梯门打开后，电梯礼仪员微笑着上前提醒"请顾客朋友先下后上"。小谭和同事们率先进了电梯，还未来得及按下楼层按钮，已经被后面的人赶到了电梯一角。这时一位男士礼貌地询问大家："请问到几楼？需要我帮忙按吗？"在电梯门即将关闭的一瞬间，电梯外传来一个声音："请稍等！"之前的这位男士迅速按下开门键，只见一位匆匆赶来的顾客跑进电梯，连说了几遍"谢谢！"男士则微微一笑以示举手之劳。

【修身塑品】

一部电梯，出出进进间有许多体现乘梯人文明素养的细微之处，例如，在梯门关闭的刹那为客人按下开门键，进出电梯先下后上，自动扶梯左侧为快速通道不宜堵塞。乘坐电梯如果操作不当，不注重相关的礼仪和规范，就会导致一些事故或者令人不愉快的事情。在和他人一起乘坐电梯时，要注意礼仪细节，保持谦虚、礼貌、尊重的态度，展现出自己的职业素养和工作能力。

知识讲解

商务交往过程中，指引来宾参观公司、参与会谈会见、出席仪式活动就席就位等工作，通常由来宾接待单位的接待人员、礼宾人员，或是接待方与来宾对口单位的办公室人员、秘书人员、负责公关的人承担。干练而规范的手势指引礼仪既能表示热情和礼貌，同时也能展现良好的专业素质,从而呈现给宾客一种训练有素、值得信赖的良好印象。

一、大门迎候

商务接待工作中,宾客到来时,须有专门的接待人员站在大门位置迎候,用横摆式手势指引宾客进入大门。其动作要领如下。

(1)标准站姿站立于正对大门右侧的位置,双脚形成右丁字步,双手下垂,待来宾走至3m之内的距离时,目视其并微笑点头致意。

(2)略微欠身,右手食指以下并拢,拇指向内侧轻轻微弯,手心不要凹陷,从腹前抬起至横膈膜处。女性接待人员要显得优美,手臂内收,手尖倾斜上推;男士接待人员则要体现出绅士风度,手势要大气一点,手向外推。

(3)右手摆至身体右侧稍前的地方停住,大臂与身体成45°,手掌斜向45°指向门内方向,同时眼睛要跟随其后,注视手所指方向。

(4)摆完手势后,上半身稍转向宾客方向,并面带微笑,注视对方,说"请进"(图6-12)。

指向门内方向　　　　　　　　　　　转向宾客方向

图6-12　大门迎候礼仪

二、开启行程

负责引领宾客前行的接待人员起步前应先简要介绍行程:"袁总您好!我是佰朗集团秘书处的小刘,上午9点半至10点,我先陪您参观一下公司园区,然后一起到公司会议中心2号多功能厅,10点半在那里有一个郑总和各部门主要负责人参与的交流会,这期间您有什么想了解的问题,随时可以跟我沟通。"

如到访的宾客不止一人,则以照顾好主宾为主,适当顾及其他陪同人员。引领宾客前行时需注意以下几个问题。

(1)准备行走前,一般情况下接待人员应站在客人左前方二三步远的位置,不可距离贵宾身体太近,以免让客人感到压迫;也不可距离太远,否则会让人觉得引导者并非专门为他们服务;切忌出现与贵宾"并驾齐驱"的状况。

(2)观察到宾客准备好后,横摆式手势提示其"这边请""请随我来",起步前用于指引的手自然放下。

(3)行进过程中配合宾客的步调,不能走得太快或太慢,在引领时要频频回头观望,及时关照提醒,适时与宾客寒暄交谈,确定宾客能跟得上,并照顾好宾客。切忌独自在前,不与宾客交流(图6-13)。

(4)当行进的位置和场所有所改变时,需以手势事先告知,如走到拐角处,一定要先停下来,转过身对宾客说:"请向这边来"。转弯时,如果宾客在内侧,要快走几步,转弯后依然走在其斜前方(图6-14)。

横摆式手势起步

配合宾客的步调

图 6-13　行进指引礼仪

手势事先告知

转弯后依然走在斜前方

图 6-14　转弯指引礼仪

（5）引领时应手势适度、曲线柔和，动作不宜过大，次数不宜过多，切忌手势与表达内容无关，切忌用食指指向宾客，或高声喊叫让宾客跟自己走，切忌手掌向下。

三、参观园区

在陪同宾客参观园区的工作当中，指引方向的手势会因目的地位置的不同而有所区别。

（1）指远处方向，用直臂式手势。如站在宾客的左前方，则右臂自然下垂，左臂从身体左侧抬起，大小臂趋于端平，五指并拢，手掌斜向 45°，指向所指方位，然后上半身稍转向宾客方向："袁总您看，远处那几栋浅橙色的楼是我们集团的员工宿舍。"（图 6-15）。

（2）指近处方向，用横摆式手势指向所指方位，然后上半身稍转向宾客方向："袁总，我们旁边的这栋楼是集团的新产品研发大楼。"（图 6-16）。

（3）指对面方向用前方直臂式手势，要领是右臂自然下垂，左手从体前抬起，大小臂端平，指向所指方位："袁总，这里我们右转，一起到对面的休闲娱乐中心看看。"

图 6-15　指远处方向

图 6-16　指近处方向

（4）陪同宾客行进时，如遇路面高低不平、湿滑或是地毯有接缝等特殊情况，须配合斜摆式手势特别提醒，保证宾客的安全。其动作要领如下：站在宾客左前方，稍微欠身，左手从腹前抬起至横膈膜处，然后向左斜下方位置摆动，同时眼睛要跟随其后，注视手所指方向。摆完手势后上半身稍转向宾客方向，微笑注视客人说"小心台阶""小心地滑"。

四、乘坐升降电梯

乘坐升降电梯，一般应让宾客先进先出，顺序是主宾、女宾优先。接待人员应控制好梯门的开关时间，避免宾客被夹伤，具体做法如下。

（1）请宾客上电梯使用的是屈臂式手势，电梯门打开，用左手反手手掌挡着梯门自动感应开关的位置，右手从体侧抬起，大臂离开身体，以肘关节为轴，小臂由体侧向体前摆动至手与身体相距 20cm 处，然后面向右侧，目视来宾。礼貌地用语言提示宾客上电梯（图 6-17）。

屈臂式手势指向门内方向　　　　　　提示宾客上电梯

图 6-17　升降电梯指引礼仪

（2）接待人员启动电梯上、下按钮后，站位尽量离主宾近些，以便照顾或回答主宾问话。电梯内空间狭小，每人占据面积应尽量减少。人数较多时，以背部或侧面接近为好，不说话或少说话。

（3）到目的楼层后，一手按"开"，另一手做请出的动作，说："到了，您先请！"全部宾客走出电梯后，自己立即步出电梯，在前面引导方向。

五、使用扶手梯

如需陪同宾客走一段扶手梯，上楼前应稍作停顿；"袁总，接下来我陪您看一下集团的数字展厅，需要在这里上一段台阶。"接下来，用指高处方位的上举式手势引领宾客上楼，动作要领如下：左手从体侧抬起，大臂端平，小臂上举斜向 45°，四指并拢手掌斜向 45°指向楼梯方位，然后上半身转向宾客："请上楼"（图 6-18）。

引领宾客上下扶手梯时须注意以下问题。

（1）如楼梯单面靠墙，请宾客走在扶手栏杆一侧。如楼梯左右两侧均有扶手，则将右侧的位置留给宾客。

（2）上楼时，接待人员走在宾客斜后方（图 6-19）；下楼时，接待人员走在宾客斜前方。一方面客人在高处，表明其在接待人员心目中的地位；另一方面，接待人员站在客人的下面，意外情况发生时可以起到安全保护的作用。

（3）上下楼梯时，如同行人员不止一人，接待人员须提醒大家尽量靠近扶手栏杆一侧，不可多人并排行进。

（4）上楼梯时宾客在前，要提示其到达楼层后左右转的方向，下楼梯时宾客在后，要提示其注意脚下。

図 6-18　上楼前楼梯口处指引礼仪　　　　　　图 6-19　扶手梯上楼走位礼仪

六、经过狭长走廊

（1）宾客经过狭长走廊时，需单排在中间前行，主宾走在队伍最前面，接待人员则走在走廊的外侧，并与主宾的步伐保持一致。

（2）如遇其他人员相对而行，应提醒宾客暂时让出一侧的道路："麻烦各位领导稍微靠右站一下，有推车经过，注意安全。"

（3）如遇其他人员同向在前方行走，一般不要超过对方；如需超越，先和对方做好沟通："朱经理，不好意思，我这里有几位客人，赶时间参加一个会议，能不能借过一下？"

（4）行进中，宾客如有问话，引导者应面向宾客，简明扼要回答，切忌与宾客过多谈笑。

七、进入会议室

（1）到达会议室门口，应先向宾客介绍这是什么地方："袁总，这里是 2 号多功能厅，郑总和各部门主要负责人已经在此恭候您的到来了。"

（2）进门前须先敲门，提醒会议室内的人员，宾客已经到了。根据会议室门的不同情况，引领宾客进门的方式也有所不同。

（3）如接待人员站在宾客的左前方，在引领其进入内推的会议室门时，打开门后自己先进入房间，侧身挡住门，使用左手横摆式手势，礼貌地用语言提示其入门："各位领导，请进。"

（4）如接待人员站在宾客的左前方，在引领其进入外拉的会议室门时，左手打开门后应把住门把手站在门旁，使用右手横摆式手势，礼貌地用语言提示其入门（图 6-20）。

进入内推的会议室门　　　　　　　　进入外拉的会议室门

图 6-20　会议室入门指引礼仪

（5）宾客全部进入会议室后，接待人员随后进入，迅速将门关好，前行至双方主要领导人之间，作必要的介绍。

（6）引领主宾至其座位前，斜摆式手势指引其入座。动作要领如下：站在座椅右前方，右手从腹前抬起，以肘关节为轴向斜下方摆动，指向椅子的中部；然后转向主宾，面带笑容，礼貌地提示："袁总，请坐。"

（7）待主宾坐定后，接待人员行点头礼，后退几步，走出主宾的视线后离开。

八、展示环节

在接待宾客的过程当中，会议汇报、介绍展品等展示环节中常会用到不同高度的指示手势（图 6-21）。

（1）会议汇报过程中指高处的大屏幕，使用的是上举式手势。要领是大臂端平，小臂上举，斜向 45°，五指并拢，手掌斜向 45°指向所指方位。

指大屏幕用上举式手势　　　　　　　　　介绍展品用横摆式手势

图 6-21　不同高度的指示手势

（2）介绍展品，使用的是横摆式手势。要领是双脚形成右丁字步，右手从腹前抬起，以肘关节为轴向外摆动，到身体右侧稍前的位置停住。五指伸直并拢，手心不要凹陷，腕关节微曲，腕关节低于肘关节，大臂与身体成 45°，小臂端平，手掌斜向 45°，指向所指方位。

案例分析

娜法时尚集团股份有限公司拟和国际某著名企业建立合作伙伴关系，需要和对方公司进行谈判，谈判地点安排在公司 A 座 15 层多功能厅，有电梯直达。谈判当天，公司安排公关部的刘宇在公司大门迎接并引领客人到达谈判地点。刘宇一早就站到了公司大门右侧，客人的车开到公司大门后，他第一时间走上前，打开后排座的车门，礼貌地请客人下车并做了简单的自我介绍，右手横摆式手势请客人进公司大门。进门时客人说还有另外两个同事的车随后到，刘宇听到后立即返回大门外接车的位置。3 分钟后刘宇接到第二批客人，走进公司大堂，发现之前的两位客人刚从大堂西侧的电梯走出来，满脸不悦地说："刘先生，您刚才为什么不告诉我们这个电梯只通向 B 座，而我们谈判的地点是 A 座 15 层呢？"

【分析】

宾客的引领，指的是迎宾人员在接待宾客时，为之指路，或是陪同对方一道前往目的地。在以上案例中，刘宇为迎接宾客做了充分的准备，提早到达、为宾客主动开车门、标准姿势请宾客进入大门等工作都做得十分到位，但是在出现宾客并未同时到达的突发状况时，他在不确定第二批宾客何时到达的情况下，并没有妥善地安排好第一批宾客，如请其在大堂休息区稍加等待，或是给出清晰的电梯、楼层、会议厅位置的指引，请其先行到会议厅等，而是直接返回大门接车处,结果导致第一批宾客上错电梯,造成了宾客的不满。

实操训练

1. 实操训练内容

通过训练掌握指引宾客经过不同形式路段时的礼仪规范。

2. 实操训练要求

自设工作情景,模拟训练指引来宾到达会见地点的过程。

3. 实操训练成果

指引服务工作时的情景模拟视频。

4. 实操训练步骤

两人一组,情景模拟接待人员指引宾客乘电梯至 8 楼会议厅参加会谈的过程,主要工作环节如下。

（1）行进前简介行程并礼貌运用“请随我来”等引导语。

（2）指引行进时注意手势、方位、与宾客的距离等要素。

（3）指引宾客经过大厅路面不平、地毯接缝等特殊地段时,要提醒其注意安全。

（4）指引宾客上下电梯时,注意进出的顺序及引导语、引导手势的合理运用。

5. 实操反思整改

（1）指引手势的使用是否过于频繁,或引导语音量过大,夹带命令口气。

（2）指引时和宾客的距离是否过近,给对方造成压迫感;或是过远,不方便照顾宾客。

（3）指引时行进的速度是否和宾客保持一致。

任务五　餐 宴 礼 仪

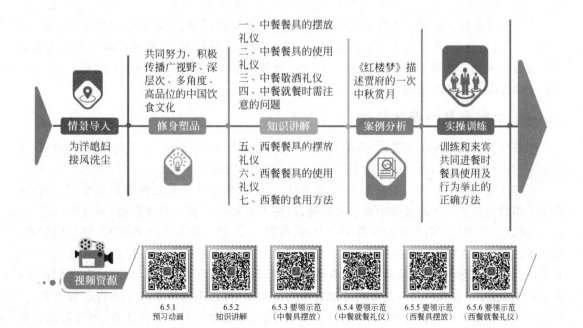

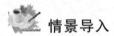 情景导入

老张的儿子留学归国,还带了位洋媳妇回来,全家人为了表示欢迎,计划在当地最好的五星级饭店一起吃饭。在征求意见的过程中,洋媳妇坚持选中餐餐厅:"早有耳闻中国的烹饪技艺高超、菜式多样、造型精致,形成博大精深的中国饮食文化,非常期待能和家人一起亲身体验一下。"老张听罢非常欣慰:"好,那我们就选客来福中餐厅为儿媳接风。"

就餐当天,一进入餐厅包间,洋媳妇就被餐厅墙面的山水画、温馨的灯光、中国传统背景音乐、台面上的餐具酒具以及布件和装饰品等多方面的精心设计深深吸引住了:"哇,真是太美了!"老张的儿子对爱人说:"先考考你,我们俩的座位在哪里?"这个并没有难倒洋媳妇:"正对面的餐巾花最大最美,肯定是爷爷的座位。我俩年纪最小,应当坐在靠门的位置,方便照顾大家。"

整个就餐过程十分愉快,洋媳妇在老张儿子的帮助下得体地向各位长辈敬酒,说吉祥话,及时帮长辈添茶添饭,不时地称赞中餐的菜品风味鲜明、营养均衡。家人也对洋媳妇特别满意。

【修身塑品】

中国饮食文化是一种广视野、深层次、多角度、高品位的悠久文化,是中华各族人民经过长期的生产和生活实践,在食源开发、食具研制、食品调理、营养保健和饮食审美等方面的创造和积累;是影响着周边国家和世界的物质财富及精神财富;是博大精深的饮食文化。全球化的浪潮,使我们中国人有越来越多的机会与来自不同文化背景的人进行交流,在此过程中,学习了解各国优秀文化的同时不忘"文化自信"这个大前提显得尤为重要。

知识讲解

商务接待的过程中,通过宴请制造一种宽松融合的氛围,便于每位参与者进行信息交流并扩大视野,可使宾客充分感受到主人的热情、诚意,以及良好的风度,是赢得客户的重要方式之一。

餐宴礼仪是指人们在赴宴进餐过程中,根据一定的风俗习惯、约定俗成的程序和方法,在仪态动作、餐具使用、菜品食用等方面表现出的自律和敬人的行为,是餐宴活动中需要遵循的行为规范与准则。掌握必要的餐宴礼仪,让守礼懂礼的精神深深印刻在每个人的心中,对每个人的全面发展及创建和谐社会具有深远的影响。

一、中餐餐具的摆放礼仪

中餐餐具的摆放要相对集中,各种餐具、酒具要配套齐全,距离适当,图案、花纹要对正,整齐划一,符合规范标准,做到既清洁卫生、具有艺术性,又方便宾客使用。

垫碟或装饰碟放在客人正前方,距下桌沿约 1.5cm,稍小的骨碟或食碟放在垫碟上面,主要用于临时盛放从公用的菜盘中取来的食物,前端堆放用餐过程中的废弃物,如食物残渣、骨头、鱼刺等。味碟与瓷勺勺垫位于餐碟正上方,相距 1cm,瓷勺摆在勺垫的中央,瓷勺柄朝右。汤碗摆放在味碟左侧 1cm 处,与味碟在一条直线上。葡萄酒杯在味碟正上方 2cm 处,将叠好的餐巾花插在水杯中,摆在葡萄酒杯的右侧,根据餐巾的形状和高度可以判断出尊者的位置。筷子应成双使用,和长柄勺一起放在骨碟右侧的筷架上,自己用的筷子放于离自己较近处,公筷放于离自己较远处,筷子末端距桌边 1.5cm,长柄勺距餐碟 3cm。若有牙签,则牙签位于长

柄勺和筷子之间,底部与长柄勺齐平(图6-22)。

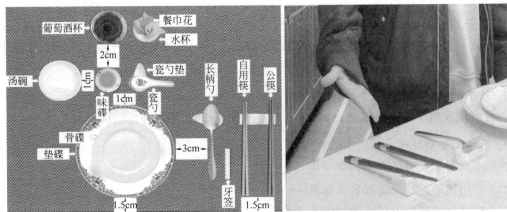

碟、碗、瓷勺、杯等的摆放　　　　筷子、长柄勺等的摆放

图6-22　中餐餐具的摆放礼仪

二、中餐餐具的使用礼仪

(一) 餐巾

餐巾的主要作用是防止食物弄脏衣服,可在吐出骨头、果核时用其稍加遮掩,也可用其一角来擦拭嘴巴。进餐过程中,不能拿整块餐巾擦脸、擤鼻涕,也不要用餐巾来擦餐具。

入座后,将餐巾沿对角线对折,开口向外,置于膝上;中途离座时,要将其叠放在椅背或椅子扶手上;用餐结束后,应将餐巾轻轻折好,放在桌上,不可揉成一团(图6-23)。

用餐前将餐巾沿对角线对折,置于膝上

可在吐出骨头、果核时用其稍加遮掩　　　用餐结束后,折好放在桌上

图6-23　餐巾的使用礼仪

(二) 湿巾

就座后服务员送上的第一道湿毛巾是擦手用的。宴会结束时,服务员会再上一条湿毛巾用来擦嘴,不能用来擦脸、擦汗。

（三）筷子

1. 筷子的放置礼仪

（1）筷子通常应摆放在碗的旁边，不能放在杯子上、碗上，或是把筷子插在饭碗或菜盘里。

（2）暂时不用时，筷子应同向、并拢、两端对齐，放在筷架上。

2. 筷子的抓握礼仪

就餐时应握筷子的上半部分，食指把住上面筷子的外侧，不可伸出指向客人。

3. 筷子的使用礼仪

（1）忌向桌子对面的客人扔筷子或其他餐具。

（2）忌用筷子敲打桌面或餐饮器具。

（3）谈话时忌挥舞着筷子伸到他人面前。

（4）自己从公盘中取菜或是照顾他人时，要用公筷。

（5）夹菜时，应从盘子靠近或面对自己的盘边夹起，不要从盘子中间或靠近别人的一边夹起。

（6）忌将筷子在各碟菜中来回移动或在空中游弋，也不要插入菜盘深处翻覆挑拣，更不能把盘子端到自己跟前，大吃特吃（图 6-24）。

（7）有汤汁的菜肴，夹起后停留几秒，再用汤匙协助取回。

（8）忌用筷子叉取食物放进嘴里，也不要把筷子当作牙签使用。

（9）切忌筷子粘满食物，也不要用嘴吮吸筷子。

（四）汤匙

（1）汤匙暂时不用时，应放在勺垫上。

（2）忌单独用汤匙去取菜。

（3）汤匙盛放食物不宜过满，以免溢出来弄脏餐桌或自己的衣服。

（4）用汤匙取用食物后，应立即食用，不要把它再次倒回原处。

（5）若取用的食物过烫，不可用汤匙将其翻来翻去，也不要用嘴对它吹来吹去。

（6）食用汤匙里盛放的食物时，尽量不要把勺子塞入口中，或反复吮吸它。

（五）碗

（1）碗主要用于盛放主食、汤、羹。食用碗内盛放的食物时，应以筷、匙加以辅助，不要双手端起碗以嘴吸食。

（2）碗内的剩余食物不可往嘴里倒，也不要用舌头舔。

（3）暂且不用的碗内不要放骨、刺等废弃物。

（4）不能把碗倒扣过来放在桌上或盘子上。

（六）食碟

（1）从公盘取来的菜可暂时放在食碟上，但不能一次堆放过多的食物。

（2）不要将不宜入口的残渣、骨头、鱼刺吐在地上或桌上，应轻放在食碟中的前端，由服务人员定时撤换（图 6-25）。

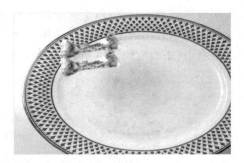

图 6-24　筷子使用礼仪　　　　　　　　　　图 6-25　食碟使用礼仪

（七）水盂

水盂里面的水不能喝,只能用来洗手。洗手动作不宜太大,应用两手轮流沾湿指头,轻轻涮洗,然后用餐巾擦干。

（八）牙签

(1) 就餐时,尽量不要当众剔牙。
(2) 剔牙时,应以手或餐巾轻掩住口部。
(3) 剔牙后,不要长时间用嘴叼着牙签。

三、中餐敬酒礼仪

(1) 为他人斟酒前要给大家看看酒瓶上的商标,从主宾开始,顺时针转一圈,最后给自己。斟酒需要适量,白酒与啤酒均可以斟满,而其他酒类则无此讲究,七分满即可。

(2) 在他人为自己斟酒时,必须端起酒杯致谢。必要时,还需起身站立,或欠身点头为礼。在侍者斟酒时,也勿忘道谢。

(3) 在饮酒特别是祝酒、敬酒时进行干杯,需要有人率先提议,可以是主人、主宾,一般而言是在场位高者。

(4) 要选好敬酒的时机,不能抢在尊者敬酒之前,也不要在对方夹菜或吃菜时进行。

(5) 地位较低者不能一次一人敬多人,需按照对方地位由高到低的顺序依次进行。

(6) 向尊者敬酒时,要起身站立,右手举杯,左手托杯底,面含笑意目视对方说出祝酒词,措辞要得当,以表达祝愿、祝福为主,"感谢领导的关心与支持,我敬您一杯,祝您身体健康,一切顺利!"

(7) 碰杯时自己的酒杯杯沿要低于对方酒杯杯沿,以示尊敬;碰杯后将酒杯举到眼睛高度,说完"干杯"后一饮而尽,喝完后再举杯和对方对视一下表示谢意。

(8) 要懂得观察别人的饮酒需求,少酒空杯的时候,要及时为他们添酒。

(9) 要尊重对方的饮酒习惯和意愿,不以各种理由逼迫对方喝酒。

四、中餐就餐时需注意的问题

1. 基本仪态

(1) 入座后,上身须保持姿态端正,双腿并齐,双脚平放在地板上。
(2) 用餐期间要和他人多加互动,目光不可长时间停留在菜盘上。

（3）用餐间隙和人交谈时，手臂不能平摊在桌子上，可将双手放在膝盖上，保持静止不动。

（4）与人交谈时用语文明，音量适度，不要影响邻座的客人。

（5）进食时，手肘应离开桌面，夹菜时注意不能碰到邻座的人（图 6-26）。

保持姿态端正　　　　　　　　进食时手肘离开桌面

图 6-26　中餐就餐的基本仪态

（6）用餐动作宜文雅。不要吃得摇头晃脑，宽衣解带，满脸油汗，汁汤横流，响声大作。

（7）进餐时要闭嘴咀嚼，细嚼慢咽，嘴里不要发出"叭叽叭叽"的声音。

（8）取用较远的东西，应请别人递过来，不要离座伸手去拿。

（9）筷子等餐具不慎掉落在地面上，不可自己弯腰去捡，而应请餐厅服务员进行捡拾更换。

（10）用完餐要等尊者先行离开，离座时将椅子向内推回原位，方便他人进出。

2．用餐礼仪

（1）让尊者先动碗筷用餐，或听到尊者说"大家一块吃吧"再动筷，不宜抢在其前面用餐。

（2）多人一桌用餐，取菜要注意相互礼让，依次而行。

（3）口含食物时，最好不要与别人交谈，嘴角和脸上不可留有食物残余。

（4）咳嗽、打喷嚏或打哈欠时，应转身低头用餐巾遮挡，转回身时说声"抱歉"。

（5）可以劝别人多吃一些，或是建议品尝某道菜肴，但不要擅自做主，主动为别人夹菜、添饭。这样做不仅不卫生，而且会让对方勉为其难。

（6）如果需要为别人倒茶倒酒，要记住"倒茶要浅，倒酒要满"的礼仪规则。

五、西餐餐具的摆放礼仪

西餐桌上的餐具，种类数量较多，吃每一样东西都要用特定的餐具，不能替代或混用。

1．展示盘

展示盘放于每个餐位的正中，盘边距桌边距离为 2cm。餐巾折叠好，置于底盘上。

2．餐刀

餐刀置于底盘的右侧，刀口面朝向底盘，刀柄下端距离桌边 2cm，餐叉置于底盘的左侧，叉齿向上。每副刀叉按照前菜、副菜、主菜等上菜顺序由外向内依次摆放。汤匙置于餐刀的右外侧，匙心向上。

3．面包盘

面包盘位于展示盘左侧，餐叉的左前方，碟上横置牛油刀一只，靠右端 1/3 处，与餐叉平行。

4．杯子

水杯摆在主刀上方 2cm 处，杯底中心在主刀的中心线上，杯底距主刀尖 2cm，红酒杯在水杯的右下角，白酒杯放于红酒杯下方 45°，距离红酒杯 1cm 处（图 6-27）。

| 餐刀摆放 | 杯子摆放 |

图 6-27　西餐餐具的摆放礼仪

5．甜点叉、匙

甜点叉、匙最小，横摆在对面，叉柄、匙柄向左。

六、西餐餐具的使用礼仪

（一）刀、叉

1．分类

西餐的刀叉分为鱼类用、肉类用、前菜用、甜点用等不同种类。

牛油刀较小巧，刀尖是圆头，顶部有些翘，可用于将面包切成小块，或将果酱及奶油涂于面包上。中等大小的餐刀可将大片蔬菜切小，较大的带锯齿的餐刀用于切分肉制食品。用餐时刀叉由外向内依次取用。

按照其功能，餐叉可分为三类。

（1）食用叉。用于进食时辅助切割和叉取食物。它通常比其他类型的叉子更长。

（2）沙拉叉。比食用叉略小一些，通常有三个或四个尖头。它主要用于吃沙拉等前菜。

（3）甜点叉。在长度和尺寸上都比其他两种类型的西餐叉子更小。它通常在甜点或水果摆盘中使用。

2．使用方法

英式西餐右手拿刀切割食物，刀柄的尾端置于手掌之中，拇指抵住刀柄的一侧，食指按在刀柄背上，不能触及刀背，其余三指顺势弯曲，握住刀柄；左手拿叉固定食物，叉齿向下，持住叉柄的末端，食指压住柄背，叉柄倚在中指上，中指则以无名指和小指为支撑（图 6-28）。就餐开始时，先用叉子把食物按住，然后用刀切成一口大小的小块。切割时勿出声，两肘夹紧。用叉将切好的食物送入口内，不要将叉齿完全插入嘴里，以唇齿不碰到叉齿作为标准。

而美式西餐则是右手拿刀将食物全部切好，再将餐叉换至右手用餐。

3．刀叉摆放的含义

依据刀叉的放置方式不同，可传达用餐者的用餐信息。

（1）暗示尚未吃完：刀右叉左，刀刃朝内、叉齿朝下，两者呈"八"字形状摆放在餐盘上。

餐刀使用　　　　　　　　　餐叉使用

图 6-28　西餐刀叉的使用礼仪

（2）暗示可以收掉：刀右叉左，刀刃朝内，叉齿朝上，并排摆放在餐桌上或刀上叉下并排横放在餐盘上。

（3）不可将其交叉放置呈"十"字形状。西方人认为这是令人晦气的图案。

（二）匙

1．分类

小餐匙是用于搅拌咖啡和食用甜点的，扁平的匙是用于涂黄油和分食蛋糕的，比较大的匙是用来喝汤或盛碎小食物，最大的是公匙，用于分食汤，常见于自助餐。

2．使用方法

（1）餐匙除可以饮汤、用甜品之外，不可直接去舀取红茶、咖啡送入口中。

（2）已经使用的餐匙不可再次放回原处，可以将其暂放于餐盘之上。

七、西餐的食用方法

1．头盘（开胃菜）

头盘一般是由蔬菜、水果、海鲜、肉食组成的拼盘，用沙拉叉（小叉）食用。

2．汤

汤大致可分为清汤、奶油汤、蔬菜汤和冷汤。喝汤的基本流程如下。

（1）喝汤时姿势端正，背脊挺直，与桌面保持一拳半的距离。

（2）右手拿汤匙，左手按住盘缘，汤匙由内向外方向八分满将汤舀起，汤匙底部在盘缘轻擦一下。

（3）将汤匙横拿至嘴边，汤匙前端略略倾斜将汤倒入嘴中一口"吃下"，不能发出异响。

（4）第一次留汤宜少，先测试温度。如温度较高，不要任意搅和热汤或用口吹凉，应当等待它慢冷。

（5）汤将见底，可将汤盘用左手拇指和食指托起，向外倾斜以便取汤，不可用双手将汤碗端起来喝。

（6）喝完汤，汤匙应搁在汤盘上或汤杯的碟子上。

3．副菜

副菜品种包括各种鱼类、贝类及软体动物类。

正式的餐宴,在主食之前通常都会供应一道鱼料理。去掉鱼刺的煎鱼块可持叉直接食用;如果是整条鱼,要先用鱼刀将鱼头和大骨剔掉,放在鱼碟旁边,用专用大汤匙切分后将调味汁一起舀起来吃,注意不可用刀叉将鱼整个翻面。

4. 主菜

主菜中最有代表性的是牛肉或牛排。其烹调方法常用烤、煎、铁扒等,还包括配用的调味汁。

在享用主菜时,宜从左侧开始。用刀把其切割成小块,然后放入口中,切一块吃一块。

5. 面包

西餐的面包起佐味的作用。吃面包时,先把面包撕成小块,然后左手拿面包,用牛油刀将黄油涂抹在面包上食用。

6. 甜品

最常见的甜品有布丁、冰淇淋、蛋糕、饼干等,用专用的叉匙食用。

7. 水果

各种时令、干鲜水果有时被当作甜点和餐后的清口菜。

(1) 苹果、梨先用刀切成数块,用刀由外向里削出皮核,手拿或用叉子吃。

(2) 香蕉用手剥皮,用刀切成小块,用叉子叉起来吃。

(3) 葡萄一颗颗揪下来吃。

(4) 橘子用手剥皮后,一瓣一瓣拿着吃。

(5) 橙子用刀切成块吃,果核应先轻轻吐在叉子上,再放入盘内。

吃完水果,应先洗指尖,然后再用餐巾擦手。

8. 热饮

餐后热饮,如红茶、咖啡等,可帮助消化。喝咖啡的礼仪主要如下。

(1) 在餐后饮用的咖啡,一般都用袖珍型的杯子盛出。

(2) 方糖一般多用糖夹或咖啡匙取用,切勿直接用手拿取。在没有征得别人的允许之前,不可替别人在其咖啡中加糖或奶精。

(3) 咖啡匙用来搅拌咖啡,不要用它捣碎杯中的方糖,饮用咖啡时应将咖啡匙取出来。

(4) 咖啡杯的正确拿法,应是左手将咖啡碟端至齐胸处,右手拇指和食指捏住杯把儿再将杯子端起,喝完后应当立即把咖啡杯子放在咖啡碟子中,不要使杯、碟二者“分家”。

(5) 趁热喝是品尝美味咖啡的必要条件。

(6) 喝咖啡时,不宜大口吞咽,或是俯首去就咖啡杯。也不要发出声响。

(7) 有时喝咖啡可以吃一些点心。饮咖啡时应当放下点心,吃点心时则放下咖啡杯。

(8) 不可一直端着杯子说个不停,或者端着咖啡杯满屋跑,走动时应将杯子放下。

9. 饮酒

一般来讲,吃西餐时,每道不同的菜肴要配不同的酒水,吃一道菜便要换上一种新的酒水。饮不同的酒水,要用不同的专用酒杯,取用酒杯时可依次由外侧向内侧进行。

佐餐酒,又叫餐酒。西餐里的佐餐酒均为葡萄酒,而且大多数是干葡萄酒或半干葡萄酒。在正餐或宴会上选择佐餐酒,有一条重要的规矩不可不知,即“白酒配白肉,红酒配红肉”。这里所说的白肉,即鱼肉、海鲜、鸡肉,须以白葡萄酒搭配;这里所说的红肉,即牛肉、羊肉、猪肉,则应配以红葡萄酒。

案例分析

《红楼梦》描述贾府的一次中秋赏月宴席的文字如下。

"凡桌椅皆是圆的,特取团圆之意。上面居中,贾母坐下。左边是贾赦、贾珍、贾琏、贾蓉,右边是贾政、宝玉、贾环、贾兰,团圆围住。"

【分析】

宴会在圆桌上进行,座次仍是"尊卑有序""长幼有序"。贾母是"老祖宗",在上面居中坐下。贾赦是大房,所以居左;贾政是二房,所以居右。这是封建社会诗礼之家的一套礼仪。

封建社会的宴饮活动,不但座位安排很有讲究,"面东为尊""左为上";而且迎接宾客要打躬作揖,席间宾主频频敬酒劝菜,筷要同时举起,席终"净面"后要端茶、送牙签等,礼仪十分繁缛。我国是礼仪之邦,人们在宴饮活动中重视礼节、礼貌,几千年来已形成了文化传统,其中表现伦理美、形式美的一些规则,一直沿用到现在。现在的宴饮活动虽然没有古时那么拘谨,但是每当重要节日或者特殊日子,人们依旧会以怀念的姿态去遵守这些古老的规定、规矩。当然平时的家庭饮食中,人们也会以尊敬老人、师长、宾客为原则。

实操训练

1. 实操训练内容

通过训练掌握宴请来宾时需遵守的律己敬人的行为规范。

2. 实操训练要求

自设工作情景,模拟训练和来宾共同进餐时餐具使用及行为举止的正确方法。

3. 实操训练成果

和来宾共同进餐时的情景模拟视频。

4. 实操训练步骤

(1) 5人一组,分别扮演主客双方不同身份和职务的人员,模拟共同进中餐时的场景,展示需包括座次的安排,筷、勺、碗、盘、餐巾等中餐餐具的使用,就餐时的动作仪态等。

(2) 两人一组,分别扮演主客双方人员,模拟共同进西餐时的场景,展示内容需包括刀叉、餐匙、餐巾等西餐餐具的使用,面包、鱼、牛扒、水果等食物食用的方法,就餐时的动作仪态等。

5. 实操反思整改

(1) 中餐是否有在暂时不用的碗里堆放杂物等的不良习惯。

(2) 中餐汤碗中食物过烫时,是否有用勺子搅来搅去,或者用勺子舀起食物用嘴吹的不良习惯。

(3) 中餐取菜时是否有从中间或靠近他人的盘边夹起、一次夹菜过多等不良习惯。

(4) 刀叉的使用顺序及动作是否规范。

(5) 餐巾的叠放及使用方法是否规范。

任务六　送别礼仪

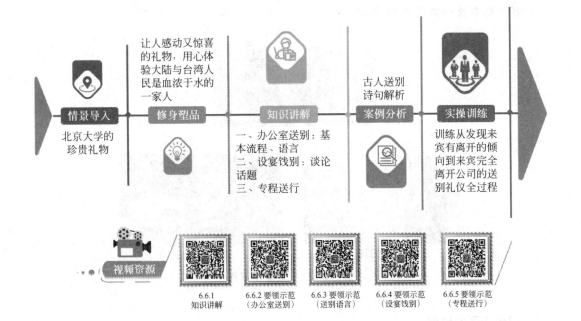

视频资源

6.6.1
知识讲解

6.6.2 要领示范
（办公室送别）

6.6.3 要领示范
（送别语言）

6.6.4 要领示范
（设宴饯别）

6.6.5 要领示范
（专程送行）

情景导入

2005 年 4 月 29 日,连战访问北京大学,获得一份特殊的礼物:母亲赵兰坤女士在 76 年前毕业于燕京大学的学籍档案和相片,其中包括在宗教系就读的档案、高中推荐信、入学登记表、成绩单等,大多是她亲笔写的字。在这份特殊的礼物面前,一贯严谨的连战先生也难掩内心的激动。他高举起母亲年轻的照片,然后在面前细细端详,眼里泛着晶莹的泪光。这一刻,他满脸都是幸福的微笑。

【修身塑品】

从上述案例可以看出,北京大学为连战先生准备的礼物是非常成功的,有着特殊的意义。每一个人的内心深处都有着对于母亲的眷恋,连战先生看到了这些 76 年前的东西就如同看到母亲一样,这些礼物深深打动了连战先生。更深层次的意义在于,这些礼物也象征着祖国母亲,连战先生包括他所代表的台湾省人民,也是祖国母亲的孩子,大陆与台湾人民是血浓于水的一家人。北京大学准备的这份礼物可谓是用心用情,连战先生是既感动又惊喜。

知识讲解

送别是接待工作的最后一个环节,通常是指在来宾离去之际,出于礼貌陪同对方行走一段路程,或者特意前往来宾启程返还之处,按照接待时的规格与之告别,以将再次见面的心情来恭送对方回去。所谓"出迎三步,身送七步",有始有终才是真正的送客之道。恰当的身体语言,微笑与细致的关照都会在无形中增进对方的好感,使客人感觉宾至如归,为将来的商务合作打下良好的基础。

一、办公室送别

（一）送客的基本流程

送客的基本流程如图 6-29 所示。

真诚挽留

熟客送至电梯口

尊者送至车门边

图 6-29　送客的基本流程

1. 把握送客的时间

正式的来宾接待一般都有严格的时间控制，接待人员要严格遵守，认真执行。一般性的接待则遵循主随客便的原则，通过观察和交谈，根据客人的需求对时间计划做出适当的调整。例如，交谈过程中，客人的胳膊肘抬起来或是双手支在椅子扶手上，是一种要结束交谈的身体语言，此时主人可采取适当的方式询问客人是不是还有其他安排。

时间确定好后，接待人员在执行送别任务时，要保证能够提前到场，在客厅外掌握宾主谈话进程，一旦完毕应马上出现在客厅里。待宾主告别时，及时引导客人离开直到最后离场，在发生特殊情况时能够见机行事。

2. 真诚挽留

客人主动提出告辞时，主人出于礼貌应真诚地适当挽留，表示希望其多坐一会儿。这虽是客套辞令，但也必不可少。例如：

客人："张总，时候不早了，我也该告辞了。"

主人："这么快就要离开了吗？还是多聊一会儿吧。"

客人一说要走，主人马上站起相送，或者起身相留，这都有逐客之嫌。

3. 起身相送

如果客人执意要走，也要尊重他们的意愿，不能强行挽留，以免贻误他们的工作、生活或学习的安排。

客人正式告辞起身后，主人方可起身相送，不可当客人一提出要走的时候，就迫不及待地站起来摆出送行的姿态。主人起身后应协助客人戴好帽子，穿好外套，提醒其带好随身物品。例如：

客人："张总，还是不耽误您太长时间了。"

主人："那好吧,我送送您。您的手机别落下了,再看看还有什么需要带走的资料。"

4．熟客送至电梯口

客人离开办公室时,不要无动于衷,或是点点头、摆摆手简单敷衍。交往频繁的熟客至少应送到办公室门口或电梯口。开门等客人出去后,自己在后面再把门带上。

临别前最后一次握手,也是等客人先伸手,主人再伸手。例如:

客人："张总,请留步。"

主人："好,那我就不远送了,您走好。"

客人转身离开,主人应站在原处,目送客人一步步走远,直到客人完全离开自己的视线。

5．尊者送至车门边

对初次来访的客人、年长的客人或上级领导,应送至楼下或车门边,再与之握手道别。待客人汽车启动,挥手、目送客人离去,等客人离开自己的视线之后再返回办公室。

客人乘车离去分为以下几种情况。

（1）客人自己开车并熟悉路况。主人应主动帮客人打开车门,待客人上车后,站在车的右前方等车子起步。

（2）客人乘出租车离开。主人应帮客人打好出租车,告诉司机客人要去的地方,待客人上车后,站在车的右前方等车子起步。

（3）外地来的客人自己开车但不熟悉路况。主人可开车在前面带路,把客人送到返程的正路上,再告别。

6．挥手告别礼

无论是哪个地点的送别,目送客人远去时常会行挥手告别礼,其动作要领如下:身体直立,不要摇晃和走动。右手举过头顶,上臂与肩部高度相近,下臂与头部纵向平行,置于身体右侧方或侧前方;肘部弯曲,右手掌心向前,指尖向上,四指并拢,拇指分开,轻轻向左右摆动,摆幅不要太大;同时眼睛注视对方,面带微笑,直到看不见客人。

（二）送客的语言

送客途中,主宾双方谈论的话题大致可分为以下几个方面(图6-30)。

回应称赞　　　　　　　　　　　　正式道别

图6-30　送客的语言

1．成果总结

主人对客人到访期间的工作和成果做一个积极的总结。如果客人是来谈合作项目的,可以说:"感谢您的到来,让我们双方的合作取得了重大的进展。"如果客人是来交流工作经验的,可以说:"感谢您传经送宝,不吝赐教,我们真的是获益匪浅。"

2. 回应称赞

为了营造融洽的谈话氛围,客人常会就主方的经营实力、工作效率、员工的精神状态等加以称赞,此时主人应不卑不亢,得体回答,既不能过分谦虚,也不能表现得沾沾自喜。例如:

客人:"贵公司的员工,上上下下,工作效率真高,服务态度也很不错。"

主人:"现在的年轻人很有活力,做事认真,责任心强。您这么优秀的领导,指导有方,相信您公司员工一定也是很优秀的。"

3. 展望未来

对于对方进一步合作的愿望,一定要积极回应。例如:

客人:"除了机电领域外,我们公司还承接了计算机领域内的技术开发和技术咨询服务,您要是有这方面的需要,尽管找我们。"

主人:"好啊好啊,这也是我们公司进一步努力的方向,期待我们合作愉快。"

4. 保持联系

在送别时,双方应表达想保持联系的愿望。例如:"您有空常来坐坐""改天您方便的时候,我也到您公司看看""回头我给您打电话""欢迎再来""常联系"等。

5. 正式道别

在客人乘车离开前,主人应充满热情地与客人进行告别,祝其一路顺风。例如,客人说"请留步""后会有期"时,主人可说"您慢走,一路顺风""旅途平安"。再如:

客人:"张总,今天的谈判非常成功,谢谢您的热情招待,您留步,我就先告辞了。"

主方:"好的,梁总。路上小心,祝您一路顺风。"

二、设宴饯别

对于外地来访的客人,可在其离开的前一天,举行一次饯别宴会,宴会的具体时间、地点应视客人的情况和饮食喜好来安排,不要打乱对方的行程安排或者影响到对方的休息。参与饯别宴的人员应当选择与客户身份、职位相似者以及相关部门的工作人员。席间谈话应选择适宜的话题。

(1)可谈及此次商务会面的深刻印象,以表达惜别之意。

主人:"陈总前天的报告真是太精彩了,关于企业经营的新理念,今后还得向您多多请教啊。"

客人:"哪里哪里,互相学习,也请张总多指教。"

(2)可询问客人此行的意见或建议(图6-31)。

主人:"陈总,这几天辛苦了,吃住方面,还有其他安排,有没有什么不尽如人意的地方?"

客人:"张总您太客气了,您手下的工作人员都非常专业,安排得特别周到。"

(3)问候客人有无需要帮忙的事情等。

主人:"明天就离开了,要不要小王再带您到当地的景点逛逛,买点纪念品什么的。"

客人:"不用了,张总。谢谢您的好意,临走前我们还有点其他安排,就不再麻烦你们了。"

(4)宾客用餐结束,起身主动道别时,应适当挽留。

客人:"我吃好了,时间也不早了,就不耽误您了。"

主人："陈总,需要为您加个点心吗? 这家有个特色甜点特别好吃,您要不要试试?"

（5）如果宾客执意要离开,则不必刻意坚持。

客人："啊,您太客气了,不用了,我接下来还有个会要开,有些急,这次就先告辞了。"

主方："哦,既然您接下来有急事,我们就不多挽留了,下次有机会再聚。"

（6）在即将离开餐厅的时候,应当提醒客人带齐自己的随身物品,不要遗落在餐厅(图 6-32)。

主人："陈总,这是您的包,还有手机,别落下了。"

客人："好的,多谢。"

图 6-31　询问客人的意见或建议

图 6-32　提醒客人带齐随身物品

三、专程送行

专程送行是指外地来访的重要客人离开时,主人安排交通工具、人员,将客人送至车站、码头或机场。这种送客方式尽显了主人的热情与周到。专程送行的要点如下。

（1）应事先安排好送别来宾所要使用的交通工具,如购买车票、船票、机票或者安排车辆等,并做适当的突发事件准备,以备不时之需。选择与客户身份、职位相似者以及相关部门的工作人员参加,并跟对方约定好送行的时间："陈总,您好! 您明天的飞机是下午四点起飞对吗? 从您的酒店到机场大概半小时的路程,我和小王明天下午一点半到酒店送您过去,您看方便吗?"(图 6-33)。

（2）到机场后,应帮助客人处理好搬运行李、托运行李等相关事宜,不要表现得心神不宁以免使客人误解在催他赶快离开。送客到机场,最好等客人通过安检后再返回,因为也许有些物品不让带上飞机而需要你保管。宾主双方可以在送行地点再叙片刻,示例如下。

主人："陈总,一路多保重。"

客人："好的好的,常联系。"

（3）客人来访,常常会带些礼品来。对此,送客时应再次表示谢意,同时最好根据客人的身份、性别、年龄、职业等因素,回送一些具有象征意义、实用性和代表性较强的礼品回馈给客人,例如茶叶、酒类、糕点、文化用品等。礼品的价值要适度,不要过于昂贵或过于廉价,以免引起误解或不适当的反应。礼品的包装应该简洁、大方、美观、整洁,体现出主人的品位和文化修养。同时,礼品的包装也要考虑环保和节约的原则,不要使用过于华丽或浪费的包装材料。总的来说,送客礼仪不仅要礼物恰当,还要注重礼仪、表达情感,这对于增进人际关系和友谊都非常重要(图 6-34)。赠送礼物时,可以参考以下对话。

主人："陈总,这是我们的一点心意,给您留个纪念。"

客人："张总,您真是太细心了,多谢!"

　　在送别礼物后要及时跟客人道别,表达再见的心情,同时还可以询问客人的回去行程与到家安全,表达对客人的牵挂之情。

图 6-33　约定送行的时间

图 6-34　回送礼品

案例分析

　　中国古人送别的几种方式。第一是送别酒,就是朋友即将分离之时,在一起聚餐饮酒。最好的证明就是王维的《渭城曲》中"劝君更尽一杯酒,西出阳关无故人"的名句了。第二是送别歌、送别诗。因为古时的诗歌合为一体,诗都是可以合乐唱出来的,所以送别歌和送别诗都是一回事,这让中国的诗歌创作增光不少。在文学史上,因为送别而留下了很多脍炙人口的诗篇,仅家喻户晓的名篇就已经是繁星满天、数不胜数……关于送别最为人所称道的故事,就属汪伦送李白的故事。天宝十四年(755 年),李白从秋浦(今安徽贵池)前往泾县(今属安徽)游桃花潭,当地人汪伦常酿美酒款待他。临走时,汪伦又来送行,李白作了一首《赠汪伦》留别:"李白乘舟将欲行,忽闻岸上踏歌声。桃花潭水深千尺,不及汪伦送我情。"除送别诗之外,还有折柳送别。汉代以来,常以折柳相赠来寄托依依惜别之情,由此引发对远方亲人的思念之情以及行旅之人的思乡之情。隋朝无名氏《送别》:"杨柳青青著地垂,杨花漫漫搅天飞。柳条折尽花飞尽,借问行人归不归?"由于"柳"与"留"谐音,古人在送别之时,往往折柳相送,以表达依依惜别的深情。

　　【分析】

　　中国是一个讲人情的国家,中国文化自然也是充满了人情味。封建统治下的中国,儒家文化上升为主要国家意识形态,使伦理学最为发达,其思想又以"礼""仁"为中心。在这些主要思想的影响下,中国文化中的人情味相当浓郁,送别就是其中的一种表现形式。不管是在古代,还是现代社会,送别这一现象已成为人们生活中不可缺少的一种形式,深深地印刻在人们的内心,成为生活的一部分。如今的送别,虽不比古人那样哀伤,更多的是一种美好的祝愿,发一条祝福短信,说一些祝福的话,或是拍一张合影,也是很好的留念。

实操训练

1. 实操训练内容

通过训练学会在来宾告辞时以礼相送,使整个接待善始善终。

2. 实操训练要求

自设工作情景,模拟训练从发现来宾有离开的倾向到来宾完全离开公司的送别礼仪全过程。

3．实操训练成果

送别来宾时的情景模拟视频。

4．实操训练步骤

两人一组，分别扮演主人及来宾，模拟以下送别场景。

（1）和来宾交谈时关注其拜访计划，特别是拜访时间方面的需求，如来宾有胳膊肘抬起来或是双手支在椅子扶手等要结束交谈的身体语言，做好送别的准备。

（2）当来宾表示要离开时，婉言相留，也要视情况尊重他们的意愿。

（3）来宾提出告辞后，等其起身，自己再起身相送。

（4）假设来宾离开的交通方式是自己开车，送其至车边，待来宾开车离开自己的视线后再返回公司。

5．实操反思整改

（1）是否当来宾表示留下来会贻误他们的工作、生活或学习的安排时，仍强行挽留。

（2）是否当来宾一提出要走的时候，就迫不及待地站起来摆出送行的姿态。

（3）是否刚和来宾道别，马上就转身进门；或是来宾的后脚刚跨出门槛，就急忙把门关上。

项目七

教 师 礼 仪

任务一　仪容仪表礼仪

情景导入　周小波为何如此懂事？

修身塑品　教师良好的仪容仪表有助于培养学生的自律意识和责任感

知识讲解
一、教师的发型礼仪
二、教师的面部修饰及个人卫生礼仪
三、教师的服饰礼仪

案例分析　"带味儿"的冯老师

实操训练　自设情景，模拟某教师仪容仪表礼仪行为规范的执行情况

视频资源

7.1.1 知识讲解　　7.1.2 要领示范

情景导入

　　周小波今年上小学五年级了，明天学校要召开运动会开幕式，周小波别提有多高兴了。下午一回到家，周小波顾不上吃饭赶紧把红领巾洗干净，熨得平平整整，白运动鞋也擦洗得干干净净，正要坐下吃饭时忽然想起来校服衣服的拉链有点问题，总是拉不上去。他急忙跑过去央求爸爸帮他修一下。爸爸修了半天还是那样，无可奈何地说："要不你明天将就一下或者换件衣服吧！不是还有其他运动服吗？""不行不行，蔡老师说过，在庆典仪式、升旗仪式等庄重场合时，穿着不能随随便便，而应庄重大方。衣着一定要整齐，必须是统一的校服，所有的扣子都要扣上，拉锁要拉上，少先队员应佩戴好红领巾。每次的升旗仪式，所有的老师都会穿上统一的西装和鞋子，为我们做好榜样。只有共同努力，才能体现出学校整齐、和谐的校风校貌，展现我

们良好的精神状态。"

听到这话,妈妈放下手中的活走过来满脸微笑着说:"小波真是懂事了!老师说得对,校服是学生的标志。校服对学生的思想品德和行为规范,有着直接的促进和约束作用。穿校服能使学生不忘身份,自觉维护学校集体荣誉,养成遵纪守法的良好习惯。我们这就到外面去找人把拉链修好。"

虽然天色已晚,周小波一家三口还是一起出去修拉链了。

【修身塑品】

从这个案例中可以看出,周小波虽然年龄小,但在教师的表率和积极引导下,他完全理解规范的校服着装和仪表对一个学生来讲具有的意义和作用。首先,穿着整齐、干净的校服,仪表端庄得体,可以增强小学生对学校的认同感和归属感,从而更好地融入集体,增强集体荣誉感,共同维护学校的形象和声誉。其次,规范的校服着装和仪表能够使小学生养成良好的生活习惯和自我管理能力。在日常生活中,教师的仪容仪表是塑造良好教师形象的关键。一个整洁、得体、大方的教师形象,会让学生感到舒适和尊重,也会鼓励学生认真对待自己的仪表和着装,这有助于培养他们的自律意识和责任感。这些都能为小学生日后的成长打下良好的基础。

 知识讲解

仪容是指人的容貌,由发式、面容以及人体所有未被服饰遮掩的肌肤(如颈部、手部)等构成。仪表是指人的外表,它包括容貌、姿态、服饰、风度、个人卫生等方面,是人的精神面貌的外观。在人际交往的最初阶段,一个人的仪容仪表之美既是个人精神面貌的外在表现,也能反映出他的道德修养、文化水平、审美情趣和文明程度。

教师的仪容仪表是塑造良好教师形象的关键。一个整洁、得体、大方的教师形象,会让学生感到舒适和尊重,体会到教师的专业性和可靠性,从而增强对教师的信任度。一个注重仪容仪表的教师,通常也会更加专注于自己的工作,更具有敬业精神。这样的教师会以身作则,传递给学生积极向上的价值观和敬业精神。学生会在教师的言传身教中学会尊重自己和他人,学会关注自己的形象和礼仪,培养自己的良好习惯和素质。

一、教师的发型礼仪

教师在日常工作中,应保持头发清洁、整齐、柔软、光亮,不染夸张彩发,不修怪异发型,并根据自己的脸型、体型、年龄、发质、气质选择与自己职业和个性相配合的自然发型,以增强人的整体美。

(一)女教师

女教师应梳理清秀典雅的发型,体现出持重、干练、成熟的气质。前面刘海不要过低遮挡眼睛,过肩长发应束起或盘起,也不理过短的头发。

发型是仪容的重要组成部分,必须根据自己的脸型来设计(图7-1)。大致来讲分为以下几种情况。

1. 椭圆形脸型

椭圆形脸型较为完美,不胖不瘦,而且额头、颧骨、下巴三个部位比例和谐、过渡自然,没有明显的棱角,可选任意的发型。

瘦长形
脸型　　　　额头偏宽
型脸型　　　　下巴偏宽
型脸型

下巴偏窄
型脸型　　　　方形
脸型　　　　圆形
脸型

图 7-1　根据脸型设计发型

2. 瘦长形脸型

瘦长形脸型的人剪齐耳短发,额前留刘海,发型蓬松一些,使脸颊显得宽一些,效果会很好。

3. 额头偏宽型脸型

额头偏宽型脸型的人可以加一个人字形刘海,把宽额头的两侧遮掩一下。

4. 下巴偏宽型脸型

下巴偏宽型脸型的人可以把齐眉的刘海打薄,再多留点儿头发修饰腮部,烫发的话,注意上部蓬松,下部收紧。

5. 下巴偏窄型脸型

下巴偏窄型脸型人的头发长度以超过下巴 2cm 为宜,向内卷曲,以增加下巴的宽度。

6. 方形脸型

方形脸型的人尽量别留短发,可用斜刘海把一角的额头遮起来,也可用双花式卷发遮去两侧过宽的额角,使脸型显得圆润一些。

7. 圆形脸型

圆形脸型的人可选择能让头发遮挡部分脸颊的发型,并将头顶部头发梳高,使脸形变瘦。

除此之外,女教师的发型还应考虑体型因素。身材较为矮胖的女性,留长发会使人显得更矮,可以梳盘辫或挽髻,因为这样能使人看上去有增长脖颈而提高身高的感觉;若是脖颈又细又长,则应选择披肩式发型。

（二）男教师

男教师的发型应给人以得体、整齐、成熟的感觉,长度要规范,前发不过眉,侧发不过上耳轮,后发不过衣领,不留大鬓角,不留长发,也不要烫发。短发型可以体现年轻人朝气蓬勃的精神面貌,但长脸形的人不宜留太短的头发。较高的人应留长一点的发型;矮胖或瘦小的人头发不宜长。

二、教师的面部修饰及个人卫生礼仪

女教师面部要注意清洁与适当的修饰,日常工作及生活可适当化淡妆,妆容应自然、大方、淡雅,与肤色服饰相配,杜绝浓妆艳抹,不使用气味过浓的化妆品或香水。保持眼部整洁,不戴墨镜和有色眼镜。

男士要经常修面,使其容光焕发、充满活力。定期剃净胡须、刮齐鬓角、剪短鼻毛,不留小胡子和大鬓角。

整洁卫生,是对别人的最基本的尊重。要保证个人的卫生,以及服饰的整洁干净。不随地吐痰,保持口腔清洁,牙齿洁白,保持口气和体味清新;在学生及其他教师面前,不要出现抠鼻、挖耳、剔牙、搔痒、摇腿、脱鞋等不雅观行为。若打哈欠、喷嚏应用纸巾捂住口鼻,面向一旁。

女教师的手要清洗干净,指甲要经常修剪、洗刷。指甲的长度要适当,不可留长指甲,也不可涂色彩鲜艳的指甲油。

男教师也应注意个人卫生,不要穿领口、袖口有污渍的衬衣。至少一个月理一次发,勤洗头,若有头屑应选用去屑的特殊洗发液。出门前,检查自己的肩上有无头屑和落发。

三、教师的服饰礼仪

服饰包括服装和饰品。服饰是一种文化、一种文明,是一个人的身份、气质、内在素质的无言介绍信。它是仪表美的重要因素,对一个人的第一印象常常来源于衣着打扮。

教师的服饰搭配要有职业意识、场合意识,以自然、得体、大方、优雅的着装体现对学生的尊重,进而影响学生的审美视野和情怀、审美判断和追求、审美精神和气度,甚至直接影响教育教学的实际效果。

(一)不同学段的教师服饰礼仪

1. 幼儿园教师

幼儿园教师上班时适宜选择"流行中略带保守"的服装,而不宜穿着太时髦或太暴露的服装。衣着打扮符合幼儿园教师的职业特点:活泼大方,大小得体,便于活动,颜色鲜艳,不同场合穿不同服装,给孩子以美的熏陶。

日常着装柔和、大方、典雅,以色彩柔和淡素职业装为佳;上岗时穿轻便、色彩艳丽休闲装或娃娃服,下装长度不可太短;配以舒适、多样式的鞋子;上班时间不赤脚或穿拖鞋。

2. 中小学教师

到了中小学阶段,面对模仿力极强的学生,教师应以稳重端庄、裁剪精致、色调款式不张扬的服装为基本原则,根据个人的特点加以选择。做到整洁得体、朴素大方,同时又能反映教师健康的审美情趣和热爱生活的精神风貌。

3. 大学教师

大学阶段,随着学生的年龄增长,教师的服装更应简洁、朴素,以强调严谨性和权威感。要特别注意袖口和领子的清洁,做到衣裤无污渍、油渍、异味,给人以干净、清爽之感;要做到上衣平整、裤线笔挺、款式简洁高雅,线条自然流畅,不漏扣掉扣,无破损。

(二)教师着装的色彩搭配

服装色彩的基本搭配方法有四种。

（1）同色搭配法。这种搭配法被称为最保险的配色法。它既包括上下装同色（即套装），如男士西装、女士职业套装等；也包括把同一种颜色按照色系中深浅、明暗度不同进行搭配，以造成一种统一、和谐的审美效果。如墨绿色配浅绿色、红色配深红色等。

（2）相似搭配法。这是指两个比较相似的颜色进行搭配的方法。如橙配黄、黄配草绿、白配灰、红配橙红。相似搭配由于富于变化，色彩有差异，服装更显活泼与动感。

（3）主辅搭配法。就是以一种色彩为整体的基调，再适当辅之以其他色彩的搭配，各种颜色不失各自特点，相映生辉，但在搭配时要注意对比效果，既鲜明，又不要太刺眼。

（4）对比色搭配法，专业术语叫撞色搭配，这种搭配法色彩对比强烈，在舞台上视觉冲击力强。但在生活中这种搭配法很容易出错。

无论采用哪一种搭配方法，都应掌握一条共同的基本原则——调和（协调）。调和就是美。调和不等于没有对比，没有变化。不过全身着装颜色搭配最好不超过三种颜色，而且以一种颜色为主色调，颜色太多则显得乱而无序，不协调。灰、黑、白三种颜色在服装配色中占有重要位置，几乎可以和任何颜色相配并且都很合适。避免使用大面积的对比色，如红配绿、黄配紫、橙配蓝，以免让人感觉刺眼、怪异。

（三）教师着装与肤色的关系

教师在选择服装的颜色时，要注意拉开肤色与服装之间的明度差、纯度差、色相差之间的距离，拉开对比度。白色衣服对任何肤色效果都不错，因为白色的反光会使人显得神采奕奕。其他颜色服装的选择可参考以下原则。

1. 肤色偏黑

肤色偏黑的教师不宜着颜色过深或过浅的服装，而应选用与肤色对比不明显的粉红色、蓝绿色，最忌用色泽明亮的黄橙色或色调极暗的褐色、黑紫等。

2. 肤色偏黄

皮肤发黄的人，不宜选用半黄色、土黄色、灰色的服装，否则会显得精神不振和无精打采。

3. 肤色偏白

脸色偏白不宜着绿色服装，否则会使脸色更显苍白。

4. 肤色红润

肤色红润、粉白的教师，穿绿色服装效果会很好。

（四）教师着装与体型的关系

对于不同体型，也应考虑到扬长避短，选择合适的服饰。如体型偏瘦小的教师适合穿色彩明亮度高的浅色横条、格子、大花的服装，款式可考虑及膝的硬挺A字裙搭配有腰线设计的上衣；而身材偏丰满的教师更适合穿明亮度低的冷色调、暗色调垂直性纹样的服装，款式宜合身但不贴身。

下面是常见服装的基本款型（图7-2）。

1. A型

A型款式上衣为紧身式，裙子为宽松式，属于上紧下松。这种款式的服装适合上半身有优势，腿型不好看等下半身没优势的人。

2. Y型

Y型款式的服装的裙子多为紧身式，以筒式为主，属于上松下紧。适合上半身没有优势，下半身有优势的人。

A型款型

Y型款型

X型款型

H型款型

图 7-2　根据体型选择服装款型

3. X型

X型款式的上衣多为宽松式,裙子多为喇叭式,有意识地突出腰部的纤细。它属于上下宽松卡腰的服装,适合上下半身都没有优势,但腰细的人。

4. H型

H型也称矩形、箱形或布袋形。其造型特点是平肩、不收腰、筒形下摆,形似大写英文字母 H 而得名。H 型服装具有修长、简约、宽松和舒适的特点,可掩盖许多形体上的缺点。

(五)教师着装与年龄的关系

教师的穿着还应与年龄相协调,青年教师的穿着可以色彩丰富、造型时尚,体现出年轻人的朝气和蓬勃向上的青春之美,但服装上的图案不宜太花哨、太复杂;中年教师则应往成熟的韵味上去装扮自己;老年教师的着装则要注意庄重、雅致、整洁,体现出成熟和稳重,但也不必一成不变、老气横秋,可以选用鲜艳的配饰点缀过于沉闷的服装,以彰显积极的心态和活力。

(六)教师着装与性格的关系

性格外向的教师首选牛仔装、运动休闲装,性格文静的教师保持柔美优雅的风格,性格开朗的教师偏向暖色或色彩纯度高的服饰,而性格内向的教师宜选青灰、蓝、黑色等色彩。

(七)教师着装禁忌

教师的穿着应得当,注意避免以下禁忌。

1. 过于暴露或紧身

教师着装应避免过分裸露肩部、胸部、腹部、腋下或大腿部位,女教师不宜穿露背装、低胸装、吊带衫、超短裙、透明或过于紧身的服饰进教室;同时内衣不能外露、不挽袖卷裤,否则会给学生和家长留下不正派、不严肃的印象,也不利于教学和管理。

2. 过于休闲

教师的着装不宜过于休闲,例如男教师穿短裤、背心、拖鞋,女教师穿随随便便的 T 恤或罩衫,配上一条泛白的"破"牛仔裤等,这些服装可能会让学生对教师的专业性产生怀疑,同时也会让教师显得不够庄重和专业。

3. 过于时髦

工作场合,严禁穿不适宜教师身份的奇装异服或者过于时尚的服装。这可能会让学生对教师的专业性产生怀疑,同时也可能分散学生的注意力。

4. 过于华丽

教师的着装不宜过于华丽,例如穿着过于奢华、浮夸的服装,这样会让学生和家长感觉到教师不够朴素、不够务实,也不利于培养学生的良好品德。

5. 过于幼稚

在服装市场上有许多可爱俏丽的款式,也不适合工作中穿着。这样会给人轻浮、不稳重的感觉。作为教师,应该回避那些慵懒随意的幼稚形象或者娇娇女般的梦幻风格。

(八)教师的配饰礼仪

1. 鞋子

一般来说,鞋子的颜色应该与衣服的颜色相衬,一般场合应着素雅端庄、体面大方的黑色皮鞋。不得穿拖鞋、超高跟鞋进校,而且夏天不可光脚穿露趾凉鞋。幼儿园教师当班时间穿平底鞋,不赤脚。

2. 袜子

袜子具有衔接裤子和鞋子的作用,应与裤、鞋协调。黑色皮鞋应配深色袜子。稳重的西装长裤和明亮的黑色鞋子,如果配上不协调的颜色的袜子或有花纹的袜子,那就会使人产生杂乱、失调的感觉。男教师为避免在坐下时露出腿毛,应穿黑色或深蓝色的不透明的中长筒袜。女教师袜子的色彩可适度鲜艳,若参加升旗、开学典礼等庄重的仪式活动,应穿素色的长筒袜,避免露出腿部肌肤。

3. 首饰

教师的首饰应适合、适量、庄重、雅致,与着装相协调。禁止佩戴款式夸张的耳环、耳钉、项链、手镯、戒指、胸饰等,以免分散学生的注意力,损害课堂教学效果。

4. 围巾和帽子

围巾和帽子对服装的整体影响很大,在冬季用于点缀色彩尤为重要。如果衣服颜色较暗淡,则围巾与帽子的颜色可鲜艳一些。若衣服较鲜艳,佩戴的围巾与帽子就要素雅一些,一般不应在室内戴手套、帽子。

案例分析

冯老师是一位高中的政治老师,在学校工作努力,为人勤俭节约,学校领导对他抱有很大期望。可是冯老师在学生中很不得人心,很多学生都不喜欢他,甚至常有学生到校长处要求更换教师。他都存在着哪些问题呢? 冯老师平时穿衣随便,不修边幅,头发常常油腻腻,衣服经常一个学期一套穿到头,脸上也是常常油光满面;以致假如有一天,冯老师穿戴整齐,学生的注意力都聚集在当天将有什么大事发生而不能静心读书;他还喜欢吃大蒜之类有味儿的食物,和学生讲话经常"带味儿";上课时,冯老师习惯性懒散地靠在讲台上等。

【分析】

教师礼仪,是礼仪在教育行业履行职能工作过程中的具体运用,是教师在教书育人岗位上向学生开展教学育人工作时的形象化、规范化的正确做法。上述案例中,冯老师尽管工作努力,有勤俭节约的美德,但是,由于在教学过程中,他在仪容仪表、个人卫生、上课时的仪态方面过于随意,没有遵守合适的教师礼仪以表示对学生的尊重,因此在学生眼中很不得人心。

实操训练

1. 实操训练内容

通过训练了解并执行教师仪容仪表礼仪行为规范。

2. 实操训练要求

自设情景,模拟某教师仪容仪表礼仪行为规范的执行情况,并加以解说。

3. 实操训练成果

教师仪容仪表礼仪行为模拟展示及要点解说的视频。

4. 实操训练步骤

两人一组,一人扮演教师,另一人负责解说,展示教师以下仪表规范。

（1）发型规范。

（2）仪容规范。

（3）着装规范。

5. 实操反思整改

（1）发型规范方面,展示者是否头发整洁,发型大方,不染发,不留奇异发型;男教师展示者是否不留长发,不理光头;女教师展示者是否不披头散发。

（2）仪容规范方面,男教师展示者是否修面剃须,不留长指甲;女教师展示者是否妆容以淡雅自然为宜,不化浓妆,不涂抹艳丽的指甲油,不做美甲,不留长指甲,不喷香水。

（3）着装规范方面,男教师展示者是否不穿拖鞋、背心、短裤;女教师展示者是否不穿超短裙、超短裤,夏天不穿过分薄、露、透的衣服,不穿奇装异服;不佩戴首饰。

任务二　目光礼仪

7.2.1 知识讲解　　7.2.2 要领示范

情景导入

一位有着多年班主任教学经验的教师这样描述她用眼神和学生沟通情感的经历：我当班主任已经二十多年，每接收一批新学生，在第一次见面时，往往用眼神让学生感到老师可以信任，把他们从怀疑、害怕、不安的心态中解放出来，安心学习。当学生做错事的时候，批评的同时应用真诚的眼神提醒他：改正错误就是好学生，对方就会从内心深处发出一种改正错误的决心。正如教育学中所说的："教师载有爱和信任的眼光，哪怕仅仅是投向学生的一瞥，幼小的心灵也会感光显影，映出美丽的图像。"

【修身塑品】

爱是教育的原动力，老师关爱的目光就是学生心灵的阳光。案例中的这名教师深深懂得如何通过自己的眼神用热情去点燃学生心中的梦想，用爱去呵护成长的心灵。师者充满爱与信任的眼神接触可以给学生带来巨大的变化和奇迹。通过充满爱与信任的目光接触，教师可以建立起学生对教师的信任基础，这种信任可以让学生更加愿意向教师寻求帮助和建议，进而让教师更好地指导学生成长和发展。在充满爱与信任的眼神中，学生可以感受到教师的关怀和理解，这可以促进孩子的情感发展，这种情感发展可以帮助学生更好地处理人际关系，提高社交能力和情商。在教师的充满爱与鼓励的目光中，学生能够感受到来自教师的支持和鼓励，增强自信心和学习动力，更加专注于课堂内容，增强学习效果。

知识讲解

眼睛和眼神是面部表情的核心，是心灵的窗口，最能准确表达人的感情和内心活动。一个人的眼神反映着他的性格和内心动向，时刻表达着有声语言难以表现的意义和情感。

教师在与学生交往时，目光接触是常见的沟通方式，也是最重要的教学"工具"之一。教师可通过目光的交流更好地传递教学信息，展示教育的力量。

一、目光运用的基本方法和技巧

（一）目光的角度

在注视他人时，目光的角度在某种意义上意味着与交往对象的亲疏远近（图 7-3）。

1. 平视

平视也叫正视，即视线呈水平状态的注视。一般适用于普遍场合的交流与对话，或者是身份、地位基本平等的人与人之间的交流。如教师同事之间的交谈或者课题研讨。

2. 仰视

仰视，即主动居于低处，抬眼向上注视他人。它表示尊重、敬畏之意，适用于面对尊长之时。参加面试的人员，倘如碰到比较年长的评委，可以适当地采用这种目光，表示对评委的尊重。

平视　　　仰视

俯视　　　侧视

图7-3　目光的角度

3．俯视

俯视,即抬眼向下注视他人,一般用于身居高处之时。它可以对晚辈表示宽容、怜爱,也可表示对他人轻慢或者歧视。这种目光不宜多用,并且要慎用。教师在讲课时,多处于位置比较高的讲台之上,不自觉地便成了俯视,一方面是观察学生的方便,另一方面教师要学会利用俯视的目光建立自身的威信。

4．侧视

侧视是平视的特殊情况。当位于交往对象的一侧时,要面向并平视对方。如果斜视对方,则表示鄙视,是一种不礼貌的举动。

此外,频频左顾右盼则表示心中有事,只打招呼而不看对方则表明工作忙而不愿进一步交流等。

（二）注视的部位

在人际交往中目光所及之处,就是注意的部位。注视他人的部位不同,不仅说明自己的态度不同,也反映着双方关系有所不同。

（1）相互正视片刻,表示坦诚及重视对方,但注视的时间不要太久。

（2）注视对方的额头,表示严肃、认真、公事公办的意思。

（3）注视对方的眼部与唇部,表示礼貌、尊重对方。

（4）注视对方的眼部与胸部,多用于关系密切的男女之间,表示亲近和友善。

（5）对他人身上的某一部位的随意一瞥,多用于在公共场合注视陌生人,但最好不要轻易使用。

（6）不停地上下打量表示挑衅。

（7）走路时双目直视、旁若无人,则表示高傲。

（三）注视的时间

在人际交往中,注视对方时间的长短,往往可以反映出一个人对交往对象及其所谈话题感兴趣的程度。可以通过留意对方注视的时间长短,判断自己的行为处事是否会给别人带来不悦的情绪。

（1）如果注视对方的时间达不到全部相处时间的 1/3，而且目光游离，左顾右盼，或是低眉偷觑，则被认为是轻视对方。

（2）如果想向对方表示友好，应该不时地注视对方，时间约占全部相处时间的 1/3。

（3）如果注视对方的时间占相处时间的 2/3 左右，只是偶尔会离开一下，则被视为重视对方。

（4）如果注视对方的时间超过全部相处时间的 2/3，不时微笑点头回应，可以表示对交往对象非常有兴趣。

（5）如果目光始终盯在对方身上，且面无表情，有些情况下也会被认为对对方有敌意。

（四）注视的方式

注视他人，在交际场合可以有多种方式的选择，运用得当即可对工作或交流产生积极的影响。

1. 直视

直视就是直接地注视交往对象，它表示认真、尊重，适用于各种情况。若直视他人双眼，即称为对视。如在和亲近的人谈话时，可以注视他（她）的整个上身，显示自己大方、坦诚，或是关注对方。

2. 凝视

凝视是直视的一种特殊情况，即全神贯注地进行注视。它多用于表示专注、恭敬。另外，直视的时间过长，会变为凝视。

3. 环视

环视就是有节奏地注视身边不同的人员或事物。它表示认真、重视，适用于同时与多人打交道，表示自己"一视同仁"。

4. 盯视

盯视就是目不转睛，长时间地凝视某人的某一部位。

5. 扫视

扫视就是上下打量交往对象，表示好奇、吃惊。不可多用。

6. 睨视

睨视就是斜着眼睛注视，多表示怀疑、轻视。一般要忌用。

7. 他视

他视就是目光始终避开交往对象，表示胆怯、害羞、心虚、反感、心不在焉。

（五）目光的变化

在人际交往中，目光、视线、眼神都是时刻变化的。这些变化主要表现在以下三个方面。

1. 眼皮的开合

人的内心情感变化会随着眼皮的开合产生变化。例如：瞪大眼睛，表示愤怒、惊愕；睁圆双眼，则表示质疑、不满；眼睛眨个不停，表示疑问；眯着眼看，既可表示高兴，也可表示轻视等。

2．眼球的转动

若反复转动,表示在动心思;若其悄然挤动,则表示向人有所暗示;白眼则表示反感。

3．瞳孔变化

瞳孔变化往往是显而易见,但它却不由自主地反映着人们的内心世界。平时,它变化不多。若突然变大,发出光芒,目光炯炯时,表示惊奇、喜悦、感兴趣;若突然缩小,双目默默无光,即所谓双目无神,则表示伤感、厌恶、无兴趣。

二、教师目光合理运用的意义及方法

(一)教师目光合理运用的意义

教师目光是一种无声的语言,也是一种重要的教育手段,合理的运用具有重要的意义。

1．传情达意,促进教学

学生能从教师的目光中洞悉教师情感的微妙变化,体会到教师眼神蕴含的内容。教师也可以通过不断地用目光去捕捉学生的神情变化,观察学生的反应,获取反馈信息,及时对自己的教学内容和教学节奏做必要的调整,体现自己的机敏和应变能力,达到更好的教学效果。

2．建立良好的师生关系

通过恰当地运用目光语言,教师可以传递出各种情感和信息,如柔和、亲切、有神的目光,给人以平和、易近、有主见之感,可表达对学生的关注、关心和重视,让学生感到自信,受到鼓舞,从而实现师生之间更加有效的沟通和交流,以促进学生的成长和发展。

(二)教师在课堂教学过程中的目光运用

虽然目光的变化难以觉察,但是细心的教师却会在教学过程的各个环节采取不同的目光运用技巧,提高教学的效果(图7-4)。

课前准备

上课开始

集体讲述

课堂提问

图 7-4　目光的运用

1．课前准备时

上课预备铃响,教师和蔼、微笑地走进教室,轻轻、稳当地摆放好上课用品,并了解学生上课准备情况。看到学生进入教室,走到离自己 3m 之内的位置时,教师应以真诚的目光注视学生,微笑致意,从而拉近和学生之间的距离,表达对学生在课堂上会有好的表现的一种期盼。

2. 上课开始时

上课铃响,教师从容走上讲台,然后肃立,运用炯炯有神的目光,迅速环顾全场,让每一位学生都能感受到教师的关注,从而快速安静下来,进入上课的状态。接下来,教师面带笑容,用温和的目光把全班同学环视一遍,同时进行课前问候。

3. 集体讲述课程内容时

教师在讲述课程内容时,应该用柔和而亲切的目光注视学生,使之感受到教师对他们的关心并保持良好的课堂秩序,不应长时间眼睛半闭、俯视桌面或仰视天花板或窗户,以免使学生感到教师无精打采、心不在焉或自命清高,也不能长时间注视某位学生,否则学生会认为自己可能出现了什么问题,导致不能专心听讲。如果发现部分学生注视自己的时间不到 1/3,表示对自己的课程内容不感兴趣,应及时调整自己的授课方法或节奏。

教室里位置比较高的讲台的设计,一方面是方便教师观察学生学习的整体情况,另一方面是帮助教师用俯视的目光建立自身的威信,但教师授课时在讲台上站立的时间不宜太久,应适时走下讲台,走到学生们中间,以平视的角度,营造和学生平等交流的氛围。

在讲解某个知识点时,教师可采取直视局部法,把目光停留在一定范围内的学生的脸上,这种方法可使学生感觉在聆听一个知心朋友的倾诉,从而非常投入、非常专注地去感受和理解教师的授课内容。

4. 请学生回答问题时

提问环节选择提问对象时,如果发现有想举手而又有些胆怯、犹豫不决的学生,教师应对其投以鼓励赞许的目光,让学生鼓起勇气,大胆表达自己的想法。

学生回答问题的过程当中,教师应面带浅淡的微笑,不时地跟学生进行目光接触,这种温和而有效的方式最有利于缓解学生的紧张情绪。

如果学生由于过度紧张进入缄默不语的状态时,教师就不要目不转睛长时间地盯视学生的脸部,这样会使学生更加踌躇不安,场面陷入僵局。此时教师可把目光从被提问的学生身上移开,通过给出一些答案的提示,或请其他同学做补充等方式,帮助被提问的学生重新树立自信,给出自己的答案。

当学生在课堂上回答问题出现错误时,会感到很尴尬,怕同学们嘲笑、蔑视他。这时教师可以看他一眼后马上转移自己的视线,呈现出老师对错误回答的不在意,下次努力便可以。

5. 中途被学生打断时

随着时代的发展,学生的知识面越来越广,思维活跃,勤于思考,也善于思考,敢于挑战权威。因此在课堂教学活动中,难免会出现学生对教师的授课内容提出不同的观点,和教师进行争辩等环节。

遇到此类情况,教师首先要调整好自己的心理和情绪状态,肯定学生勇于探索的精神,同时要注意在和学生争辩的过程中,不要轻易把目光从学生的身上移开,因为这种他视的目光传达的是自身的胆怯、心虚、反感、心不在焉等;也不能投以鄙夷或不屑的目光,更不能出现过激行为,否则会伤害学生,也会损害教师在学生心目中的形象。

相反,倾听时要目光专注、适时回应;交流、表达自己的观点时,要目光平视,表示自信、平等、友好;凝视学生的目光久一些,可以更好地表达坚定地持有自己观点的态度。

6. 学生不专心听讲时

教师的目光还可以传递出对学生的提醒和警告。对精力不集中、做小动作、窃窃私语或有其他不良行为的学生,教师先不要急于对其严厉批评,可以暂停自己的授课,用关注的目光凝视他几秒,待双方目光接触以后再移开,这会让学生感到自己的行为不合适或需要改正,从而既起到了告诫的作用,又保护了学生的自尊心。如果没有达到预期的效果,还可以适当走近该生,用手轻轻敲击他的桌面或轻拍一下他的肩膀,并加以暗示。

7. 巡视学生个人或小组任务进行过程时

教师巡视课堂时,应以亲切有神的目光投视于学生,并合理分配,让每个学生都感受到教师的关注。如有和学生的目光接触,应通过肯定的目光、鼓励的目光或支持的目光来传递出对学生的认可和鼓励,这会让学生感到受到重视和支持,从而增强他们的自信心和动力。对于不够认真做任务的学生,可用热情的目光唤起学生的注意力。

(三)教师在与学生个别谈话过程中的目光运用

教师通过和学生面对面的课外约谈,可以进一步了解他们的生活情况,调整他们的学习状态,或是解决他们的心理问题。更近距离的接触对教师目光的合理运用提出了更高的要求。

和学生面对面交谈时,应以亲切、自然、坦诚、祥和的目光注视着对方,而带浅浅的微笑和不时的目光接触。在学生讲话时,教师的目光应充满期待。这种温和而有效的方式,会营造出一种温馨的氛围。此外,交谈时教师应将70%的时间注视对方,这是一种无声胜有声的让人感觉到尊重的力量,同时也让学生明白你没有分散注意力。如果眼神飘浮不定,学生会觉得教师缺乏可信度。

面对面交谈时,教师注视学生的主要部位是两眼和嘴之间的三角区域,也可以注视学生的整个上身,显示自己大方、坦诚,或是关注对方。不宜过多地注视其头、腿、脚部与手部。

对于犯错误的学生,本着帮助其认识到自己的问题、以积极的心态加以改进的目的,教师忌用责怪的目光,因为这种目光容易使学生产生逆反心理,造成学生对教师的抵抗,割裂师生间的和谐关系使两者矛盾激化,不利于学生健康人格的发展。

三、教师目光禁忌

为了给学生以自信和力量,使他们敢于大胆地表达自己的观点和要求,不侮辱学生人格,不挖苦讽刺学生,教师应尽量避免以下目光运用的禁忌。

1. 责怪的目光

责怪的目光容易使学生产生逆反心理,造成学生对教师的抵抗,割裂师生间的和谐关系,使两者矛盾激化,不利于学生健康人格的发展。

2. 漠视的目光

教师只顾做自己的事,不看对方说话,是怠慢、冷淡、心不在焉的流露。漠视目光极易使学生的自尊心受到伤害,致使学生产生自卑心理,任何活动都不敢积极参与,甚至对任何事情都缺乏信心和兴趣,沉默寡言,最终导致性格上的孤僻、冷漠、自私。

3. 呆板的目光

眼睛转动稍快表示有活力,但如果太快,则表示不真诚,给人不庄重的印象;同时,眼睛也不能转得太慢,否则为"缺乏生气"。

4. 面无悦色的斜视

这种目光多表示怀疑或轻视,容易使学生产生自卑和不满的情绪,心理上产生错觉和误会,从而出现师生心理上的鸿沟。

5. 不恰当的凝视

凝视学生,有时表示重视或关注,但当双方缄默无语时,就不要再凝视对方的脸。因为双方无话题时,学生本来就有一种局促不安的感觉,如果此时教师再一直注视学生,势必使对方觉得更尴尬。

案例分析

某校高一(1)班张某因父母离异,跟母亲生活。母亲下岗,靠卖菜维持生活。张某初中时性格孤僻,经常打架、逃学,曾多次因打架被学校处分,最严重的一次竟将同学鼻骨打折。班主任周老师了解情况后,一次在班级推荐了一篇文章《妈妈》,特意叫张某朗读,尽管张某朗读得不十分标准、流畅,班主任始终用鼓励的眼神注视着他,在朗读到最后时,班主任发现张某眼睛挂着泪珠,声音有点颤抖。朗读完后,班主任带头鼓掌,全班掌声雷动。后来,张某的班级发起了一次"给妈妈洗一次脚"活动,张某在给班主任的"悄悄话"中道出了自己的经历:"那天给母亲洗脚,看着母亲老茧遍布、粗粗糙糙的脚底,我禁不住眼含泪水,真正理解了那篇文章《妈妈》,就是在说我的妈妈,想起我的表现,真的对不起妈妈……"。班主任发现张某心灵的锁打开了,及时找张某谈心,袒露自己也曾经家境贫寒,也有含辛茹苦的母亲,与学生产生共鸣;与此同时,班主任针对张某爱冲动的特点,与张某"约法三章",今后遇见生气的事发怒的时候,自己静静想:"这值得我发怒吗?我发怒对我有什么好处?我能战胜自己吗?"三个问题。慢慢地张某克服了爱发怒的毛病,再也没有出现打架事件。

【分析】

自卑的学生,尤其因贫困而自卑的学生一般不愿意让人知道自己的困境,也忌讳别人怜悯。在这样的情绪之下,学生的性格也会变得孤僻甚至有些极端。张某的班主任周老师针对这一情况对他进行情感教育、感恩教育,在课堂教学中用鼓励的眼神注视着他,由于眼睛是心灵的窗户,而眼神则是眼睛的语言,周老师的眼神收到了语言无法替代的效果,让张某感到周老师可以信任,从而把自己从怀疑、害怕、不安的心态中解放出来,打开心锁改正不足,成为更好的自己。

实操训练

1. 实操训练内容

通过训练了解并合理运用教师目光技巧促进课堂上与学生的交流。

2. 实操训练要求

自设情景,模拟某教师在课堂授课过程中合理运用目光并认真观察学生目光的过程,并加以解说。

3. 实操训练成果

教师课堂教学模拟及目光运用要点解说视频。

4. 实操训练步骤

5 人一组,分别扮演一名教师及 3 名小学生,另有一人负责解说,情景模拟上课时以下情况教师利用各种目光与学生交流的过程。

(1) 上课刚开始时,学生无法从课间的兴奋中过渡到课堂的学习上来。

(2) 某个学生回答问题吞吞吐吐,不知所措。

(3) 观察学生的眼神,调整自己的教学。

5. 实操反思整改

(1) 上课刚开始时,能否站在讲台高处,用环顾四周的眼神示意学生做好上课的准备。

(2) 对于回答问题缺乏信心的学生,能否走到其身边,用信任和肯定的眼神鼓励其放松心情,并引导其找到问题的答案。

(3) 能否观察到学生眼神里的茫然、疑惑、神采飞扬等不同信息,确定学生对课堂知识是否理解,从而调整教学的节奏。

任务三　手势礼仪

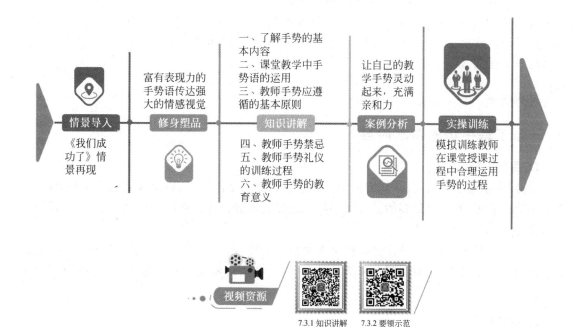

7.3.1 知识讲解　　7.3.2 要领示范

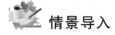**情景导入**

李老师是春晖小学二年级非常受欢迎的一位语文老师,每次一个课程结束以后,他都会结合所学的课文安排一个比较有意思的活动:或分小组编排话剧,或安排小型的辩论赛。每次李老师在课堂上朗读课文时,总是声情并茂,手势运用合理,让学生身临其境地融入课文描述的情境。今天李老师朗读的是《我们成功了》,这篇课文生动地描写了 2001 年北京申奥成功后,群众狂欢的情景。

2001年7月13日的夜晚,北京申办2008年奥运会成功了。喜讯传来,人们不约而同地涌上街头,北京立刻变成了欢乐的海洋(右手掌放于胸前,大拇指与食指之间角度为60°~75°,掌心向下,然后手掌从胸前自左向右划弧)。

广场聚集了几十万群众。人们挥舞着国旗,在欢庆的锣鼓声中一遍遍高呼:"我们成功了!""我们爱北京!""祖国万岁!"(右手手掌上竖,指尖向上,逐渐抬高,表示激动之情。)

中华世纪坛人如海,歌如潮。人们相互击掌,相互拥抱,任激动的泪水尽情流淌。国家领导人也来到欢乐的人群中,与大家同欢呼,共唱歌,把庆祝活动推向高潮。

大家好像看到,奥林匹克旗帜在中国北京高高飘扬(双手抬至肩以上的高度,眼睛随着手的方向看向斜上方)。

【修身塑品】

手势是指用来示意的手和臂的各种动作姿势,它是一种表现力非常强的体态语言。它不仅可以弥补有声语言的不足,而且可以在特定的交际环境中起到"此时无声胜有声"的作用。据语言学专家的研究,人们在面对面的交流中,只有35%左右的信息是通过语言传递的,而其他65%的信息是通过动作、手势和表情等无声语言传递的。案例中李老师的朗诵在富有表现力手势语的配合下无疑给了学生极大的震撼,带来了强大的情感视觉传达,有着极佳的教学效果。可以看出,有了手势的配合,老师可以更加生动地表达朗诵的情感和意境,使朗诵更加有感染力、表现力和艺术性。同时,手势可以辅助学生理解朗诵文章的内涵和意义,加深对它的理解和感悟。另外,通过手势的互动,可以促进师生之间、学生之间的交流和合作,这种互动性可以增强课堂氛围和学习效果。

 知识讲解

一、了解手势的基本内容

1. 手势的概念

手势,即手和手指的动作与姿势,是一种能够表达一定的信息、思想甚至感情的态势语言。仪态中动作最多、变化也最多的是人的手势。恰当的手势往往是在内心情感的催动下,瞬间自然做出来的。

在非言语行为中,手的动作最能揭示人的内心活动,因而手势语是极富表现力的。手势由于它活动的幅度较大,又有鲜明的灵活性,因此它有很大的吸引力和说服力,表达的内容也非常丰富。

2. 手势的作用

手势语是一种重要的沟通语言,可以反映人的修养、性格。人们通过手的接触或手的动作可以解读出对方的心理活动或心理状态,同时还可将自己的意图传达给对方。据研究表明,手势与表情结合,可传导信息的40%。一般来讲,手势的作用包括:①澄清和描述事实;②强调事实;③吸引注意力。

3. 手势的分类

一般而言,手势由进行速度、活动范围和空间轨迹三个部分构成。各种不同的手势语,大致可分成四种类型:①形象手势,用来模拟状物的手势;②象征手势,用来表示抽象意念的手势;③情意手势,用来传递情感的手势;④指示手势,用来指示具体对象的手势。

二、课堂教学中手势语的运用

教师在课堂教学情境中的手势语是借助手指、手掌和手臂、双手以及凭借依附于双手里的物体等发出的动作或姿态。教学中的手势语不同于生活中的手势，更不同于语言障碍人士使用的手语。课堂教学手势语是一种严格地按照教学内容与有声表述相协调的教学形体语，能够传情达意，组织教育教学，展示自身良好的精神风貌与职业修养，从而激发学生的学习热情，增强教学效果。

1. 指向学生的手势

切忌用食指指向学生，基本的做法应是掌心向斜上方，四指伸直并拢，手与前臂成一条直线，肘关节自然弯曲，同时上身稍向前倾，以示敬重。

（1）第一次上课对学生表示欢迎时，可双手在胸前由合至分："同学们好，欢迎来到职业形象与礼仪课堂。"

（2）请学生回答问题时，教师应面带微笑，稍微欠身，右手从体侧抬起，指尖指向学生上身中部："陈莹同学，请你来回答。"（图7-5）。

（3）学生回答完毕请其坐下时，右手从体前横摆至学生上身中部位置后，再继续向下压至座位正中高度："非常好，请坐。"

（4）请全体学生起立时，可手臂微曲，双手从体侧抬至肩的高度："现在请同学们起身，我们一起来练习一下刚才的学习内容。"

图7-5　提问手势

2. 教学内容分点叙述时的手势

教学内容分点叙述时，可变换不同的手势以打破单一沉闷的讲解模式（图7-6）。

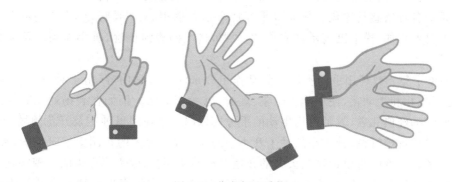

图7-6　分点叙述手势

（1）左手打开，举起至肩的高度，四指并拢，掌心向前，同时右手打开，四指并拢，指尖部分依次压下左手的拇指、食指、中指等："第一点，……，第二点，……，第三点，……"

（2）左手打开，抬至胸的高度，四指并拢，指尖向前，手心斜45°向上，同时右手其余四指轻握，食指伸出，自左至右，三个不同的位置轻点左手手心："第一点，……，第二点，……，第三点，……"

（3）四指并拢，手掌打开并垂直地面，模仿切菜的动作，由内向外或相反方向横切或纵切，可以单手切，也可以双手手心相对同时切。

3. 指示引导类手势

指示引导类手势是指教师用双手或借助教具指不同位置以吸引学生注意，从而代替言语的行为过程。主要用于指示具体事物，集中学生的注意力，进一步明确教学内容（图7-7）。

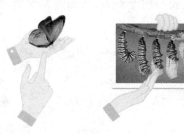

图7-7　指示引导手势

（1）借助实物模型进行教学讲解。如利用一个蝴蝶模型讲解昆虫的结构时，可左手打开，四指并拢，与胸同高，手心向上，指尖向前，模型放在手掌中央，右手食指或四指并拢辅助讲解。

（2）图片展示。可以左手握住图片的上端中部边缘，不要遮挡图片的内容，拇指在内，其余四指在外，与胸同高，同时右手打开，四指并拢，手心向上，辅助讲解。

（3）使用投影屏幕展示幻灯片。教师站在屏幕左侧时，可左手自然下垂，右手上举式手势，辅助讲解。

4. 表情达意的常用手势

在面对学生特别是幼儿进行教学时，教师往往需要用到一些表情达意的手势，增强与学生的互动。

（1）情意手势。情意手势语主要用于带有强烈感情色彩的内容，一边讲述内容，一边配以适当的手势，使内心的情绪变化得到自然的流露。它的特点是表达情深意切，感染力强，让教师的喜怒乐等各种情感具体化。例如双手互搓表示着急担心："哎呀，小羊就是不肯原谅我，这可怎么办呀？"再如，摸下巴表示胸有成竹："嗯，这次的拔河比赛，有小熊和小象参加，我们一定能赢。"

（2）形象手势。教师用手的不同手势动作组合来演示教学内容，用于对教学内容的辅助解释，使之形象化和生动化，便于学生想象、理解、思考和记忆。例如在表扬幼儿时，有一个名为"花园种花"的经典儿歌，教师可用生动的手势模拟出大小花园里种花及开花的场景："我在小小的花园里挖呀挖呀挖，种小小的种子开小小的花；我在大大的花园里挖呀挖呀，种大大的种子开大大的花。老师呀要把这朵大大的花送给萌萌小朋友，因为你今天的表现特别的棒！"

（3）指令示意手势。指令示意手势完全是依照有声语言的意思而精心设计的手势动作，每个手势动作的含义与有声语言的内容是一一对应的关系。多用于以手势对学生发出指令，如起立、坐下、安静、点名等。这类手势在教学过程中，可以通过多次行为训练方式而形成习惯手势语。例如想让幼儿安静下来听儿歌的时候，可以竖起右手食指："嘘，你们听，小木偶在旅行的时候，都发生了什么事情呀？"再如，把幼儿分成两组进行比赛，带动幼儿为比赛者加油的时候，可以双手握拳，拳心向内："苹果队，加油！"

三、教师手势应遵循的基本原则

1. 幅度、频率适度

教师手势的运用要规范和适度。动作幅度过大,会使学生有一种轻浮不稳重的感觉,过于死板又会使学生感到压抑。一般来讲,手势的上界一般不应超过对方的视线,下界不低于自己的胸区,左右摆的范围不要太宽,应在自己胸前或右方进行。教师手势运用的次数太少,形式单一,讲解的过程会显得呆板沉闷。相反,如果多种手势的使用过于频繁,会分散学生的注意力,影响学生对教学内容的理解。运用要有适当变化,不宜过多重复同一种手势,以免招致学生厌烦。

2. 自然亲切

教师应给人一种优雅、含蓄和彬彬有礼的感觉,手势语的设计和使用必须随表达的内容、情绪、对象等因素的特点自然而然地发出,切不可装模作样、矫揉造作、扭扭捏捏。在课堂上尽量多用柔和的曲线手势,少用生硬的直线条手势,以求拉近师生间的心理距离。

3. 积极恰当

教师讲课应伴以准确无误的正面手势,避免消极的手势,以加强表达效果,并激发学生的听课热情。一般来讲,手向上、向前、向内往往表达希望、成功、肯定等积极意义的内容,而手向下、向后、向外,往往表达批判、蔑视、否定等消极意义的内容。

教师应确保手势的起落和话音的出没是同步的,两者相互匹配、恰到好处,便于学生清晰、准确、完整地理解自己的用意,避免意义理解的混乱和歧义的发生。

4. 简洁准确

在讲课讲话时,教师的每个手势都应结合教学目标做到简单、精炼、清楚、明了,不拖泥带水,不哗众取宠。

教师应克服不良的习惯动作,摒弃无意义的多余手势,避免显得思维紊乱且毫无修养。手势语要明朗化,能恰当地传情达意,不能似是而非,含糊不清。只有准确鲜明的手势,才能起到补充或加强话语的情意,帮助学生理解授课内容。

四、教师手势禁忌

消极过度的手势语犹如有声语言中的废话,必然事倍功半,非但于学无利,反而有害。教师面对学生时,应避免以下手势禁忌。

(1)忌不文明的手势动作。如当众梳搔头皮、掏耳朵、抠鼻孔、剜眼屎、剔牙、抓痒、咬指甲等。这些动作会使学生极为反感,严重影响形象与风度。

(2)忌不礼貌的手势动作。如讲课时敲击讲台、黑板,玩弄粉笔,或手拿一些物件无规律地胡乱挥舞,以及做一些其他过分的动作。

(3)忌不文雅的手势动作。如高兴时拉袖子、拽衣服、提裤子等。

(4)忌拘谨僵硬的手势动作。如讲课时将手插入衣兜或按住讲桌不动,双手交叉抱臂或双手后背等。

五、教师手势礼仪的训练过程

为了恰当使用手势语,提高教学效果,教师首先需要意识到自己手势语的存在,认识到手势语在教学中的重要性。教师在上课时,不妨注意一下自己的手势动作,也可以让同行专门观察并评点自己的手势,或者通过摄像将自己的手势语记录下来加以分析,然后在这个基础上加以改进和完善。

教师的手势语与教师自身、教学内容等各因素有关,因而没有统一的样式,很难说哪种手势是最为恰当的。教师要根据自己的性格特点、教学风格等不断探索形成自己独具特色的手势语,同时要在具体课堂场景中运用不同手势。教师要在教学过程中顺畅自然地灵活运用手势大致要经过以下几个阶段。

(1)教师根据动作要领,面对镜子,结合语言、姿态和表情,端正、从容地完成每个手势动作的分节练习。

(2)教师认真分析自身的性格、教学对象及教学内容的特点,经过教学实践,为每次的教学活动设计出一套适合自己的教学手势,让手势的运用更加有感染力。

(3)各种教学手势已和站、坐、走、蹲、微笑等基本仪态一样,成为教师良好的外在形象和内在气质的一部分。在每次的教学活动中,无须提前设计,教师都能适时、自由地运用各种手势为自己的讲授加分。

六、教师手势的教育意义

手势语在初级教学中的运用极为突出,其中包括对课堂内容的讲解及课堂指令的发出,都具有至关重要的作用。

(1)突出教学的重点和难点,辅助教学。教师可以用手势配合言语强调教学的重点、难点,引起学生的注意。在课堂上教师用手指黑板上的字以示强调,也可以利用手势的丰富多样创造一些固定的约定手势来表示指定的教学内容,辅助教学。

(2)强化课堂教学效果,提高教学的有效性。在课堂教学中,言语和手势语结合的课堂效果要优于单纯的言语教学。教师精练的讲解配合恰当的手势动作,既可以吸引学生的有意注意,又使学生加深对知识的理解和记忆。

适当地运用手势,将抽象的概念融于可见的手势中,其生动特征能够极大限度地调动学生的注意力;形象直观的手势可以使学生形成深刻的印象,便于强化授课内容,减少遗忘,延长记忆。一旦遗忘某部分知识,通过回忆教师在课堂上的手势,学生能迅速回忆起书本上的知识。

在课堂上,教师根据课文内容、情节和语调适当运用手势,加以强调、形容和衬托,调节学生的听觉疲劳,使所讲内容更加形象直观、妙趣横生,使学生的视觉和听觉达到平衡,发挥视听觉的优化组合,训练学生的联想和思维能力。

(3)维持课堂秩序,提高课堂管理的效率。课堂教学即将开始时,而学生们仍在喧哗或者当教师要求学生停止活动而保持安静时,教师与其声嘶力竭地用有声语言喊"停"进行镇场,倒不如教师双手先拍两下以引起学生的注意,然后用手心朝下的手势来替代,反而能使学生很快安静下来。用手势代替语言,往往能比语言更有管理效率。手势也是调控课堂的一种重要工具。

(4)传情达意,优化教师的教学形象。手势是人类最原始的语言方式之一,教师在课堂教学中辅之以恰当的手势语,能够"寓情于手",例如,在课堂教学提问时,教师提出问题后,用手掌张开手心朝上的手势向学生表示"有请!"的意思,学生会产生一种平等感,好像在与教师共同商讨问题,而不会感到紧张。当学生能很好地回答问题时,教师报以微笑,肯定地点头,并用手势示意请坐,学生会感到一种成功的喜悦。

教师的这种手势不仅表达了对学生的尊重,也体现出教师自身的良好素质。

案例分析

春蕾机关幼儿园的实习生陆贞贞下周一上午要结合视频,为中班的幼儿上一堂《狐狸的谎言》故事讲述课,上课时间安排在幼儿吃过水果后,还有请幼儿看视频、请幼儿回答问题等环节。陆贞贞在备课试讲时,总感觉自己的动作手势比较僵硬,缺少变化,亲和力不够,于是她请教学经验丰富的王琼老师为她做指导。如果你是王琼老师,会如何指导陆贞贞用恰当的指示性手势和幼儿沟通呢?

【分析】

幼儿刚吃过水果,陆续在一体机前面的小板凳上坐下,教师可以走到每位幼儿面前,右手食指放在唇边,左手掌心向下轻轻摆动,示意幼儿安静下来。

"小朋友们,今天老师带来了一个故事《狐狸的谎言》,请小朋友们认真看,(右手食指指自己的右眼),仔细听。(左手手掌打开,放在左耳后)"……

视频看完第一部分后,可稍作停顿,双手手心向上,从胸前向外打开,同时目光扫过每一位幼儿:"哪位小朋友能告诉老师,故事里都有谁呀?"……"哦,老师看到珍珍小朋友举手了,那就请珍珍来回答。"说话的同时,可右手四指并拢,手心向上,指向珍珍……"珍珍说有小狐狸,非常好,请坐。"说话的同时,可右手四指并拢,手心向上,再次指向珍珍,手掌向下轻微移动……

实操训练

1. 实操训练内容

通过训练了解并合理运用手势技巧强化讲课效果,提升教师形象。

2. 实操训练要求

自设情景,模拟某教师在课堂授课过程中合理运用手势的过程,并加以解说。

3. 实操训练成果

教师课堂教学模拟及手势运用要点解说视频。

4. 实操训练步骤

5人一组,分别扮演一名教师及3名小学生,另有一人负责解说,网络收集小学阶段科学课及数学课的相关教案,在充分了解其授课内容的基础上,情景模拟上课时以下情况教师利用各种手势与学生交流的过程。

(1)科学课上引导学生注意手中的某个模型时。

(2)数学课上模拟方圆、大小、长短等概念时。

(3)某学生回答问题比较出色,对其表示赞许时。

5. 实操反思整改

(1)用指示性手势展示模型时,是否四指并拢,手掌打开,斜45°,指尖指向模型的中部。

(2)用摹状手势表达数学概念时,是否食指伸直,其他手指对握,拳心空出,拇指轻搭在其他三指的指甲部分。

(3)用感情手势表达对学生的赞许,轻拍学生的肩膀时,是否四指并拢,拇指张开,力度适当。

任务四　语言礼仪

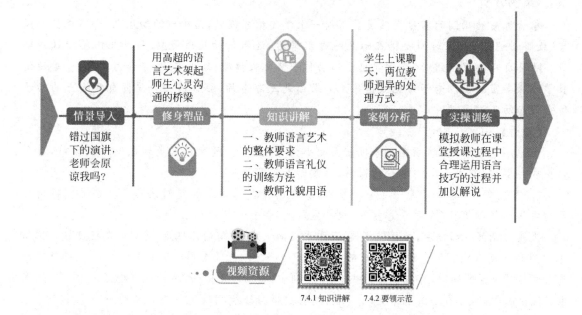

用高超的语言艺术架起师生心灵沟通的桥梁

学生上课聊天，两位教师迥异的处理方式

情景导入
错过国旗下的演讲，老师会原谅我吗?

修身塑品

知识讲解
一、教师语言艺术的整体要求
二、教师语言礼仪的训练方法
三、教师礼貌用语

案例分析

实操训练
模拟教师在课堂授课过程中合理运用语言技巧的过程并加以解说

视频资源

7.4.1 知识讲解　　7.4.2 要领示范

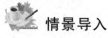

情景导入

　　某班轮值学校升国旗和国旗下的演讲时，演讲的女同学却迟迟没到场。此次演讲没成，同学们都议论纷纷，说班主任肯定会狠狠地批评她。早饭后，只见班主任来到教室，同学们一声不吭，看看班主任，再看看这位同学，认为班主任非发火不可，这位同学大概也做好了充分的思想准备，等待着班主任的批评。可事实并非如大家所想象的那样，班主任心平气和地对同学们说:"这位同学为了搞好这次演讲，已经准备了好长时间，经过多次反复练习，也做好了为班级争光的设想，据说昨天晚上还练了好长时间，只是她由于心理紧张，又住在校外，才起晚了，但她的这种精神还是值得全体同学学习的，相信同学们会原谅她的，这位同学也一定会因此感到对不起班级和同学们的。"

【修身塑品】

　　教育的艺术，首先是灵犀相通的语言艺术，教师的魅力很大程度上是从其说话艺术上体现出来的。作为教师，如果你的语言极具感染力、吸引力和信服力，那么就会产生"润物细无声"的效果。所谓"亲其师，信其道"，作为教师的你，如果语言亲切、饱含思想与感情，能够从学生的视角和立场出发，与学生进行心灵的交流，学生就会信服你、跟随你，这样就会形成良好的互动，架起师生心灵沟通的桥梁。在这个案例中，班主任在育人工作过程中体现了其高超的语言艺术。面对学生不合适的行为，采取的不是简单粗暴的批评和指责，而是站在学生的角度，换位思考，以心交心，这样做不但维护了学生的自尊，体现出了教师的宽容与豁达，也使学生在认识到错误的同时，更感受到了教师的理解、关心和爱护，体会到教师对其人格的尊重。

知识讲解

教师作为一种以语言为工具的职业,其语言艺术的修炼至关重要。恰当的教师语言艺术可展现教师健康的个性品质,以及优秀的个人修养和师德风范,是沟通师生心灵的桥梁,也是联结师生情感的纽带。这不仅可以提高课堂教学效果,还可以激发学生的学习兴趣和热情,增强学生的自信和参与度,进而激发学生旺盛的求知欲和进取心。教师的语言艺术只有在不断地积累之间,不断地锤炼之下,不断地创造之中,才能活力常现、魅力常在。

一、教师语言艺术的整体要求

1. 清晰准确

教师的语言应清晰准确,用词恰当,无歧义,避免使用生僻词汇或过于口语化的表达方式。教师需要把握好语言的节奏和音调,让所有学生都能听清楚,理解教学内容。对于复杂的概念或理论,教师需要耐心解释,用简单易懂的语言阐述,确保学生能够理解。

2. 生动形象

教师的语言应生动形象,通过形象的比喻和具体的实例来帮助学生更好地理解和记忆知识。教师可以使用生活中的实例和故事来解释抽象的概念,让学生感受到学习的乐趣。同时,教师还需要善于运用肢体语言和面部表情,增强语言的感染力和表现力。

3. 逻辑严谨

教师的语言应逻辑严谨,思路清晰,结构合理。在讲述过程中,教师需要遵循一定的逻辑顺序,由浅入深,由表及里,让学生能够跟上教师的思路。同时,教师还需要注意语言表达的条理性和连贯性,确保学生能够全面理解教学内容。

4. 幽默风趣

教师的语言可以幽默风趣,让学生在轻松愉快的氛围中学习。教师可以使用一些幽默的词或短语来调节气氛,吸引学生的注意力。但是,教师需要注意把握分寸,避免过分追求幽默而影响教学效果。

5. 激励启发

教师的语言应具有激励和启发的力量,鼓励学生积极参与课堂活动,激发学生的思考能力和创造力。教师需要关注学生的情感需求,用鼓励和肯定的语言来帮助学生建立自信,培养学生的自主学习和思考能力。

6. 尊重多元

教师的语言应尊重多元文化和学生个体差异。在课堂教学中,教师应尊重不同学生的背景和特点,使用多元化的教学语言来满足不同学生的需求。同时,教师还需要关注学生的情感需求,避免使用带有歧视或贬低意味的语言。

二、教师语言礼仪的训练方法

教师语言礼仪的训练方法是提高教学质量和效果的重要因素之一。通过掌握良好的语言礼仪技巧,教师可以更好地与学生沟通交流,提高学生的学习兴趣和自信心。同时,教师还可以塑造良好的职业形象,成为学生尊重和学习的榜样。因此,教师应当不断学习和提高自己的语言礼仪水平,以更好地服务于学生和教育事业。

1. 发声练习

良好的教师发声技巧可以提高教师声音的辨识度并保护教师的嗓音,避免因长时间讲话导致的声带疲劳甚至嗓音受损。下面是教师发声练习的主要方法。

(1)呼吸练习。正确的呼吸技巧是良好的发声基础。教师可以肩膀和胸部保持不动,通过鼻子慢慢吸气,使腹部膨胀,然后缓慢呼气,使腹部收缩。练习时,可将手放在小腹位置,感受吸气时腹腔充气和呼气时腹腔收缩的变化,还可以通过意识控制腹部下方膈肌的收缩和放松,从而控制呼吸的深度和力度,做到吸气够深,呼气又均匀舒缓(图7-8)。此练习可帮助教师放松身体,减轻紧张情绪,同时为发声提供足够的动力。

图 7-8　呼吸练习

(2)嗓音训练。嗓音训练主要指通过降低喉头的位置使喉头放松,气道充分打开,提高嗓音的柔和度、穿透力和清晰度,整体提高嗓音的质量和耐力。嗓音训练的一个经典的方法就是"u-o-u"长音练习法,体会发"u"音时喉头在原位,发"o"音时喉头降低,气道有打开的感觉,然后在"o"音的基础上慢慢加上要说的话(图7-9)。此外,教师还可通过气泡音、哼鸣、唇音等发声方法来进行嗓音训练。

2. 用语规范

教师应当使用标准的普通话,以确保学生能够准确地理解教学内容。教师可以通过学习普通话的发音特点、语音语调等来提高标准发音的能力。每一门课程都是一门科学,有其严谨性、科学性、趣味性。老师在指导学生学习时,应严格遵循学科的规律和要求,表达要准确,不可含糊不清,不可庸俗化、怪难化。此外,教师应用词规范、得体、丰富,多用敬语和礼貌用语,避免使用粗俗、不文明的语言,以免给学生带来负面影响。

3. 吐字与轻重音

教师在讲课时应咬字准确,吐音自然清晰,确保每个学生都能听清楚。此外,讲课过程中,关键的词、句、段要利用轻重音起伏跌宕的变化加以强调,既能突出重点,又能加强语言的色彩。对于有口音或发音不准的教师,应该通过模仿、朗读、录音等方式进行纠正。

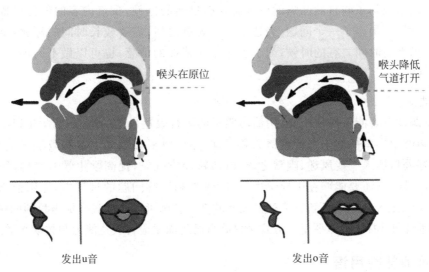

喉头在原位

喉头降低
气道打开

发出u音　　　　　　　　发出o音

图 7-9　嗓音训练

4. 音量的变化

音量是调节声音大小和力度的重要因素。恰当的音量可以提高教师的表达力和沟通效果。讲课不是喊口号,声音不宜过大,过大一是缺乏启发性,二是会给学生以声嘶力竭之感。如果声音太低又很难让学生听清,会损害教学效果。在授课过程中,过于尖锐或低沉的声音,也会引起学生的不适或困倦。教师可以通过逐渐增大或减小音量来练习控制音量的能力。此外,教师可以通过突然提高音量来练习突发高音,使自己的声音更加突出。

5. 语气和语调

教师讲课时的语气应柔和,带有启发性,充满信任感、语美感和期待性,以营造和谐的课堂氛围,吸引学生的注意力,增强教学效果。避免使用蔑视、讥笑、讨厌、憎恶的语气,也不可尖声怪气、粗声暴气,令人心生讨厌。

语调整体应婉转、平稳,但在必要的时候,应有抑扬顿挫的变化,以表达出不同的情感和态度,从而更好地与学生沟通交流。升调会给人带来热情的感觉,也会暗示学生热情起来。在指正学生的问题、维持课堂秩序时使用降调更能引起学生的重视。

教师可以通过模拟不同情绪来练习语气和语调的抑扬顿挫和情感表达。例如,快乐、悲伤、愤怒等。也可以通过跟读模仿一些优秀的朗诵作品来练习语气和语调的表达能力。

6. 语速

教师还应掌握适当的语速,即声音的快慢缓急变化应有节奏美感、合理自然,以确保学生能够理解并跟上教学进度。让大多数人感到舒适的正常语速为每分钟 200 字,也就是每秒3~4 个字,可以用千位数秒的方式来体验,读一个千位的时长约等于一秒,刚好四个字符,如1、0、0、0,一般的内容大概按着这个速度说就行了。在这个基础之上,想要表达热烈、兴奋、激动、愤怒、着急等思想情感时,出言吐语就要快些,讲到庄重、怀念、悲伤、沉寂、失落、失望的思想感情时,语速可以放慢些,娓娓道来。

7. 停顿

教师讲课的过程当中还要有适当的停顿变化,让学生在学习知识的同时享受到一种语言的节奏美。词语或句子间自然间隔的位置需要有自然的停顿,重点内容的位置停顿的时间稍长些,说完一段话,提出了一个问题,表达了一个观点之后,需要较长时间的停顿,给学生多留一点吸收和思考的时间。有的时候,为了表达一些特殊的情感,也可以做不同形式的技巧性、艺术性的停顿。

8. 表达

教师在课堂上要能够抓住中心,用简洁明了的语言表达自己的观点,给学生以干脆、简洁、利落之感,能够用形象的例子来解释概念和原理,还可以根据教学内容和教学气氛需要,适时适当、恰到好处地插入一些风趣、幽默之语,以活跃课堂气氛,提高学生学习兴趣,便于其理解和掌握知识。同时,还要能够在引导学生思考、讨论和回答问题的过程中,运用恰当的课堂语言积极应答、不断提示、给予评价并表达鼓励和欣赏。教师可以通过观摩优秀教师的课堂教学实录、参加教师培训、说课、模拟课堂等方式来提高自己的课堂语言表达能力和教学水平。

三、教师礼貌用语

教师的言传身教和言行举止会直接影响到学生们的成长。因此,掌握并使用礼貌用语,保持良好的语言习惯,为学生们树立一个良好的榜样,是教师在教育过程中不可或缺的一部分。下面是一些常见的教师礼貌用语。

1. 见面互致问候,问好

上课前走进教室,教师可以向学生问好:"早上好,同学们!"而学生们也会回应:"早上好,老师!"这样的问候可以营造出和谐的课堂氛围,让学生感受到教师的关心和尊重。

2. 询问对方近况

当教师和学生们交流时,可以询问他们的近况,例如:"你最近学习怎么样?""你有什么需要帮助的吗?"这样的询问可以让学生感受到教师的关心,同时也可以帮助他们更好地理解自己的学习情况。

3. 感谢对方帮助

当得到学生的帮助时,教师应该表达感激之情。例如:"谢谢你的帮助!""你真是一个好帮手!"这样的表达可以让学生感受到教师的感激之情,同时也可以鼓励他们继续帮助他人。

4. 征求对方意见

当教师需要征求学生们的意见时,可以使用这样的礼貌用语:"你认为我们应该怎么做?""你有什么建议吗?"这样的询问可以让学生感受到教师的尊重和信任,同时也可以鼓励他们表达自己的想法和意见。

5. 请求对方协助

当教师需要学生们的协助时,可以使用这样的礼貌用语:"你能帮我一下吗?""你能帮我把作业本发一下吗?"这样的请求可以让学生感受到你的信任和尊重,同时也可以鼓励他们积极参与课堂活动。

6. 打扰对方时的歉意

当教师打扰学生们时,应该表达歉意。例如,"对不起,打扰你了!""对不起,我打断你的发言了!"这样的表达可以让学生感受到教师的歉意和尊重,同时也可以让教师更好地融入他们的学习生活。

7. 拜访、接待时的用语

当教师拜访或者接待学生们时,可以使用这样的礼貌用语:"请进!""请坐!""非常感谢你抽出时间来见我!"这样的表达可以让学生感受到教师的热情和尊重,同时也可以让教师更好地了解他们的需求和问题。

8. 赞美对方

当教师赞美学生们时,可以使用这样的礼貌用语:"你真棒!""你做得很好!""你真是一个聪明的孩子!"这样的赞美可以让学生感受到教师的认可和鼓励,同时也可以帮助他们建立自信心和自尊心。

案例分析

陈老师是理科实验班的班主任,出了名的暴脾气。一次课堂上,陈老师发现坐在最后一排的王同学在说话。王同学是班里有名的学习能力较弱的学生,老师布置的课堂练习题他不怎么会,于是就和附近的同学说起话来。陈老师生气地站在讲台上大声训斥王同学:"你看你那没出息的样子,难怪你成绩差,让你做习题你却说话,我说你永远不可能考上大学。"王同学听后便在陈老师的火药味儿和同学们的"注目礼"中沉默了。从此,他在课堂上,基本都是以睡觉的方式度过,陈老师放任其"自由发展"。最终在第二学期,王同学转学了。

张老师是文科重点班的班主任,他讲课生动丰富,把枯燥单调的政治学科讲得很有趣味,在他的课上,学生的学习兴致都很高涨,很少有睡觉或者注意力不集中的情况。一次,李同学在张老师讲课的过程中和同桌闲聊,张老师听见后停下了讲课内容,微笑地看着李同学说:"我是不是什么地方没有讲清楚,或者是说错了什么?"李同学摇头说没有,下课后李同学很紧张,他害怕老师训斥他或者把他不认真听讲的事情告诉家长,可是张老师只找李同学谈了谈一些生活上的话题,最后告诉他,上课要认真听讲,稍不留神就会错过重点,虽然下课可以问老师和其他同学,但是效果没有上课仔细听讲来得好。李同学听完以后连忙点头,并且以后在课堂上更加积极认真地听讲。

【分析】

教师语言是教师传递信息的媒体,是教学的主要工具,同时也是一种专业化的创造艺术。教师通过语言艺术的合理运用,表达对学生的欣赏和理解,让他们感受到教师对自己尊严和权利的尊重,感受到教师对自己学习方法、学习水平、学习效果的肯定,这样才会拉近教师与学生之间的距离,真正表达教师和学生"亦师亦友"的关系。以上案例中两位教师截然相反的语言艺术,对学生产生了不同的影响:前者和学生缺乏沟通,不仅让学生的自尊心受到伤害,而且让他以后的学习生活变得更加低沉。而后者在课堂上不但没有训斥李同学,反而还用幽默的话语帮他解围,这样做不会损伤同学的自尊心和积极性,还会让其在之后的学习中,更加发自内心地去认真听课。

实操训练

1. 实操训练内容

通过训练了解并合理运用语言技巧建立和谐的师生关系,促进学生对知识的理解和消化。

2. 实操训练要求

自设情景,模拟某教师在课堂授课过程中合理运用语言技巧的过程,并加以解说。

3. 实操训练成果

教师课堂教学模拟及语言技巧运用要点解说视频。

4. 实操训练步骤

两人一组,一人扮演教师,另一人负责解说,网络收集幼儿园、小学不同科目的相关教案,在充分了解其授课内容的基础上,情景模拟以下上课场景。

(1)3分钟模拟幼儿园小班故事讲述课教学,3分钟模拟小学六年级语文课教学,比较两段授课过程中语气、语调、表情等语言技巧运用的区别。

(2)5分钟模拟小学三年级英语教学,比较授课过程中涉及不同教学内容时速度、节奏等语言技巧运用的区别。

5. 实操反思整改

(1)授课时是否能面目和蔼可亲,眼神中含着笑意和鼓励,循循善诱的语言洋溢着快乐,让学生在欢悦的感情所造成的氛围中集中精力、认真学习。面对小学生,是否语气亲切、柔软,但不失庄重感。面对幼儿,是否语感儿童气足一些,但又没有矫揉造作之嫌。

(2)授课时是否快慢适度。根据讲课内容和学生情况,一般内容简明地讲,重点内容反复地讲,难点内容缓慢地讲。

任务五　沟通礼仪

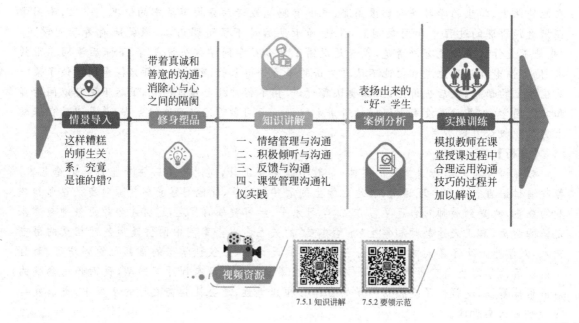

7.5.1 知识讲解　　7.5.2 要领示范

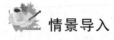
情景导入

邓老师是某中学高三文科班的班主任兼语文老师。某天上课评点作文时,邓老师因语言刻薄、用词欠妥,被该班两名学生当堂辩驳,生气离堂。由于前不久的几次班级活动中,邓老师处理不当而和班内学生产生矛盾,所以班委去请邓老师回来,但邓老师不愿回来,班委便不再理会,让大家自习度过了那堂语文课。

但是,第二天邓老师依旧没有出现。班委从副班主任那里得知,邓老师要那两名顶撞她的学生当堂检讨才肯回来上课。班里同学气愤不已,全班商量之后,决定由班委去找年级主任说明情况,并请求更换班主任和语文老师。但是,年级主任却并未插手,只说让该班先内部协调。就这样,全班同学和邓老师僵持了三天。

由于当时已经是高三上半学期,课程耽误不得,该班两名学生最后经过副班主任的劝说决定当堂检讨。班主任回来上课,继续班级管理工作。但是,事情并没有得到根本的解决,班主任与同学之间的矛盾随着这次的事件进一步加深,学生们对其已经产生了强烈的厌恶感和排斥感,只是为了学习和高考,没有再表现出抵触情绪。这样糟糕的师生关系,究竟是谁的错?

【修身塑品】

沟通,不仅是交流信息,更是互通心灵。真正的沟通,是建立在承认、理解、接纳和尊重的基础之上。带着真诚和善意的沟通,能消除心与心之间的隔阂,能平息人与人之间的争端,让社会更和谐,让心灵贴得更近。在本案例中,首先,邓老师在与学生课堂交流时,应该建立开放、平等、友好的对话氛围,保持开放的心态,尊重学生的观点和想法,不要轻易否定或批评他们的看法,而是要倾听并尝试理解他们的立场。其次,邓老师与学生存在分歧,在处理分歧意见时,师生双方应各退一步,寻求一定的妥协是非常重要的,特别是教师一方,可以尝试与学生一起探讨如何解决分歧,找到一个双方都能接受的解决方案。再次,在与学生交流时,避免情绪化是非常重要的,作为教师如果感到愤怒、沮丧或有其他负面情绪,那么你很可能会失去控制,并且无法有效地处理分歧意见。因此,教师必须学会控制自己的情绪,保持冷静和理智。最后,如果冲突的双方无法达成共识,建议寻求第三方的帮助,例如其他科任老师、校领导或其他专业人士,在第三方的帮助下寻找一个公正和合理的解决方案。

知识讲解

在人际交往中,有效的沟通对于信息的传递和理解至关重要。作为教师,掌握必要的沟通礼仪,可以更好地了解学生的学习情况和需求,与之建立良好的关系,从而提供针对性的教学指导,帮助学生更好地理解和掌握知识,促进他们的全面发展。

一、情绪管理与沟通

沟通即交流,交流就离不开情绪的表达和管理。一个良好的沟通者需要懂得如何控制自己的情绪,并且善于感知对方情感与态度进行回应。情绪管理能够有效地控制情绪的表达方式,尽可能地减少负面情绪的影响。言语的表达和情感的传达通常是长久而复杂的过程,需要有稳定的情绪作为支撑。情绪管理是对沟通壁垒的克服和情感交流的优化,从而使双方更能够理解对方的意思和合作互惠,同时增强彼此的信任感。

因此,教师应懂得基本的情绪管理礼仪,在处理学生情绪问题时,能保持冷静和耐心,采取适当的措施来帮助学生控制情绪,促进他们的心理健康,从而培养学生的情感智慧和社交技能,更好地引导他们学习和成长。

(一)情绪识别

情绪识别是教师在情绪管理过程中的第一步,也是关键的一步。通过识别自己的情绪类型、触发因素、表现方式以及可能产生的影响等,教师可以更好地了解自己的情绪状态,及时发现自己的情绪变化问题,并采取相应的措施进行调节。教师可以通过反思自己的行为和言语,观察自己的情绪变化,并记录下来,以便更好地了解自己的情绪特点。教师也需要学会接受自己的情绪,并尝试以积极的方式处理自己的情绪。

(二)情绪管理策略

情绪调节和控制是情绪管理的核心。教师应学习用较积极正向的想法来取代自己不合理的想法,分阶段进行情绪调控。

1. 自我教导法

(1)准备应付激怒。例如:"这可能是一个容易动怒的情境,但我相信我自己。""别把事情看得太严重,心情放轻松些。"

(2)冲突和面对。例如:"他这么容易动怒,必定是会很不快乐。""假如我也跟着生气,那岂不是被操纵了?"

(3)因应被激起的情绪。例如:"让我们来试试双方都赢的方式,可能我们双方都对。""把争论的焦点一个一个来考虑,不急的。"

(4)接下来的反应,如冲突未解决时:"这是不容易处理的事,需要时间及空间来缓一缓。"如冲突解决时或应付得不错时:"假如不是我应付得宜,现在情况一定很糟糕。"

2. 改变自己不适当的想法

心理学家 Ellis 提出所谓的"ABC"理论,指出情绪结果(C),并非事件本身(A)引起的,而是个体对此事件的想法(B)造成的,所以平时冷静时,能够检视自己的不合理想法,并加以改变。

(1)由 C 开始,问自己:"在当前这种情况下,我是如何产生这些不适当的感觉?"尤其要注意自己是否有过度的生气、焦虑、沮丧、罪恶感等。

(2)回到 B 点,然后问自己:"我对于我自己,面临这种情形,以及对于这种情况下的其他人、事、物等,会有什么样的不合理想法。"

(3)问自己:"我能以哪种务实的做法来取代自己在 B 中不适当的想法?"

二、积极倾听与沟通

沟通是一个双向的过程,需要发言者和倾听者的相互配合。在与学生沟通交流时,教师需要具备积极倾听的能力。积极倾听学生的问题、观点、意见和感受,不仅是单纯地听到对方说的话,更是在理解和接纳对方的观点、情感或需求。

(一)积极倾听与有效沟通的关系

1. 信息收集

教师通过积极倾听,不仅可以收集学生更多的信息,还可以从中了解对方的态度、感受和观点,从而为他们提供更有效的指导和帮助。

2. 情感连接

教师通过积极倾听,能够感受到学生的情感和需求,从而产生共鸣。这种情感连接有助于建立信任和良好的人际关系,使沟通更加顺畅。而且,倾听还能够让对方感到被尊重和重视,从而加强沟通的积极性和亲密性。

3. 理解能力

倾听技巧在很大程度上影响了教师的理解能力。当倾听学生时,不仅要听取对方的话语,还要注意对方的语调、表情、肢体动作等非语言信息。通过积极倾听,教师能够更好地理解学生的意图和感受,从而做出恰当的回应。

(二)积极倾听的技巧

1. 专注投入

在与学生进行交流时,教师需专注于学生的语言和身体语言,用眼神、姿态和表情表达对学生所说内容的关注。只有专注且投入,才能准确地理解学生的意图和情感。

2. 避免打断

在学生的发言过程中,需要耐心等待他们完成陈述,避免打断他们的思路。即使有不同的观点或建议,也要等到学生发言结束后才进行回应。这样可以保证不会干扰学生的发言,同时也能让学生感受到我们的尊重。

3. 重复内容

为了确保准确地理解学生的意思,可以适当重复他们的话语或总结他们的观点。这可以让学生知道我们重视他们的表达,同时也能让自己更深入理解他们的意思。

4. 提出问题

在倾听过程中,教师可以适时地提出问题,例如可以使用开放性的问题"你是怎么看待这个问题的?""你有没有什么具体的建议?"等,帮助学生更深入地思考问题,同时也能让自己更全面地了解学生的观点、想法和感受。

5. 避免判断

倾听学生应该是一个开放和接纳的过程。应尽量避免对对方的观点做出主观评判,以免阻碍沟通的进行。同时,也要自觉排除对对方的偏见,以保持客观和中立的态度。

6. 表达感受

在倾听过程中,教师可对学生的情绪和心情进行理解、体谅和安慰,让对方感到在沟通中被听到和被关心,给予学生情感上的支持。

三、反馈与沟通

(一)反馈与有效沟通的关系

在沟通过程中,反馈是接收者对发送者信息的回应和评估。它有助于确保信息的准确传递和理解,并帮助发送者了解他们的沟通效果。通过反馈,接收者可以提供关于信息是否清晰、准确、及时等方面的意见,从而帮助发送者改进他们的沟通方式。反馈和有效沟通是相互依存、相辅相成的,它们共同构成了一个完整的沟通过程。

反馈技巧是教师在教学过程中帮助学生了解自己的学习状况、提高学习效果的重要手段之一。通过反馈,教师可以更好地帮助学生发现自己的优点和不足,激发他们的学习动力和自信心。

(二)教师反馈技巧

1. 建设性反馈

建设性反馈是一种积极的反馈方式,旨在帮助学生认识自己的优点和不足,并为其提供改进的建议。教师在给予建设性反馈时,应该注重肯定学生的优点和长处,同时指出其不足之处,并提供具体的改进建议。例如,教师可以对学生的作业进行点评,指出其做得好的地方和需要改进的地方,并为其提供一些具体的改进建议。

2. 具体性反馈

具体性反馈是指教师在反馈时给出具体的例子和细节,让学生更好地理解自己的学习状况。教师在给予具体性反馈时,应该注重举出具体的例子和细节,以便学生更好地理解自己的优点和不足,并为其提供具体的改进建议。例如,教师可以对学生的课堂表现进行点评,举出其在哪些方面做得好,哪些方面需要改进,并提供一些具体的改进建议。

3. 及时性反馈

及时性反馈是指教师在第一时间给出反馈,让学生及时了解自己的学习状况。教师在给予及时性反馈时,应该注重及时性,以便学生能够及时了解自己的学习状况并作出调整。例如,教师可以对学生的作业进行及时点评,让学生及时了解自己的作业情况并作出调整。

4. 针对性反馈

针对性反馈是指教师针对不同学生的特点和需求给出不同的反馈,以便更好地满足学生的需求。教师在给予针对性反馈时,应该注重了解每个学生的特点和需求,以便为其提供更加个性化的反馈和建议。例如,教师可以针对不同学生的学习风格和兴趣爱好给出不同的反馈和建议。

5. 持续性反馈

持续性反馈是指教师在教学过程中持续不断地给出反馈,以便学生能够持续不断地改进和提高。教师在给予持续性反馈时,应该注重持续性和一致性,以便学生能够持续不断地了解自己的学习状况并作出调整。例如,教师可以对学生的课堂表现、作业和学习成绩等进行持续性反馈,以便学生能够持续不断地改进和提高。

四、课堂管理沟通礼仪实践

(一)基本原则

(1)教师可以通过恰当的言语和身体语言来表达自己的情绪感受,同时注意表达的方式和时机,保持友善的态度、幽默的风度和持久的耐心。

(2)教师需要关注每一个学生,宽容大度,尊重学生的差异和多样性,并尝试以积极的方式处理学生的情感和行为问题,实现良好的师生互动和关系建立。

(3)教师具备敏锐的观察力和判断力,以及广博的知识和经验,在面对突发情况或问题时,能够迅速作出决策并解决问题。

(二)幼儿沟通礼仪实践

1. 幼儿无意过失

耐心安慰,不指责埋怨幼儿。例如:"伤着没有?下次小心。"

2. 组织活动

语速适中,指令简洁明了,语言生动、有趣、儿童化。例如:"请吃好点心的小朋友轻轻地把小椅子搬到旁边。"

3. 师幼互动

热情温和、积极应答、仔细观察、不断提示、给予评价、鼓励欣赏。例如:"你真爱动脑筋,真棒!"

4．幼儿遇到困难

鼓励幼儿增强自信，不讽刺挖苦。例如："你肯定能行，试试看吧！别着急，我来帮助你。"

5．幼儿有意过失

坚持正面教育，及时解决。例如："有事好好说，不能动手。老师相信你是好孩子，以后不会再做这种事。"

6．日常生活

亲切关爱，体贴入微，力求体现关爱。不讲粗话、脏话，不训斥幼儿，忌大呼小叫。例如："有点不舒服是吗？让老师看看裤子是不是湿了。"

（三）课堂管理文明用语

课堂管理与学生沟通的过程中，应使用尊重学生、鼓励学生、信任学生、启发学生、爱抚学生、导引学生的语言。例如：

"只要肯下功夫，就一定能学好！"

"老师相信你可以做得更好！"

"你真的很出色！"

"你一定能行！"

"你的回答很独到！"

"老师很愿意帮助你！"

"你别急，再想一想，你会答得很好！"

"谁都可能会有错误，只要改正了，你仍然是好样的！"

"你很有个性，希望你发扬长处，克服不足！"

"谢谢同学们对老师的信任和支持！"

（四）课堂管理用语禁忌

为避免伤害学生，在任何情况下，都要严禁教师使用粗俗恶语。例如：

"就你拉我们班后腿！"

"你再这样，我就找家长惩罚你！"

"我教这么多年学，没见过你这样的！"

"你把这道题再给我写 n 遍！"

"别人都懂了，怎么就你不懂！"

"不愿意上课就出去！"

"你就不能像××那样！"

"你真让我失望！"

"你一辈子就这样了！"

"你给我站起来！"

案例分析

初一男生小李，性格比较暴躁，态度粗鲁，稍有不合他意，就出口骂人、动手打人，在班级里纪律自由涣散，是一个典型的"自我主义"者，每做一件事，他认为对的就去做，全然不顾老师和同学的感受。一次课上，老师提了几个问题，他也举手了，嘴上喊着："我会，我来回答，我来回答。"但老师没有理他,他就坐在下面大吵大闹,严重影响了其他同学听讲。课下,老师找到他,首先对他第一次参加学校数学竞赛就获得三等奖进行了表扬,并且称赞他上课积极发言。同时又提出了为什么班级里很多同学对他非常反感这一问题。小李也意识到可能是因为平时的行为习惯,如说脏话以及动手打人。随后,老师跟他分析原因,针对小李想改掉这些坏习惯,但是做不到的问题,老师和他制定了近期目标,并让同学和班干部监督他的行为习惯。过了一个星期,当老师再次找他谈话时,小李表态今后会改正缺点,与同学和睦相处。于是,老师又对他提出一些更高的要求,并让小李制订一个学习和行为习惯方面的计划。从那以后,他与同学的关系和睦多了,有时候班级里的事情能主动找老师反映,在学习上有时也能帮助同学,说脏话、动手打人的坏习惯明显减少。

【分析】

教师和学生沟通的基本要点是建立关系、先听后说、正向肯定、接纳尊重、先情后理等。以上案例中,教师先从表扬其数学竞赛获得三等奖开始对其正向肯定,建立关系,帮助其挖掘自身的优点,在集体中找到自己的位置,树立信心。接下来,分析学生面临的各种问题的原因,为其制定各阶段的努力目标,在学习和行为中提出操作性较强的计划,从而使这个学生的表现得到明显的改善。

实操训练

1. 实操训练内容

通过训练了解并合理运用沟通技巧更好地了解学生,保证良好的教学效果。

2. 实操训练要求

自设情景,模拟某教师在课堂授课过程中合理运用沟通技巧的过程,并加以解说。

3. 实操训练成果

教师课堂教学模拟及沟通技巧运用要点解说视频。

4. 实操训练步骤

3人一组,一人扮演教师,另一人扮演学生,还有一人负责解说,情景模拟以下上课场景。

(1)一名学生没有完成作业,说明原因是他认为学习无用,很多大学生毕业后找不到工作,很多没上大学的人事业却很成功,教师用正向肯定的方法和学生沟通。

(2)一名学生没有完成作业,说明原因是学生急于先送一位大雨中没伞的同学回家,再回来取书包时,因教室锁门拿不到书包,教师用接纳尊重的方法和学生沟通。

(3)一名学生哭着走进教室,说自己刚刚被其他班的学生打了,教师用先情后理的方法和学生沟通。

5. 实操反思整改

(1)运用正向肯定的方法和学生沟通时,能否多站在学生的角度看问题,以学生的眼光去看世界,以学生的心态去理解一切,然后有效地将这些感受传递给对方,从而使学生感受到教师对他的理解与尊重,从而产生温暖感和满足感。

(2)运用接纳尊重的方法和学生沟通时,是否善于发现学生身上的优点和闪光点,并及时表示欣赏之意,让学生感受到教师眼中自己的价值,积极改正缺点,追求进步。

(3)运用先情后理的方法和学生沟通时,能否先表示感同身受对方被打后的难过心情,再一起分析事情的原因,用自己的爱心去感化学生,做到动之以情、晓之以理、寓理于情、情理结合。

活动仪式礼仪

任务一　签约仪式礼仪

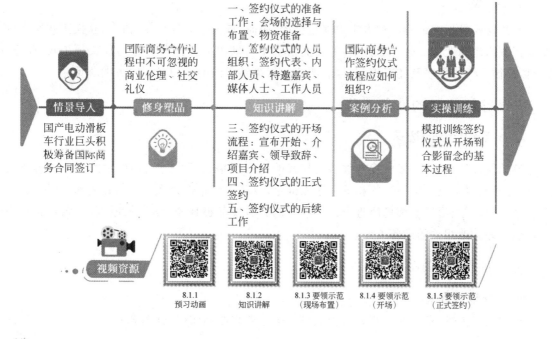

情景导入
国际商务合作过程中不可忽视的商业伦理、社交礼仪
国产电动滑板车行业巨头积极筹备国际商务合同签订

修身塑品

知识讲解
一、签约仪式的准备工作：会场的选择与布置、物资准备
二、签约仪式的人员组织：签约代表、内部人员、特邀嘉宾、媒体人士、工作人员
三、签约仪式的开场流程：宣布开始、介绍嘉宾、领导致辞、项目介绍
四、签约仪式的正式签约
五、签约仪式的后续工作

案例分析
国际商务合作签约仪式流程应如何组织？

实操训练
模拟训练签约仪式从开场到合影留念的基本过程

视频资源

| 8.1.1 预习动画 | 8.1.2 知识讲解 | 8.1.3 要领示范（现场布置） | 8.1.4 要领示范（开场） | 8.1.5 要领示范（正式签约） |

情景导入

国产电动滑板车行业巨头智屹电子有限公司的产品远销欧美等地，下个月将在森润国际大酒店与德国的电动滑板车运营商 Whiz Mobility 签订战略合作协议，为保证签约仪式顺利进行，公司各部门的中层以上领导及各工作小组负责人在公司的多功能会议厅召开了相关的筹备会议，现在是各工作小组负责人工作汇报时间。

主持人："刘经理，会议布置组的工作安排是怎样的？"

刘经理："我们正在和艺卉礼仪服务有限公司确定合作事宜，落实签约现场的空飘氦气球、横幅、欢迎牌、喷绘、×展架、小国旗、台卡等物品的设计和布置工作。他们也有专业的礼仪小姐提供现场服务……"

主持人："张经理，外商接待的工作有哪些计划？"

张经理："我们会尽快落实参加签约仪式的外商名单，沟通外商致辞的中英文内容，安排好他们的接送机和食宿服务工作……"

主持人："陈经理，媒体的联络工作还顺利吗？"

陈经理："目前还算顺利。邀请的三家媒体基本上已经确定下来了，他们会和集团、公司的相关负责人对接，保证不同角度新闻通稿撰写及确认工作有序进行……"

【修身塑品】

签约仪式是商务活动中非常重要的一个环节，它代表着签约双方之间的合作关系，这一仪式不仅具有法律效应，还承载着商业伦理、社交礼仪等多方面的含义，为商业活动的成功奠定了坚实的基础。从上述案例可以看出，如果要筹备一个签约仪式，由于涉及的细节环节众多，需要各部门之间充分协调通力合作。有了充分的筹备工作，就能确保活动的各个环节都得到妥善安排和准备，从而提高活动的成功率。

 知识讲解

签约仪式是指本组织与对方组织经过会谈、协商，形成了某项协议、协定，互换正式文本的仪式。签约是商业交易的公证方式，是商业活动不可缺少的一部分。签约仪式须正式、庄重、严肃，遵循严格的程序及礼节规范，以表明双方对缔结条约的重视及对对方的尊重。

一、签约仪式的准备工作

（一）签约会场的选择

签约仪式的会场，一般应视参加签约仪式的人员规格、人数多少、协议中的商务内容重要程度、领导的要求及经费预算等相关因素来确定，仪式多数是选择在客人所住的宾馆、饭店，或东道主的会客厅、洽谈室等场所进行。签约厅的布置要遵循庄重、整洁的原则，签约仪式进行前还应做好其他相关的准备工作。

（二）签约会场的布置

1. 外场欢迎背板

根据仪式内容，在场外的欢迎背板上可安排各类欢迎词或祝词（图8-1）。

图 8-1　外场欢迎背板

2. 签约台

签约台铺地毯,背景板上要注明签约仪式的名称、签约各方的名称及 Logo、签约时间等信息,与签约桌之间应保持足够大的间隙,满足签约见证人及礼仪人员自由活动的需要。签约台一侧安排主持人和嘉宾的发言席,并配话筒。

3. 签约桌

我国举行签约仪式,一般在签约厅内设置一张长方桌,作为签约桌。签约桌上面铺深绿色或暗红色台布,中间放小型鲜花,左右两侧放签约双方代表的桌签、茶水、签约笔等。签约桌中间摆有一旗架,同外商签约时旗架上面分别挂着双方国旗。台前放绿色小型盆景。

4. 签约椅

签约桌后放两把椅子,供双方签约人入席就座。东道主席在左边,客商席在右边。

5. 旗架

签约仪式国旗或(公司)组织旗和旗架。

6. 台下观众席

统计到场嘉宾及工作人员的人数,合理安排观众席座位数目。桌椅呈课桌式布局摆放,前排设特邀嘉宾席,东道主及客商双方代表分坐左右两个区域。

我方人员在外国参加签约仪式,应尊重该国举行签约仪式的传统习惯。有的国家可能会准备两张签约桌,有的国家可能要求参加签约仪式的人员坐在签约人对面,对此不必在意。

(三)签约仪式的物资准备

1. 待签的合同文本

在决定正式签署合同时,负责提供合同文本的主办方应会同有关各方一道指定专人,共同负责合同的定稿、校对、印刷和装订。签署涉外商务合同时,比照国际惯例,待签的合同文本应同时使用有关各方法定的官方语言或使用国际上通行的英文、法文,也可并用。应为在合同上正式签约的有关各方均提供一份待签的合同文本,必要时,还要再向各方提供一份副本。

合同文本应以精美的白纸印刷而成,按大八开的规格装订成册,并以高档质地(如真皮、金属、软木等)作为封面。

2. 香槟酒及香槟塔

香槟塔是庆祝成功和繁荣的象征(图 8-2)。完成签约后香槟瓶被打开,酒液迅速冒出,象征着财富和成功将会源源不断地涌现,各方领导带着美好的愿景一起完成香槟塔的倒酒工作,全场举杯,可标志着此次签约正式圆满完成。

香槟塔摆放的注意事项如下。

图 8-2 香槟酒及香槟塔

（1）酒杯数量。根据到场嘉宾的情况进行酒杯数量预算。

（2）摆放位置。香槟塔的摆放要求根基平稳牢固,台面平整,以免行人的脚步震动或其他震动因素造成杯塔倒塌。

（3）高度。香槟塔的高度以倒酒者的身高为准。

（4）安全措施。香槟塔尽量放在非人流聚集处,在活动进行前做好安全防范措施。如果是大型香槟塔,还应在周围拉上围挡,设置温馨提示,避免小孩或嘉宾在观看与走动时碰到杯塔,尤其注意小孩的跑闹。

3. 西点、水果、饮料等

签约仪式结束,可以让领导嘉宾,企业代表移步到茶歇区休憩,在优美的环境中进一步交流。

二、签约仪式的人员组织

（一）签约代表

签约代表由签约双方各自确定,但事先应沟通确定好,确保其身份与待签文件的性质相符,且双方签约代表的身份和职位应当大体相当。

（二）签约各方内部人员

为了表示对签署的协议、协定或条约的重视,签约各方均会选派集团及公司领导出席签约仪式,此外,还应选派一定数量的其他内部人员作为签约团成员。作为签约见证人的领导,职位应高于签约代表。

（三）特邀嘉宾

正式的签约仪式应邀请一定数量的嘉宾作为签约见证人。特邀嘉宾的身份包括以下几种。

1. 当地政府官员

政府官员的出席会让签约仪式更具正式性,也有利于提升签约方的公信力和影响力。此外,政府官员的支持也有助于提高签约方在相关行业的政策支持程度。

2. 相关行业内的知名企业家

这些人在行业内有很高的知名度、影响力和关注度,可以给签约仪式带来更多的公众关注和媒体曝光。

3. 行业内有影响力的专家学者

这些人通常有着非常丰富的行业经验和高度的威望,能够为签约仪式提供专业的见解和建议,增加发布会的权威性。

4. 其他重要客户或招商对象等

一般来说,参加签约仪式的双方或多方的人数应大致相同。对于邀请的人员事先发放邀请卡,并确认仪式当天是否能到场。

（四）媒体人士

媒体人士包括各报社、电视台记者及主编等。他们能够为签约仪式提供更广泛的曝光和宣传,增加事件的关注度和知晓度,也有助于双方的品牌推广和市场扩张。

（五）其他现场工作人员

1. 仪式主持人

仪式开始前确认实际到会人员名单,并核对主持稿。

2. 现场拍摄人员

负责双方人员合照及活动现场的摄影摄像工作。

3. 礼仪人员

分别负责贵宾签到,协助主要签约人员佩戴胸花,引领签约相关人员入场,引导签约代表及签约见证人就座及上下签约台,签约助签工作等。

4. 安保人员

负责维护现场的秩序,灵活应对各种突发事件,保证仪式活动参与者的安全。

三、签约仪式的开场流程

（1）主持人开场白,宣布签约仪式开始。

① 向参加仪式的全体人员问好:"尊敬的各位领导、各位来宾,媒体界的各位朋友,女士们、先生们,大家下午好!"

② 说明仪式的名称,点名签约的目标:"感谢各位的关注、指导和支持,今天,我们在这里隆重举行金泰购物广场进驻骏景新城楼盘签约仪式,双方将共同携手,共创未来!"

③ 对来宾表示欢迎:"在此,我谨代表骏景新城对大家的到来表示最热烈的欢迎和最诚挚的问候!"

（2）主持人介绍出席仪式的重要嘉宾和双方代表,一般的顺序是先客后主,先特邀嘉宾,后签约代表;介绍完毕,应使用恰当的结束语:"首先,请允许我向大家隆重地介绍出席本次签约仪式的各位领导及嘉宾,他们是隆兴置业发展有限公司董事长林朗先生……让我们以热烈的掌声对各位领导、嘉宾、媒体界各位朋友的到来表示欢迎!"

（3）主持人按照先主后客的顺序请双方领导人简短致辞,表达与对方合作的荣幸以及对合同约定事项在日后进展顺利的美好祝愿:"现在,签约仪式进行第一项,有请骏景新城置业发展有限公司董事长冯亚先生致辞。大家欢迎!"

（4）主持人请公司负责人作合作项目介绍,包括产品简介、流程介绍、商务政策等。

四、签约仪式的正式签约

（一）签约见证人上台

领导和嘉宾发言结束后,主持人组织签约见证人上台,以中为尊,依次排列于自己所对应的签约人员之后,同时伴奏音乐贺曲响起:"下面,让我们用热烈的掌声请出席签约仪式的特邀嘉宾及各位领导上台见证签约。"

（二）签约代表上台

见证领导站位确定后,组织签约代表上台:"有请骏景新城置业发展有限公司总经理廖强先生,金泰购物广场总经理于静女士入席签约。"

(三)助签协助签约代表签约

1. 主持人请助签递上合同文本

"下面有请礼仪人员为签约代表递上签约的文本。"

2. 签约代表在对方保存的文本上签字

助签走到签约代表的外侧,双手将待签文本放在签约代表的面前并打开签字页,用外侧的手指明签约处。签字完成后,助签在旁用吸水纸按压签约处。

3. 助签协助代表交换签约文本

礼仪人员合拢并拿起签约文本,绕到签约代表的后侧交换文本,再按照之前的步骤请签约代表在自己保留的合同文本上签字(图 8-3)。

助签指明签约处　　　　　　助签交换签约文本

图 8-3　助签协助签约代表签约

4. 主持人应说出相应的配词,表达对双方签约美好的愿望

"金泰购物广场及骏景新城楼盘两位签约代表在合作协议上郑重签下他们的名字,这是双方合作的一个美好的开始,也必将迈向更成功的未来!"

(四)合影庆祝环节

1. 签约代表合影

合同文本签署完毕后,签约代表相互交换各自一方使用过的签约笔以示纪念(图 8-4),起身,左手拿合同文本,右手热烈握手,互致祝贺,然后正面朝向观众,停留片刻,拍照留念。全场人员应鼓掌,表示祝贺。

图 8-4　签约代表合影

2．主持人请台上所有领导及嘉宾合影留念

"有请廖总、于总以及我们的见证领导和嘉宾合影留念。"此时签约代表应退到见证领导的两旁,全体合影。

3．主持人请双方代表开启香槟酒,增添喜庆色彩

"有请廖总、于总代表合作双方开启胜利的香槟酒,注入象征着步步登高的香槟塔,把这份温暖和诚意注入我们美丽的家园……各位领导、各位嘉宾,亲爱的朋友们,让我们全场举杯,共同祝贺并祝福金泰购物广场和骏景新城楼盘的成功合作,为了双方更美好的未来,为了我们更美好的生活,干杯!"

五、签约仪式的后续工作

(1) 主持人宣布进入答记者问环节:下面进入记者提问环节,有请骏景新城置业发展有限公司董事长廖总以及金泰购物广场董事长于总到主席台就座,欢迎各媒体机构的记者朋友就您感兴趣的问题现场提问。

(2) 仪式后,还可以安排与会者观看文艺节目、茶点区交流、参观展览,并举办晚宴招待来宾。

案例分析

这天是智屹电子有限公司与 Whiz Mobility 的战略合作签约仪式进行的日子。早上 8 点,会议组的工作人员已到达森润国际大酒店的多禧会议厅,落实签约场地的细节问题,并依次对仪式相关人员进行彩排。一楼酒店大堂,媒体、商家及供应商在签到台登记并领取签约仪式相关资料。

晚上 6 点,主持人宣布仪式正式开始并介绍到场的嘉宾,接下来是市委副书记周宁发、智屹电子有限公司总裁吴律由以及 Whiz Mobility 公司总裁 Clemens 各十分钟的致辞。

你认为该如何组织接下来的签约仪式流程?

【分析】

接下来基本的工作流程依次是:请贵宾登台见证签约,签约代表就位,在双方保留的签约文本上分别签字,互赠礼品、合影留念,与会人员互敬香槟庆贺,贵宾集体合影,仪式结束。然后,礼仪人员引导集团副总经理级以上领导、政府领导、行业领导、Whiz Mobility 公司代表、代理商、供应商代表及相关业务负责人、媒体记者等前往晚宴现场。

实操训练

1．实操训练内容

通过训练掌握规范组织签约仪式的礼仪要点,以表达公司对合作的高度重视。

2．实操训练要求

自设工作情景,模拟训练签约仪式从开场到合影留念的基本过程。

3．实操训练成果

签约时的情景模拟视频。

4．实操训练步骤

9 人一组,分别扮演签约仪式主持人(1 人)、签约代表(2 人)、签约见证人(2 人)、助签

（2人）、上下场引导员（1人）、香槟酒服务工作人员（1人），模拟以下签约仪式场景。

（1）主持人致开场词，宣布《×××签约仪式》正式开始并介绍合作双方参会人员及嘉宾、领导。

（2）引导员在主持词的引导下引领签字双方负责人移步签字区签字，参会领导做见证。

（3）助签在主持词的引导下协助签字双方完成签约。

（4）礼仪在主持词的引导下上香槟酒，大家共同举杯庆祝。

（5）签约双方及参会嘉宾、领导在主持词的引导下合影留念。

5. 实操反思整改

（1）主持人的开场词中对来宾的欢迎是否兼顾了到场的全体成员，点名仪式名称是否规范，介绍嘉宾、领导的顺序及称呼是否合理。

（2）签字双方座次安排，引导的动作和路线是否合理。

（3）助签递上签约文本及签字笔、翻页并指示签字的位置、交换文本等工作流程是否规范。

（4）祝酒环节主持人的祝词是否有助于烘托隆重、热烈的氛围。

任务二　剪彩仪式礼仪

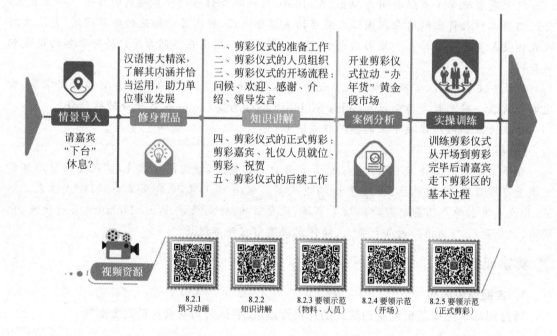

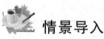 情景导入

某市一立交桥竣工通车前，相关部门组织了隆重的剪彩仪式，请来了刘市长和当地各界名流。仪式当天，各项工作都进展顺利，军乐队、盘鼓队烘托出热烈的仪式氛围，礼仪人员引领签到、为领导佩戴胸花、引领领导及嘉宾上台剪彩等礼仪服务周到细致。剪彩完成，看到各位嘉宾已将手套和剪刀放回礼仪人员的托盘后，主持人宣布："览众立交桥竣工通车剪彩仪式圆满

结束,有请刘市长及各位嘉宾下台休息!"见刘市长站在原地没动,主持人很奇怪,重复一遍:"有请刘市长及各位嘉宾下台休息!"刘市长此时脸上露出一丝恼怒。市政公用事业管理局的陈局长见状,马上接过主持人手里的话筒:"刘市长和各位嘉宾辛苦了,请随礼仪人员入座休息。"这时刘市长才在一个热情的礼仪人员陪同下走下了主席台。

【修身塑品】

在这个剪彩仪式的案例中,主持人的语言用词存在着很大的问题,用了"下台"一词,这种用词对于某些领导来讲可以说是犯了大忌,因而导致了领导对其非常生气恼怒。职场如战场,作为职场人士,该说什么话,该做什么事,都是有讲究的。特别是这"话",说得不好,讲得不对,有可能会在无意之中伤及别人,还有可能给单位的事业造成相当严重的影响。一般情况下,主持人在提醒领导回席就座的时候,注意用词!千万不能说请领导下台!可以说"移步台下稍事休息",或者"回位就座"。中国语言的内涵非常丰富,经常会有一词多义的情况,而且在修辞上隐喻、指代、象征等手法运用得非常普遍。因为约定俗成的原因,"下台""倒台""完了""下来了""进去了"等词语,在某些场合上都有特定的含义,所以在使用时,需要特别谨慎。

知识讲解

剪彩仪式是指商界的有关单位,为了庆贺公司的设立、企业的开工、商店的开张、大型建筑物的启用、道路或航线的开通、展销会或展览会的开幕等,而隆重举行的一项礼仪性程序。按照惯例,剪彩既可以是庆典仪式中的一项具体程序,也可以独立出来,由其自身的一系列程序所组成。一般来说,剪彩仪式宜紧凑、忌拖沓,在所耗时间上越短越好。短至15分钟,长则不超过1小时。

一、剪彩仪式的准备工作

(一)场地选择

(1)如果是新建设施、新安装的设备启用,或是新的建筑、工程竣工,剪彩仪式一般安排在现场前面的空地处。

(2)如果是展览会、博览会的开幕,则正门外的广场、正门内的大厅,都是可予优先考虑的场所。

(二)活动现场布置

1.剪彩区布设

剪彩区应布置得热烈、隆重,可在大红色充气拱门、大型横幅或仪式背板上标明剪彩仪式的具体名称。剪彩者正式剪彩时的站立之处铺设红色地毯,两边摆放花篮装饰,提升剪彩仪式的档次,并营造一种喜庆的气氛。

2.台下座席安排

剪彩仪式台下一般只安排剪彩者和来宾的座位,本企业主要领导陪坐。入座时应把剪彩者安排在前排,有多位剪彩者,应按剪彩时的位置就座,以免宣布剪彩时再交换位置。

(三)剪彩物资准备

剪彩物资准备如图8-5所示。

红色缎带

新剪刀

白色薄纱手套

托盘

图 8-5　剪彩物资准备

1. 红色缎带

红色缎带即剪彩仪式之中的"彩"，按照传统做法，是由一整匹未曾使用过的红色绸缎，在中间结成数朵生动、硕大、醒目的花球而组成。花球数量应在剪彩嘉宾数量的基础上加一，以保证每个嘉宾都能站在某两个花球中间。花球之间的缎带间隔应在 2m 左右，方便礼仪人员上场时活动自如，也为剪彩嘉宾留出足够多的展示、剪彩空间。

目前，有些单位为了厉行节约，而代之以长度为 2m 左右的细窄的红色缎带，或者以红布条、红线绳、红纸条作为其变通，剪彩时彩带两端由礼仪小姐扯起，这也是可行的。

2. 新剪刀

新剪刀是专供剪彩者在剪彩仪式上正式剪彩时所使用的。必须是每位现场剪彩者人手一把，而且必须崭新、锋利而顺手，金色则代表吉祥如意。在剪彩仪式结束后，主办方可将每位剪彩者所使用的剪刀经过包装之后，送给对方以资纪念。

3. 白色薄纱手套

白色薄纱手套是专为剪彩者所准备的。在正式的剪彩仪式上，剪彩者剪彩时最好每人戴上一副大小适度、洁白无瑕的白色薄纱手套，以示郑重其事。

4. 托盘

托盘在剪彩仪式上是托在礼仪小姐手中，用作盛放红色缎带、剪刀、白色薄纱手套的。在剪彩仪式上所使用的托盘，最好是崭新的、洁净的。通常首选银色的不锈钢制品。为了显示正规，可在使用时上铺红色绒布或绸布。一般应为每一位剪彩者配置一只专为其服务的托盘，同时使红色缎带专由一只托盘盛放，由礼仪人员双手托至台上。

二、剪彩仪式的人员组织

剪彩仪式主要由主持人、剪彩嘉宾以及礼仪人员来完成。

（一）主持人

和其他仪式活动相同,剪彩仪式的主持人起着统领、引导、推进活动进程的作用,要求其表达能力强、形象气质佳、音色甜美、善于应变,能够调动会场气氛。

（二）剪彩嘉宾

1. 人数

剪彩者,即在剪彩仪式上持剪刀剪彩之人。根据惯例,剪彩者可以是一个人,也可以是几个人,但是一般不应多于 5 人。

2. 身份

剪彩者是剪彩仪式的主角,一般具有较高的社会威望,深受大家的尊重和信任,多由上级领导、主管部门负责人、合作伙伴、社会名流、客户代表等担任。

3. 邀请方式

对剪彩嘉宾应当发出郑重邀请,可由主办单位领导亲自出面或委派代表专程前往邀请。若是请几位剪彩者同时剪彩,要事先征得每位剪彩者的同意,否则就是对剪彩者的失礼。

4. 剪彩时的站位

若剪彩者仅为一人,则其剪彩时居中而立即可。若剪彩者不止一人,则其同时上场剪彩时,位次的尊卑就必须予以重视。一般的规定是中间高于两侧,右侧高于左侧,距离中间站立者越远,位次便越低,即主剪者应居于中央的位置。

5. 剪彩者的仪表

剪彩者衣着服饰应大方、整洁、挺括,容貌适当修饰、看上去容光焕发,充满活力。按照常规,剪彩者应着套装、套裙或制服,将头发梳理整齐。一般不应戴帽子,或者戴墨镜,也不应穿便装。

6. 剪彩者的仪态

在剪彩过程中,剪彩者要保持一种稳重的姿态、洒脱的风度和优雅的举止。当主持人宣布开始剪彩时,剪彩者要面带微笑,步履稳健地走向由礼仪小姐扯起的彩带,接过礼仪小姐用托盘呈上的剪刀,并微笑点头表示谢意,然后聚精会神地将彩带剪断。如果有几位剪彩者,处在外端的剪彩者应用眼睛余光注视中间的剪彩者的动作,力争同时剪断彩带,同时还应注意与礼仪小姐配合,使彩球落于托盘内。

（三）礼仪人员

1. 人员选拔

剪彩仪式礼仪人员多由东道主一方挑选容颜姣好、身材颀长、年轻健康、气质高雅女职员担任,必要时也可向庆典礼仪公司聘请专业礼仪小姐。

2. 仪容仪表要求

剪彩仪式礼仪人员的仪容仪表须文雅、大方、庄重,穿戴装扮尽可能地端庄得体。

（1）发型。前不过眉、侧不过耳、秀发干净并盘起。

（2）妆面。眉、眼、唇、脸颊等化淡妆。

（3）服装。无褶皱、穿戴整齐、衣冠整洁。一般穿款式、布料、色彩统一的单色旗袍,配肉色连裤丝袜、黑色高跟皮鞋。有时,礼仪小姐身穿深色或单色的套裙亦可。

（4）配饰。除戒指、耳环或耳钉外,不佩戴其他任何首饰。

3.任务分工

如剪彩嘉宾较多,剪彩仪式的礼仪小姐可身兼数职,如剪彩嘉宾较少则可将以下各项任务分担给不同的人。

（1）迎宾礼仪人员。在活动现场负责迎来送往。

（2）引导礼仪人员。在进行剪彩时负责带领剪彩者登台或退场,既可以是一个人,也可以为每位剪彩者各配一名。

（3）服务礼仪人员。为来宾尤其是剪彩者提供饮料,安排休息之处。

（4）拉彩礼仪人员。负责在剪彩时展开、拉直红色缎带,通常应为两人。

（5）捧花礼仪人员。在剪彩时手托花团。人数则需要视花团的具体数目而定,一般应为一花一人。上台之后,既要注意自己的仪态,不能左顾右盼,又得用余光量好彼此间以及与后排领导之间的位置关系,间距始终保持在1m左右,保证台下观众能看到缎带后面所有的剪彩嘉宾。

（6）托盘礼仪人员。为剪彩者提供剪刀、手套等剪彩用品。托盘者可以为一人,也可以为每位剪彩者各配一人。

三、剪彩仪式的开场流程

1.主持人向在场的来宾问好

例如:"春风送爽千山翠,瑞气迎临万象新。在这春满人间、百花争艳的时节,很荣幸迎来了各位领导、嘉宾和朋友们。"

2.主持人宣布仪式的名称及意义

例如:"我们欢聚一堂,共同庆祝悦都购物中心隆重开业,这对万州商界来说是一件大事,对万州人民来说是一件喜事。"

3.主持人对在场的来宾表示欢迎和感谢

例如:"在此,我谨代表主办方,向一贯支持、关心和帮助悦都购物中心的各位领导、各位嘉宾,以及社会各界朋友表示最热烈的欢迎,并致以最衷心的感谢!"

4.主持人介绍来宾

主持人向与会者介绍参加剪彩仪式的领导、各界知名人士等主要来宾,对他们以及祝贺单位、与会者表示感谢。

5.主持人对主办方的企业进行简介和宣传

例如:"装饰一新的悦都购物中心,正以独特的风姿,迎八方来客,汇四海朋友,其整洁的环境、一流的服务、精美的佳肴,相信必定会让您流连忘返。"

6.安排主办单位负责人、来宾作简短发言

发言的顺序依次为东道主单位的代表、上级主管部门的代表、地方政府的代表、合作单位的代表等。发言内容应言简意赅,每人不超过3分钟,重点分别应为介绍、道谢与致贺。

四、剪彩仪式的正式剪彩

剪彩仪式的流程如图 8-6 所示。

介绍嘉宾　　　　　　　协助嘉宾剪彩　　　　　　剪彩嘉宾致意

图 8-6　剪彩仪式的流程

1. 主持人宣布剪彩仪式正式开始

例如："尊敬的各位领导,各位来宾,各位现场的朋友们,请允许我宣布:悦都购物中心佳宁新店的剪彩仪式正式开始!"

2. 主持人请剪彩嘉宾上台并一一介绍

例如:"有请剪彩嘉宾共同为悦都购物中心佳宁新店剪彩。她们是万州市新泉区区委书记邱泽苗女士,帝凯建筑装饰有限公司总经理王冰如女士,隆达建设工程设计有限公司总经理郑婷婷女士……让我们以热烈的掌声欢迎她们!"

3. 剪彩嘉宾上台

主持人介绍的同时,剪彩嘉宾起立,依次稳步走向彩带,乐队演奏音乐。

4. 主持人组织礼仪人员上台

例如:"有请我们的礼仪人员就位。"上场时,礼仪人员应排成一行行进。从两侧同时登台,或是右侧登台从剪彩嘉宾的前方走过。登台之后,拉彩者处于两端拉直红色缎带,捧花者则是每人对应一位剪彩嘉宾,站在其斜前方的位置,托盘者则应站在剪彩嘉宾斜后方的位置。

5. 主持人组织礼仪人员协助剪彩

例如:"有请礼仪人员为我们的嘉宾呈上剪彩的金剪。"

根据主持人的安排,托盘者前行一步,到达剪彩嘉宾的右后侧,为其递上手套及剪刀。

6. 主持人组织剪彩嘉宾剪彩

例如:"有请各位嘉宾、现场的朋友们,跟我们一起倒数三个数,共同见证这一激动人心的时刻,三、二、一,落彩! 宝剪裁得财路开,不尽财源滚滚来。让我们击鼓奏乐、鸣响礼炮,一齐欢呼庆贺吧!"现场可鸣响礼炮,释放和平鸽,舞狮队开始表演,全体人员热烈鼓掌。

7. 剪彩嘉宾致意

剪彩成功后,剪彩嘉宾可以右手举起剪刀,面向全体到场者致意。然后把剪刀、手套放回托盘之内,转身向四周人们鼓掌致意,所有与会人员应鼓掌响应。主持人可配词:"让我们共同祝愿悦都购物中心生意兴隆、不断壮大,鹏程万里,前程似锦!"

8. 握手祝贺

剪彩结束后,剪彩嘉宾可依次与主人握手道喜。

9. 主持人组织剪彩人员退场

例如："再次感谢各位领导和嘉宾的光临。请随礼仪人员步下舞台!"剪彩嘉宾在引导者的引导下从舞台右侧退场,礼仪人员列队跟随其后退场。

五、剪彩仪式的后续工作

1. 主持人组织现场人员参观公司

例如："现在我宣布,悦都购物中心开业剪彩仪式圆满结束。欢迎各位贵宾及朋友步入购物中心参观指导我们的工作。"

2. 主持人宣布答谢宴会的安排

例如："开业剪彩仪式答谢宴会将于今晚 6 时,在悦都购物中心三楼举行,请各位领导和来宾届时光临。"

3. 赠送礼品

会后主办方可向来宾赠送纪念性礼品,以尽主人之意。

案例分析

为扩大宣传并提升自身的品牌形象,进一步拉动"办年货"黄金时段市场,华瑞购物广场今天举行了盛大的开业剪彩仪式。仪式现场设在购物广场正门前,整体设计场面大气恢弘,不落俗套,热烈隆重且典雅有序。主办方用红地毯铺就 10m×6m 的剪彩区,两边摆放两排花篮装饰。当剪彩开始时,军乐队可在剪彩区后边台阶上表演,作为后背景。一座高 16m、标有"热烈祝贺华瑞购物广场盛大开业"字样的充气龙拱门横跨剪彩区,剪彩区前方设置了两组冷焰火,配合剪彩时释放。表演区设在购物广场外的西广场,搭建 10m×5m×0.8m,6m×2.4m×0.8m T 形舞台,整个台面用大红地毯通体覆盖,后背景采用桁架搭建,主题词为"华瑞购物广场开业典礼"。周边设彩虹门 8 座,在购物广场正前方设置 4 座,西进口设置 1 座,东边设置 3 座,从整体上渲染华瑞购物广场开业隆重的气氛。剪彩区靠龙门两侧在台阶上摆放两组鲜花,大厅门口、大厅内部用时令鲜花装饰,购物广场前方树坛上摆放装饰鲜花。200 面迎宾彩旗悬插在靠近购物广场一侧的路边。金色布幔装饰大厅内部电梯扶手,购物广场正门前的四根大柱子用金色布幔围衬装饰,让人有一种富丽堂皇的感觉。气球门装饰电梯入口处,让人感到耳目一新,增加人性化的感觉。

【分析】

以上案例描述的是剪彩仪式现场宏观静态元素的布设方案,分剪彩区、表演区、购物广场正前方、广场各个入口处、大厅内外等各个区域进行布置,所设的庆典元素有红地毯、花篮、充气龙拱门、冷焰火、T 形舞台、桁架背景、彩虹门、鲜花、迎宾彩旗、金色布幔、气球门等。各种庆典元素和谐搭配,整体上注重点、线、面的完美结合,凸现立体感、空间层次感,色彩追求强烈的视觉冲击力,张扬喜庆,展现隆重。

实操训练

1. 实操训练内容

通过训练掌握规范组织剪彩仪式的礼仪要点,以更好地实现企业的广告宣传和舆论造势。

2. 实操训练要求

自设工作情景,模拟训练剪彩仪式从开场到剪彩完毕后请嘉宾走下剪彩区的基本过程。

3. 实操训练成果

剪彩时的情景模拟视频。

4. 实操训练步骤

7人一组,分别扮演剪彩仪式主持人(1人)、剪彩嘉宾(2人)、托盘礼仪(3人)、上下场引导员(1人),模拟以下某公司开业剪彩仪式场景。

(1) 主持人宣布×××公司开业剪彩仪式正式开始,并介绍到场的嘉宾及领导。

(2) 引导员在主持词的引导下引领剪彩嘉宾走上主席台。

(3) 托盘礼仪在主持词的引导下走上主席台,并协助剪彩嘉宾戴好手套,拿好剪刀。

(4) 剪彩嘉宾在主持词的引导下剪开红绸,特邀嘉宾向主人握手祝贺。

(5) 主持人宣布剪彩完毕,请台上嘉宾入座休息,观看文艺演出活动。

5. 实操反思整改

(1) 引导员引导剪彩嘉宾上下主席台的动作和路线是否合理。

(2) 托盘礼仪走上主席台的动作、间距是否规范,协助剪彩嘉宾做好剪彩准备工作时,语言及动作指引是否清晰。

(3) 落彩前后主持人请全体在场人员数秒、请剪彩嘉宾剪彩的引导语的内容及语气是否能将剪彩仪式的氛围推向高潮。

任务三　庆典仪式礼仪

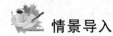 情景导入

为传播公司创业十年来所积淀的文化底蕴,提升众邦的企业形象,展示众邦的品牌魅力以及员工良好的精神风貌,赢得社会广泛关注,众邦实业有限公司在祺江饭店国际宴会厅隆重举办"跨越十年铸辉煌——众邦实业十周年庆典晚会"。晚会分五个篇章。

(1)序幕——唱响众邦。用《跨越十年》大型舞蹈开场,在开场静音与热烈欢快的鼓乐声中拉开整场晚会的序幕。

(2)众邦影像篇——金色梦幻。记录众邦"热情、创新、永不止步"的十年创业轨迹,讲述一个"春天的故事"。

(3)众邦激情篇——红色跃动。充分展示众邦创业十年来的高速发展和所取得的辉煌业绩,体现了一种"发展的主旋律"。

(4)众邦神韵篇——蓝色畅想。展望站在新起点上的众邦,面向未来,实现"能力增长"和"国际化"的宏伟蓝图,昭示着我们拥有一个更加"辉煌的明天"。

(5)尾声——和谐众邦。众邦价值链的一线员工、管理团队、国内外经销商与服务商、国内外供应商、用户代表等30人大合唱《咱们工人有力量》,体现众邦大团结的和谐主旋律。一曲《走进新时代》与开篇呼应,象征众邦站在新的起点,将进入一个发展的崭新时代。

整台晚会是一部贯穿众邦实业十年发展史的大型欢庆歌舞晚会,再辅以LED大屏幕投影的视频展现手段,并穿插观众短信祝福互动、录像资料片段、图片文字、旁白解说等环节,来讴歌公司十年发展历程所取得的辉煌业绩。晚会的成功举办进一步增强企业的凝聚力,增强员工的自豪感和成就感,坚定了全体众邦人挑战未来、奋发向上、开拓创新的决心。

【修身塑品】

众邦公司举办十周年庆典活动是企业庆祝自身发展和成就的一种重要方式,也是企业文化建设的重要组成部分。众邦公司举办这个庆典活动可以极大地增强员工凝聚力和归属感,让员工更加认同企业文化和价值观。通过共同参与庆典活动,员工之间的联系和互动也会得到加强,从而促进团队合作和协作精神的形成。同时,公司举行庆典活动也是展示企业形象和实力的重要机会。通过精心策划和组织,可以让更多的人了解企业的文化、历史和发展,可以极大地提高企业在社会中的知名度和形象。公司举行庆典活动也是加强与客户关系的重要机会,通过邀请客户参加庆典活动,可以向客户展示企业的诚意和关怀,可以增强客户对企业的信任和忠诚度。因而,众邦公司的十周年庆典活动非常必要且意义重大。众邦公司的这次庆典活动不仅实现了扩大影响、塑造企业文化的作用,而且庆典的主题和内容弘扬主旋律,展示了积极向上的正能量。

 知识讲解

庆典是各种庆祝仪式的统称,其内容既可以是庆祝本单位建立集团、分公司或连锁店,也可以是单位成立周年庆典等。通过庆典典礼、馈赠礼品、庆祝酒会等活动的组织,引起目标消费者以及媒体的关注,营造一个良好的舆论环境,提升知名度和美誉度,建立起与相关政府部门和合作伙伴的良性关系,为后续的市场经营及推广做好铺垫;同时增强本单位全体员工的荣誉感,从而实现对外塑造公众形象、扩大宣传影响、对内增强凝聚力的目的。

在庆典活动开始之前,首先应确定庆典的目的和主题,然后制订详细的计划和预算,确定

庆典的时间和地点,在室外举行庆典时,切勿因地点选择不慎,从而制造噪声、妨碍交通或治安、顾此而失彼。此外,还需要联系表演人员和邀请嘉宾,安排现场物料布置,调制灯光、音响设备等。

一、庆典仪式的准备工作

(一)外围宣传工作

根据本单位的营销战略及广告诉求对象,通过各类广告面向市场对庆典活动作全面的立体式的宣传,凸现品牌形象,创造出良好的宣传效应,为今后发展经营、战略部署打好基础。

宣传的内容主要包括庆典活动组织的时间、地点,本单位的建设规划、经营理念、服务宗旨等。

宣传的途径主要如下(图 8-7)。

公交站台广告　　　　　　　车体广告　　　　　　　宣传单广告

图 8-7　外围宣传途径

(1)户外广告。如建筑物正面的大型广告牌,人行道两边的小型看板、灯箱、立柱,以及公交站、火车站、机场、高速公路、长途汽车站等地设立的广告。

(2)车体广告。主要指发布在公交车或小型货车上的广告。

(3)媒体广告。如报纸、电视、广播、杂志等传统媒体广告,以及搜索引擎、社交媒体、移动应用等新媒体广告。

(4)DM 广告(direct market AD 直销广告)。制作内部 DM 特刊,广泛联络客户和潜在的客户,营造盛大开业的氛围,制造影响力。

(5)其他印刷广告。制作 POP(point of purchase AD 卖点广告)宣传单、宣传画册、礼品袋等印刷广告,用于沿街派发或放于参加庆典活动的来宾资料袋中。

(二)周边及外场布置

庆典仪式的具体场合、场面,以及全体出席者的表情动作,都要体现出红火、热闹、欢愉、喜悦的气氛,因此,外场布置的材料多用大红、亮黄等颜色,渲染喜庆、隆重、热烈的迎宾氛围,如图 8-8 所示。

1. 周边及主干道

庆典活动举办前后,可在周边以及道路的主路、辅路、便道以外的范围设置注水广告旗或道旗,增强宣传效果。旗面信息包括单位名称及 Logo、活动主题,设计需使用统一色调,简洁大方。

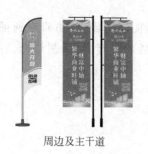
周边及主干道

外广场区域

内场区域

图 8-8　周边及外场布置

2. 外广场区域

（1）欢迎牌。外广场区域醒目的位置设大型欢迎牌，其内容包括单位名称、庆典活动标识、欢迎字样，欢迎牌使用统一基本色，周边添加适当绿化加以点缀。

（2）指示牌。从广场入口处起至庆典活动主场，各转弯或交叉路口处均设置引导标识，标明活动名称、方向指引，其内容简洁明了、清楚醒目。引导牌的形式可以是职场人物或单位吉祥物的纸板模型，也可以是各类地贴、墙贴或立牌等。

（3）园艺插花。广场还可引入园艺插花中的元素，用植物鲜花做出各种独特新颖的动物、文字造型，营造出喜庆的效果。

（4）充气拱形门。主通道入口处设置横卧巨型大红色充气拱形门，配以造型牌坊，雄伟壮观，气势威武。拱门上设置横幅，写明活动的主题内容，如"热烈庆祝云鼎新天地购物中心开业大吉"，其造型有普通拱门、双龙门、金龙门、彩虹门、彩环门、双拱门等多种形式。

（5）充气立柱。充气立柱一般安放在拱门两边，其横幅的方向与拱门一致。也可放在观众区两侧，横幅面向观众的位置摆放。常见的充气立柱造型有灯笼柱、华表柱、盘龙柱等，两个气柱之间相距 3～5m 最为合适。

（6）祝贺花篮。主通道红毯两侧摆放由祝贺单位礼送的花篮，花篮外侧统一规格的红纸上注明祝贺单位名称，人字形飘带上写贺词。如花篮数量较多，可分层摆放在花架上。

（7）空飘气球。广场周边、主通道两侧、主楼楼顶等位置放升若干 PVC 材质的空飘氦气球，气球有灯笼球、花球、宫灯式、单色球等多种造型，气球下悬挂条幅，添加庆典相关文字内容，如"喜逢八方嘉宾，笑迎四海友朋"等，烘托会场热烈气氛，引导来宾到达会场。

（8）楼体条幅。广场大楼楼体正门位置张挂标明庆典具体内容的大型横幅，两侧外墙上悬挂庆典贺词竖幅若干条。

3. 内场区域

内场是庆典活动的中心区域，其布置应凸显喜庆热烈的氛围、视觉恢弘的气势以及震撼的音效。

（1）签到台。在庆典仪式内场入口处摆放一张铺红布的长木桌作为签到台，设签到背景板。签到台上摆放签到牌台卡、1～2 本精心制作的大红色签到簿、若干只签到笔、贵宾胸花等签到用品，一角放上色彩绚丽的鲜花盆插、"请赐名片"银盘等。送给宾客的资料礼品袋整齐摆放于签到台下方。

（2）典礼主席台。在会场内搭建典礼主席台，两侧设台阶，主席台及台阶地面均由崭新红毯铺就。舞台顶部搭设景观式防晒棚，防晒棚前沿下方中央悬挂红绸彩花、两侧悬挂直径 40cm 的红灯笼，舞台立面周围用金布围裹，台口两侧安放两只充气式金狮子。

主席台斜前方摆放演讲台一座、上放话筒及扇形桌摆鲜花 1 束,便于主持和有关人员发言讲话。

在主席台后用桁架搭建背景彩板,也可采用大红透光庆典专用布呈波浪状安装于背景架上,背景画面主要包括单位名称及 Logo、活动主题、活动日期等信息。

(3)音响设备。典礼主席台两侧分别搭设高 1m×0.5m 的音响架(2 组),用于安放音响。舞台上前方安放演出返送音响一组(2 只),用于演出者灌耳音。来宾讲话采用双回路电容话筒。调音台位于典礼主席台前侧,配备活动各环节使用的庆典 CD。

(4)礼炮。主席台翼侧可摆放若干组电子礼花弹,并准备一定数量的鞭炮用于吉时施放,使得整个广场呈现出一派喜气洋洋、热烈欢快的场面。

(5)绿植花卉。主席台背景桁架前可摆放若干盆 30cm×30cm 绿叶花卉,舞台四周摆放若干盆 50cm×80cm 绿叶花卉,从内向外、由高到低排列。

(6)观礼区。台下观礼区铺设红色地毯,面对主席台第一排为贵宾席,配有贵宾椅,整齐摆放,椅套镶金边配上蝴蝶结,庄重气派,供贵宾就座观礼。

二、庆典仪式的人员组织

(一)来宾的确定与邀请

庆典活动的筹备组应精心确定好庆典的出席人员名单,并做好相关的联络工作,必要时协助来宾撰写发言稿。一般来讲,庆典的出席者通常应包括以下人士。

(1)上级领导。地方党政领导、上级主管部门的领导,大都对单位的发展给予过关心、指导。邀请他们参加,主要是为了表示感激之心。

(2)社会名流。根据公共关系学中的"名人效应"原理,社会各界的名人对公众最有吸引力,能够请到他们,将有助于更好地提高本单位的知名度。

(3)大众传媒。在现代社会中,报纸、杂志、电视、广播等大众媒介,被称为仅次于立法、行政、司法三权的社会"第四权力"。邀请它们并主动与它们合作,将有助于它们公正地介绍本单位的成就,进而有助于加深社会对本单位的了解和认同。

(4)合作伙伴。在商务活动中,合作伙伴经常是同呼吸、共命运的关系。请他们来与自己一起分享成功的喜悦,是完全必要的。

(5)社区关系。它们是指那些与本单位共居于同一区域、与本单位密切相关的社会实体。例如,本单位周围的居民委员会、街道办事处、医院、学校以及其他单位等。请它们参加本单位的庆典,会使对方进一步了解本单位、尊重本单位、支持本单位,或是给予本单位更多的方便。

(6)单位员工代表。员工是本单位的主人,本单位每一项成就的取得,都离不开他们的兢兢业业和努力奋斗。所以在组织庆典时,是不容许将他们完全"置之度外"的。

以上人员的具体名单一旦确定,就应尽早发出邀请或通知。鉴于庆典的出席人员甚多,牵涉面极广,故不到万不得已,均不许将庆典取消、改期或延期。

(二)礼仪人员的选择、分工及培训

与一般的商务交往中来宾的接待相比,对出席庆典仪式的来宾的接待,更应突出礼仪性的特点。不但应当热心细致地照顾好全体来宾,而且应当通过主方的接待工作,使来宾感受到主人真挚的尊重与敬意。

庆典活动的礼仪接待人员,原则上应由年轻精干、气质高雅、端庄秀丽、能说会道、善于应变的男女青年组成。其任务分工主要包括以下几项。

1. 入口处迎宾及引导工作

在庆典仪式的外场及内场入口处,一部分礼仪人员身着礼仪服装站立迎接领导和嘉宾的到来,另有一部分礼仪人员为来宾带路,将其送到签到处或其他既定的地点。

2. 签到处签到工作

在庆典仪式的签到处协助来宾签到,发放资料和纪念品,接受客人咨询,指引其入场等。

3. 重要领导及嘉宾的接待工作

仪式活动开始前,引导重要领导及嘉宾到贵宾休息室或临时休息处休息,为其送饮料、上点心,佩戴胸花,并站立于一旁提供其他方面的关照。

4. 台上嘉宾的引导工作

仪式活动开场阶段,引导重要领导及嘉宾至典礼舞台上。之后呈八字站立于舞台两侧。开场阶段结束后,引导台上的重要领导及嘉宾至观礼区的前排就座。

5. 引领来宾参观

庆典活动结束后,引导领导和嘉宾离开活动主场并陪同其至单位内部参观。

（三）醒狮队、鼓乐队等的组织工作

庆典活动开始前,主席台周边组织各类乐队、锣鼓队、舞龙舞狮队交替表演,营造浓烈的喜庆气氛,调动会场的情绪。

队形整齐、阵容威严的管乐队吹奏迎宾曲,乐曲或雄壮或欢快,使整个庆典气氛隆重热烈。

锣鼓队激情擂鼓、声声助威,随着曲目的不同不断变换队形,使得现场气氛炙热火爆。

一对欢快活泼的舞狮在领导点睛后,腾空跃起,活灵活现,新颖精彩的表演使人流连忘返,也可为之后的庆典项目打气助兴做准备。

三、庆典仪式的基本流程

1. 全体参会人员就位

领导和嘉宾在礼仪人员的引领下陆续抵达庆典会场并就座,同时播放欢迎进行曲。全体来宾坐定后播放庆典开场曲 30 秒。

2. 宣布仪式开始

主持人宣布庆典仪式正式开始,致欢迎辞并介绍观礼区前排参加会议的各位领导、各界来宾,每介绍一名领导或来宾锣鼓队表演 3 秒。

3. 领导及嘉宾致辞

庆典活动领导及嘉宾致辞忌拖沓、宜简短,一般来讲,每人应控制在 3 分钟以内,不同身份的致辞者致辞内容有所差别。

（1）主办方领导致辞。主办方领导应代表本单位对来宾表示欢迎及感谢,简要介绍本单位的发展历程、主要荣誉、本次庆典活动的缘由,并对本单位的员工表示感谢,结语部分表达对本单位未来的期望和祝愿。

（2）政府机关领导致辞。政府机关领导应代表政府部门对来宾表示欢迎，对主办方表示祝贺，对协助主办方发展壮大的各方表示感谢，对主办方取得的成绩给予充分肯定，并对其下一步的发展提出期望，最后祝活动成功，并为全场来宾送上祝福语。

（3）合作伙伴代表发言。合作伙伴代表应在问好祝贺之后，对主办单位的成绩做出肯定，向主办方送上贺礼，对主办方未来的发展提出美好愿望，为现场来宾送上祝福语。

4. 宣读外来的贺电、贺信等

对外来的贺电、贺信等，可不必一一宣读，但对其署名单位或个人应当公布。在进行公布时，可依照其"先来后到"为序，或是按照其具体名称的汉字笔画的多少进行排列。

5. 剪彩仪式

主持人主持剪彩仪式，同时进行奏乐、舞狮、鸣锣鼓、施放彩烟、燃放鞭炮、鸣礼炮等活动，把庆典仪式的氛围推向高潮。

6. 观看庆典文艺演出

礼仪小姐引导剪彩嘉宾到舞台前就座，主持人宣布庆典仪式文艺汇演正式开始。表演的内容可以包括歌曲、舞蹈、器乐演奏、相声小品等，节目的选择要与庆典的主题相符，既能表达主题，又能吸引观众的注意力。

7. 参观环节

庆典活动结束后，主要领导及特邀嘉宾由主办单位管理人员或指定负责人引领，普通参会者由礼仪人员引领，参观本单位的有关展览或车间等。

8. 午宴安排

庆典文艺演出结束时，主持人通知午宴的时间、地点。届时，相关陪同及礼仪人员引领嘉宾至宴会厅就位。主持人宣布午宴开始后，主办方领导致祝酒词，全体举杯祝贺，午宴正式开始。

9. 送客

午宴结束后，陪同人员及礼仪人员做好相应的送客工作。

案例分析

奥肯集团股份有限公司成立十五周年之际，在集团大厦外广场举办"十五载奋进，奥肯高飞"为主题的庆典活动，邀请了政府领导、客户代表、供应商代表等领导及嘉宾，与公司员工共同见证奥肯集团十五年的发展历程。晚会分领导及嘉宾致辞、颁奖晚宴及文艺汇演等环节，下面是奥肯集团董事长的部分致辞内容。

尊敬的各位领导、诸位嘉宾、远道而来的朋友们：大家好！

欢迎来到奥肯集团股份有限公司"十五载奋进，奥肯高飞"庆典活动现场，我谨代表奥肯集团向在座的各位领导、各地经销商和供应商以及其他一直关心支持奥肯集团的朋友们表示衷心的感谢和诚挚的问候！

奥肯集团股份有限公司十五年来取得了翻天覆地的变化。通过不遗余力地进行技术改造和不断革新，积极地应用新技术、新设备，并紧跟国际先进同行质量标准和规范，使产品质量和产量上都得到很大提升，在扩大生产和节能减排上为国内同行树立了绝对的领先典范，体现了一个成功企业在努力发展自身的同时，不忘为人类更美好的生存环境做出卓越的贡献和承担应有的社会责任。近几年奥肯集团又成功地把象星牌产品推广到欧洲、中东、东南亚、美洲等国际市场,所以我们由衷地感谢奥肯集团广大干部职工,是你们精益求精的敬业精神和认真负责的工作态度成就了奥肯集团高品质的产品,赢得了市场和广大顾客的认可。

我们恭喜奥肯集团十五载取得的辉煌成就,并期待着集团下一个五年计划宏伟蓝图的推广与实施。我们相信奥肯集团在广大干部职工共同努力下一定能够成为设备先进、技术雄厚、管理科学、诚信可靠的合作伙伴。你中有我,我中有你,共享丰盛!

最后,请允许我代表奥肯集团祝愿出席本次庆典活动的嘉宾及各位友人工作顺利、合家幸福!谢谢!

【分析】

公司举办周年庆典,一是为自己庆贺,激励全体员工上下齐心协力,为公司的发展继续努力,同时也为引起社会各界的关注,提高自己的知名度。以上案例中,奥肯集团董事长在致辞时,首先点出庆典活动的名称及主题,向到会的领导和嘉宾们表达问候及感谢;接着对奥肯集团十五年的成就加以总结,对集团员工的工作表示肯定;并展望集团美好的未来,最后祝愿庆典活动现场的全体人员及集团相关人士工作顺利、阖家幸福。该致辞条理清晰,较好地实现了庆典活动的目标。

➡ 实操训练

1. 实操训练内容

通过训练掌握规范组织庆典仪式的礼仪要点,以扩大公司的影响力,增强公司员工的凝聚力及集体荣誉感。

2. 实操训练要求

自设工作情景,模拟训练庆典仪式中主办方领导及嘉宾的致辞过程。

3. 实操训练成果

庆典仪式领导、嘉宾致辞的情景模拟视频。

4. 实操训练步骤

3人一组,分别扮演庆典仪式主持人、主办方领导、某政府部门特邀嘉宾,情景模拟以下某公司周年庆典领导及嘉宾的致辞场景。

(1) 主持人宣布庆典仪式的议程进行到领导及嘉宾致辞环节,请主办方领导上台致辞。

(2) 主办方领导上台致辞,内容需包括问候来宾,简述公司发展历程,向公司员工、政府部门、合作伙伴致谢,展望公司的未来,祝福全体到场人员等。

(3) 主持人简要总结主办方领导的发言,请政府部门特邀嘉宾上台致辞。

(4) 政府部门特邀嘉宾上台致辞,内容需包括问候来宾,向主办方表示祝贺,肯定主办方为地区经济发展做出的贡献,对主办方提出殷切期望,祝福全体到场人员等。

(5) 主持人简要总结政府部门特邀嘉宾的发言,并表示感谢。

5. 实操反思整改

(1) 领导及嘉宾发言能否做到条理清楚、层次清晰,篇幅长短合理,可听性、易记性强。

(2) 主持人的总结能否做到致谢到位,概括性、针对性强。

任务四　颁奖仪式礼仪

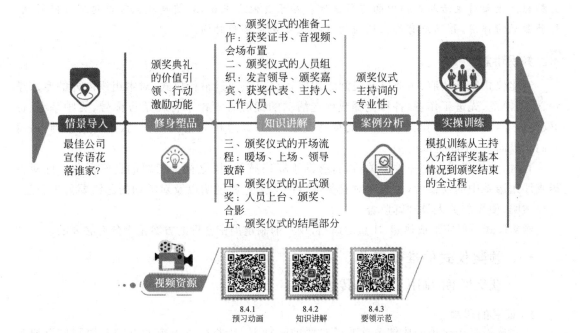

视频资源

8.4.1 预习动画　8.4.2 知识讲解　8.4.3 要领示范

 **情景导入**

联弘工程机械有限公司历时 1 个月的公司宣传语征集活动已结束,共计收到来自公司 200 名员工投来的优秀作品 243 条,经过公众号投票和组委会的筛选,主办方从入围作品中评审出最佳宣传语一等奖 3 名、二等奖 6 名、三等奖 10 名,奖金分别为 1000 元、800 元、500 元;人气广告语 20 名,奖金各 200 元。为了表达对参加此次征集活动的作者的衷心感谢,也为弘扬联弘工程机械有限公司优秀的品牌文化,组委会经过研究决定,在联弘工程机械有限公司千人礼堂举行颁奖典礼,参加典礼的有获奖作者、媒体记者、合作伙伴,该公司的领导及员工。颁奖典礼的流程如下。

(1) 主持人致开幕词(包括本次活动的意义、目的等,5 分钟)。

(2) 介绍来宾和与会领导(5 分钟)。

(3) 领导致辞(5 分钟)。

(4) 颁发人气奖(10 分钟)。

(5) 现场互动时间(公司有关情况的现场抢答、小游戏,炒热气氛,20 分钟)。

(6) 颁发三等奖及二等奖(15 分钟)。

(7) 才艺表演时刻(公司多才多艺员工为嘉宾表演节目,15 分钟)。

(8) 颁发一等奖(10 分钟)。

(9) 大抽奖时刻(凭入场签到时领取的抽奖卡号码,15 分钟)。

【修身塑品】

颁奖典礼是一种重要的社会仪式,通过颁发奖项来表彰优秀的个人或团队,激励更多的人去追求卓越,不断努力提高自己的能力和水平。这种表彰颁奖活动也能鼓励和促进人们在各领域的创新,推动社会的进步和发展。

通过颁奖典礼,受奖人可以感受到社会的认可和尊重,感到自豪和自信,提高自信心,从而更加积极地面对生活和工作中的各种挑战。对于其他人来说,颁奖典礼也可以起到价值引领、行动激励的作用,并不是有些人认为的这些仪式是在浪费时间。

 知识讲解

颁奖仪式是指政府、企业以及民间组织等社会组织通过举行仪式,对本组织内外的专家学者、劳动模范、先进工作者、各种竞赛或评选活动的优胜者等授予各种荣誉称号、奖励基金、证书、奖杯等,以表彰他们在某个领域的卓越贡献,同时通过树立正面典型、弘扬时代精神,鼓舞人们积极向上、不断进取。

有时,颁授仪式也是一种公关活动,有助于联络感情,树立社会组织的良好形象。面对参赛或评比选手中的佼佼者,仪式中对获奖项目的评选过程说明以及对活动的总结要公平公正、公开透明,便于相关人员理解监督。

颁奖仪式一般应形成热烈、庄重的风格,仪式前制定周密合理的方案是十分有必要的。

一、颁奖仪式的准备工作

(一)获奖证书的制作、整理与传送

1. 证书的印制

比赛选手各个奖项的成绩及获奖信息要准确把握,获奖证书内容的打印及填写信息要确认无误。

2. 证书的排序

根据获奖选手上台领奖的批次,工作人员对所有的奖项进行排序。

仪式中一般先颁名次靠后的奖,后颁名次靠前的奖项,先颁单项奖,后颁团体奖。依照此顺序,对奖品及获奖证书进行分组整理,每组先上台选手的证书在下,后上台的在上,以免颁奖时错发。

3. 证书的核对调整

仪式开始前,根据签到表中的情况再次确认是否所有获奖人员均已到场,入座到指定的位置,如有变动应及时调整奖品和证书的整理情况(图 8-9)。

4. 证书的保管与传送

仪式进行期间,须有专人负责保管证书及奖品,确认其排列的顺序无误,并在各个颁奖环节准确地将奖品和证书传送给礼仪人员,供颁奖嘉宾颁奖(图 8-10)。

图 8-9　证书的核对调整

图 8-10　证书的保管与传送

（二）仪式音视频素材的选取与制作

1. 颁奖音乐的选取

在颁奖典礼上，背景音乐通常用于引出或结束颁奖，并增强观众在颁奖过程中的情感体验。在选择颁奖典礼的背景音乐时，需要考虑场合的主题和气氛，选择一些充满情感、能够引起观众共鸣的音乐，为典礼增添更多的仪式感和感人的气氛。如果是鼓舞人心的颁奖典礼，可以选择一些快节奏、有活力的音乐；如果是庄严神圣的仪式，那么可以选择一些悠扬的交响乐或者古典音乐。另外，也有一些背景音乐是经典的、常用的，因为它们不仅能够适应不同类型的颁奖典礼，而且可以引发观众的共鸣和情感。

2. 仪式主席台大屏幕背景 PPT 的制作

设计要贴合主题，字体大小适宜，画面和谐。可以在 PPT 中插入活动精彩照片，让参赛选手对比赛有一个整体的回顾、有现场感。颁奖音乐超链接入 PPT 中，切换方便。

3. 仪式主席台大屏幕视频的制作

颁奖过程中，在主持人宣布获奖名单的同时，主席台大屏幕常会播放相应的获奖作品或获奖人介绍视频，视频片头应包括活动的名称及主题、获奖的类别及等级、获奖作品及获奖人的名称、主办方及赞助方的名称等。视频的页面设计精美并切合活动的主题。

（三）仪式会场的布置

1. 会场周边

会场干净整洁，通道、楼梯卫生保持清洁。电源连通，电源线等要整齐，以防有人绊倒或者中途出现断电等。

会场走廊、通道、电梯口设置门形架、X 展架、指示牌等标志，引导观众安全有序进入会场。开水房、洗手间等公共设施也有明确的指示标志。

2. 主舞台

颁奖仪式的主舞台应该位于整个会场的中心位置，便于所有观众都能够清楚地看到活动的进行。为了增加视觉效果，根据颁奖仪式的内容，可以借助木材、布料、涂料、金属等材料制作模型，在舞台两侧设置活动名称标识以及一些装饰物背景，在模型周围设置一些灯光，增加舞台的亮度和层次感。

主舞台的中间及两侧位置可设置一个 LED 主屏及两个副屏，同步或异步播放获奖代表及获奖作品相关视频，特写舞台颁奖的过程、观众席等现场的实时画面等。

3. 观众席

座位布置可以设置成半圆形或斜坡状，便于观众更好地观看舞台上的表演。选择使用舒适、高级材质的座椅，提升观众的观赏体验感。可以在每个座位上放置一个小礼品袋，里面可以包含一些纪念品、活动介绍手册、矿泉水等。

观众席的前排位置设嘉宾席，放置精心设计的嘉宾铭牌，包含活动名称及 Logo、嘉宾姓名及职务等信息。根据嘉宾的身份职务高低，由中间至两侧依次排列。

获奖代表席设在嘉宾席的后方，根据领奖的分组与先后顺序进行编排，与获奖证书及奖品安排一致，在座位后背贴上相应的姓名（图 8-11）。

图 8-11 观众席获奖代表座位名帖

4. 作品展示区

为了增加会场的热烈氛围，可以在会场的角落设置一些摊位，以实物或视频的形式展示获奖的作品和成果，方便观众在颁奖仪式进行期间观赏并深入了解相关信息。

5. 舞台特效

舞台上可以设置气柱、泡泡机、冷焰、彩炮以及一些特殊的灯光效果和烟雾效果，以增加仪式感和戏剧性。

二、颁奖仪式的人员组织

1. 发言领导

颁奖程序设计出来后，要提前通知颁奖过程中要上台发言的人，并让他们每人手上都有一份颁奖程序文件，以提前做好准备。

工作人员："陈局长，这是下周一下午马拉松赛颁奖仪式的议程安排，请您做好发言的准备。"

领导："好的。"

2. 颁奖嘉宾

提前联系颁奖嘉宾人选并做好备案，仪式开始前半小时，再次确认其能否准时到场。仪式活动开场前，告知颁奖嘉宾需颁发的获奖证书、奖杯、奖牌、奖品等相关信息（图 8-12）。

图 8-12 与颁奖嘉宾沟通颁奖细节

工作人员:"各位领导好,等一下上台时,单项奖需要给每位选手颁发一本获奖证书和一个奖牌,团体奖是发一个奖杯,请做好准备。"

3. 获奖代表

颁奖仪式正式开始前十分钟,按照签到表中的名单,通知没有到场的选手,并做好相应的记录。

颁奖时,根据每批上台领奖的获奖选手人数,确定他们上台后的站位,可由礼仪人员引领到位,也可提前提醒获奖选手注意。

工作人员:"上台后,您的站位是大屏幕上仪式的'式'字下面,后面的人请和前面的人保持一臂的距离。"

4. 主持人

在整个颁奖仪式的流程中,主持人的角色至关重要,他们负责串联各个环节,保证仪式的顺利进行。同时,主持人的表达能力和亲和力也决定了整个仪式的氛围和效果。因此,一个好的主持人能够为颁奖仪式增添更多的魅力和精彩。

颁奖仪式过程中,主持人需注意以下问题。

(1) 提前熟悉颁奖程序,主持词准备充分。

(2) 随时与现场导演保持联系,在出现突发变动时进行适当调整。

(3) 认真聆听颁奖嘉宾的发言或者获奖选手的获奖感言,随后适当进行总结。

(4) 具备必要的现场组织及驾驭突发事件的能力。

(5) 各个程序之间衔接流畅,时刻关注现场情况,并做出适当反应。

(6) 注意维持场上秩序。

5. 工作人员

(1) 物资负责人。物资负责人负责各项物资的到位和放置情况,仪式活动开始前,提前一小时到岗,对照物资清单再次清点所有物资。

(2) 视频、音乐、灯光总负责人。视频、音乐、灯光总负责人及时到位,开机调试好相关设备,保证颁奖活动有序进行。视频录制组及时到位,找好机位,保证录制效果。

(3) 签到及纪律维持组。签到及纪律维持组及时到位,组织相关人员签到,并提醒参与者维持会场秩序、手机静音、不准抽烟。

(4) 接待、引领人员。设置颁奖嘉宾、获奖代表走廊,指派专人引导颁奖嘉宾、获奖代表及观众有序进入指定区域参与颁奖活动。颁奖时,组织颁奖嘉宾、获奖代表按顺序从指定的方向上台,并引导他们在台中间的位置站好。活动结束后,保证参与人员有序退场。

(5) 摄影师。规划好活动过程记录以及会后的合影活动,提前安排摄影师。

三、颁奖仪式的开场流程

1. 暖场安排

颁奖仪式正式开始前,主舞台可循环播放比赛相关视频,如主办方介绍;比赛从开始准备到宣传,然后到收集作品,再到评选作品的过程总结;评委的大赛感言;以及所有参与人员的激励话语等。也可安排与颁奖主题相关的器乐演奏、舞蹈等文艺节目拉开颁奖仪式的序幕。

2. 主持人上场

伴随着幕后旁白,主持人在激昂的音乐中出场,宣布颁奖仪式正式开始,对所有参与活动的嘉宾和观众表示欢迎和感谢,营造正式而不失和谐的气氛。

主持人:"尊敬的各位领导、各位来宾,欢迎来到励志人生十大杰出创业人士评选活动颁奖仪式现场。"

接着,主持人依次介绍出席颁奖仪式的嘉宾,包括主办方代表、评委团成员、相关合作伙伴等。主持人简要介绍每位嘉宾的背景和贡献,以引起观众的兴趣。

宣布本次仪式的主要程序,使其被周知。

3. 主办方领导致辞

主办方领导对来宾表示欢迎,简要介绍评奖活动的组织情况和基本过程,该奖项的背景和意义,并宣读获奖名单。

四、颁奖仪式的正式颁奖

颁奖仪式的开场流程结束后,主持人宣布进入颁奖环节(图 8-13)。

引领获奖者至指定位置

颁奖嘉宾上台

颁奖嘉宾取证书

获奖选手领取证书后的仪态

图 8-13 颁奖仪式正式颁奖

1. 获奖选手上台

(1) 颁奖过程中,可由主持人宣读获奖者的姓名和获奖理由,以表彰他们的杰出成就,也可以视频的形式呈现。主持人:"首先我们将请出获得求索之星荣誉称号的代表,请看大屏幕。"

(2) 主持人请获奖者上台领奖。主持人:"掌声有请以上获得求索之星荣誉称号的代表上台领奖!"

(3) 嘉宾上场音乐响起,配以相应的气柱灯光,掌声中获奖者在引导员的引领下走上舞台。如果舞台较宽较深、获奖代表人数较多,可将获奖人员分为两组,分别从舞台左右两侧上台,每组安排一位引导员,将走在最前面的获奖者引领到指定的位置后,马上转身下台,整个过程中引导员均应走在舞台内侧。

(4) 主持人向获奖者表示祝贺,并示意其发表简短感言。大屏幕显示颁奖词内容。主持人:"请允许我现场采访一下获此殊荣的梁振先生,您能简单描述一下此刻的心情吗?"

2. 颁奖嘉宾及礼仪人员上台

(1) 主持人请颁奖嘉宾上台:"有请本次大赛组委会副主任、秘书长、市体育局局长刘卓禹先生为获奖选手颁奖。"颁奖音乐随即响起。

（2）颁奖嘉宾上台时，手托证书和奖杯等物品的礼仪人员应跟随其后。

（3）上台后，如获奖代表人数较少，可安排对等数量的礼仪人员，插空站于获奖代表身后；如获奖代表人数较多，颁奖时手捧多份获奖证书及奖品的礼仪人员可紧随颁奖嘉宾的身后。

3. 颁奖

（1）颁奖嘉宾走至第一位获奖代表的对面，向其表示祝贺，获奖选手向颁奖嘉宾鞠躬致意表示感谢。

（2）礼仪人员呈上奖状和奖品，颁奖嘉宾从礼仪人员的托盘中拿起证书，递给获奖选手，获奖选手双手接过证书，将证书换到左手，右手和颁奖嘉宾握手。

（3）颁奖嘉宾为下一位选手颁奖时，已领奖的获奖选手应微笑面对观众，不可东张西望，双手托证书下端两个角，证书的封面或内页朝向观众。

（4）紧随颁奖嘉宾身后的礼仪人员在手中的证书等物品颁发完毕后，应以最快的速度，找最短的行走距离退下舞台。

（5）下台后，需安排专人负责给礼仪人员传送下一批要颁发的奖品和证书。

4. 合影留念

台上选手的证书颁发完毕后，主持人宣布台上人员合影留念："掌声再次送给以上人员，有请我们的颁奖嘉宾和获奖人员合影留念。"获奖选手邀请颁奖嘉宾插入中间合影留念。

5. 请颁奖嘉宾及获奖代表退场

（1）主持人对颁奖嘉宾表示感谢，请其退场："感谢刘局长，请入座休息。"

（2）主持人请获奖代表表示祝贺，请其退场："让我们把热烈的掌声再次送给获奖代表，祝贺你们，请随礼仪人员步下舞台。"

五、颁奖仪式的结尾部分

1. 获奖代表发言

所有奖项颁发完毕后，主持人可安排获奖代表发言："现在有请获奖选手代表，男子半程马拉松赛第一名的唐广厦先生发言，大家欢迎！"

获奖者可以在发言中感谢评委的认可，感谢自己的团队，分享获奖背后的故事和经验，也可以表达对行业或社会的期望和承诺。这部分内容是整个颁奖仪式中最感人的环节，也是观众们最期待的部分。

主持人在获奖代表发言完毕后表示感谢，并发表一下自己的看法："感谢唐广厦先生，相信随着全民健身运动的不断深入，会有越来越多的马拉松爱好者加入我们的队伍当中。"

2. 全体大合影

在所有奖项颁发完毕后，主持人会邀请所有的获奖代表上台，与主办方代表、评委团成员等一同合影留念。这是对获奖者们的最后一次表彰，也是整个颁奖仪式的结束环节。

3. 主持人致结束语

在合影留念结束后，主持人应上台致谢，向所有参与的嘉宾、观众和工作人员表示感谢，表示他们的支持和付出是本次颁奖仪式圆满成功的关键。主持人还应对得奖者再次表示祝贺，并鼓励他们继续努力，为行业或社会做出更大贡献。与此同时，配以音乐、彩炮、气柱等渲染现场的气氛。

最后，主持人宣布本次活动正式结束，感谢大家的参与，并邀请大家留步，享受接下来的社交和交流时间。

 案例分析

某市举办的男、女马拉松竞赛已落下帷幕，该赛事的颁奖典礼在市中心体育馆举行，下面是典礼的部分主持词。

尊敬的各位领导、各位来宾、参赛选手，大家上午好！

这里是市委市政府主办、市碧游风景区管理委员会承办的"金驰杯"马拉松竞赛的颁奖仪式现场！我是主持人谢骏，欢迎您的到来！

本次大赛得到了奥龙生态体育公园的鼎力支持，同时大赛组委会特邀我市体育局金牌教练员程玉成先生担任大赛评委和技术顾问。

本次大赛凝结着各位评委、服务人员的辛勤汗水，非常感谢大家为本次比赛做出的努力，在这里我代表大赛主办方和承办方向大家说一声谢谢，您辛苦了！

下面介绍一下今天莅临现场的领导，他们是：

市体育行政部副部长任克里先生；

市碧游风景区管理委员会书记吴惟金先生；

奥龙生态体育公园副总经理钱为先生；

……

让我们对领导们的到来表示热烈的欢迎！

经过紧张激烈的角逐，本次比赛半程马拉松、迷你马拉松分别评选出：

冠军各两名、亚军各三名、季军各五名，纪念奖各十名，颁发奖杯证书及奖金。

首先，我们颁发的是半程马拉松比赛奖项，让我们用热烈的掌声有请今天第一位开奖嘉宾——碧游风景区管理委员会书记吴惟金先生为我们宣布获奖名单。

……

有请获奖选手上台领奖，请吴书记为选手颁发奖杯、证书和奖金。

……

【分析】

颁奖仪式在某种程度上代表了主办方的形象，以上颁奖主持词案例条理清晰、层次分明，有较高的专业性。开场白中简要介绍了赛事的名称；主办方、承办方、协办方；以及组织过程中特邀专家的身份及姓名，体现了赛事组织的规范性和权威性。现场领导的介绍按照主办方、承办方、协办方的基本顺序进行，既体现了对领导的尊重，更能让仪式现场人员进一步了解仪式组织各方之间的格局和结构。奖项设置说明之后是正式颁奖，主持人宣布每个阶段颁发的奖项名称，并隆重介绍颁奖嘉宾，请其上台宣布获奖名单并为获奖者颁奖。

实操训练

1. 实操训练内容

通过训练掌握规范组织颁奖仪式的礼仪要点，以体现比赛的正式程度，并对其做好总结。

2. 实操训练要求

自设工作情景，模拟训练颁奖仪式中从主持人介绍评奖的基本情况到颁奖结束的全过程。

3．实操训练成果

颁奖仪式过程的情景模拟视频。

4．实操训练步骤

6人一组,分别扮演颁奖仪式主持人(1人)、参与领奖的获奖代表(2人)、发表获奖感言的获奖代表(1人)、颁奖嘉宾(1人)、托盘礼仪(1人),情景模拟某公司年度优秀员工表彰大会以下环节。

(1)主持人简要介绍公司年度优秀员工评选过程。

(2)主持人宣读优秀团队奖、突出贡献奖、最佳奉献奖等奖项的获奖名单。

(3)主持人组织获奖代表从指定的方向上台,并在台中间的位置站好。

(4)主持人请颁奖嘉宾上台,托盘礼仪呈上奖状和奖品。

(5)颁奖嘉宾为获奖代表颁奖并合影留念。

(6)一名获奖代表发表获奖感言。

5．实操反思整改

(1)主持人宣读获奖名单的顺序是否遵循了重要奖项后宣布、单项奖优先团体奖的基本原则。

(2)颁奖嘉宾在托盘礼仪的协助下颁奖、和获奖代表握手、道出祝贺语的流程是否规范。

(3)获奖代表领奖时,向颁奖嘉宾鞠躬,接过证书后,握手、展示证书及奖品的流程是否规范。

(4)颁奖嘉宾在与获奖代表合影时是否站在居中的位置。

(5)获奖感言是否安排在所有奖项颁发完毕之后。

任务五　会展服务礼仪

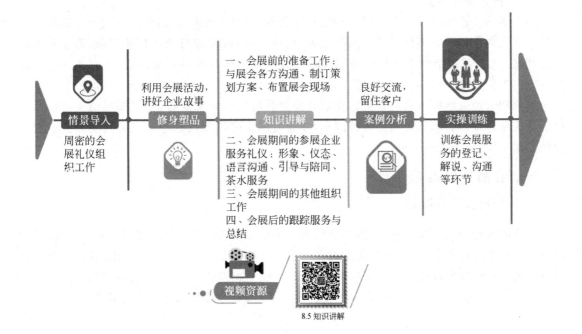

8.5 知识讲解

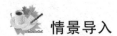

情景导入

张在斌是某展览会中心的筹划委员会礼仪组的负责人,在接到任务的第一时间就组建了会展中心礼仪活动筹划组,并根据任务要求、时间长短和会展中心地点及主题等进行了明确的分工,同时让本组每位领到任务的筹委又分别组建工作小组,具体有礼仪接待组、礼仪宣传活动组等,统一为他们开会,明确任务、统一思想。作为主办单位的工作人员和礼仪组的主要负责人,他首先是按照展览会的礼仪要求,精心选定外在形象好、具有文明礼仪素质的人员参加。同时聘请礼仪培训师为她们进行相关的礼仪培训。经过他的精心筹划,所有参展单位在展览会上都树立了良好的形象。因为自身的形象直接代表了主办单位的形象,提醒大家按照展览会的要求统一服装、行为庄重、举止文雅。

【修身塑品】

会展是一个展示企业的重要窗口,也是讲好企业故事的一个机会,会展上如果出现了礼仪不规范的情况,很容易被推上舆论的风口浪尖。本案例中该公司之所以能成功,与他们在参加展会之前进行必要的礼仪方面训练是分不开的。企业有好产品,再有了礼仪培训的加持,参展人员可以更好地提升参展企业的形象,展示出企业的专业性和诚信度,从而吸引更多潜在客户;良好的礼仪可以让参展人员更自信地与观众沟通互动,表达自己的观点和介绍产品信息,高效回答问题和解决问题,也能够更好地听取观众的意见和建议。在展会现场,可能会出现一些突发状况或者意外情况,如果参展人员没有接受过礼仪方面的训练,就可能出现尴尬的场面,影响整个展会的效果。

知识讲解

所谓会展,对商界而言,主要是指企业为了介绍本单位的业绩,展示本单位的成果,推销本单位的产品、技术或专利,而以集中陈列实物、模型、文字、图表、影像资料供人参观了解的形式,所组织的宣传性聚会。

会展活动是连接生产企业、销售企业、研发企业、消费者等的重要纽带,在商务交往中往往发挥着重大的作用。它不仅具有强大的说服力、感染力,可以现身说法打动观众,为主办单位广交朋友;而且可以借助于个体传播、群体传播、大众传播等各种传播形式,使有关主办单位的信息广为传播,提高其名气与声誉。

组织和参加会展的各方应学会客观地分析会展前的策划和准备、会展期间的实施以及会展后续工作过程中影响其开展的各种因素,并能运用正确的礼仪理论知识和技能服务会展行业的实际工作。

一、会展前的准备工作

(一)与展会各方沟通

会展前各种沟通工作要理顺,例如会展组织企业要和参展企业就参展的费用、形式、展位的选择等事项进行沟通,布置展览活动时要同搭建展台的公司进行沟通,与此同时,还要与赞助商拟定其相应资质以及预期回报问题,与参加会展的媒体就企业所进行的广告、新闻宣传等内容进行沟通,此外,企业与参展观众也要进行沟通,重要的参展观众要直接邀约。

（二）制订策划方案

会展组织企业应精心策划,为参加展会的企业提供完美的参展活动设计方案。其主要内容如下。

(1) 硬件选择与设计方案,如会场选择,展位、展台布置以及与之配合的各种声、光、电效果设计方案。

(2) 社交节目方案,如开闭幕式、酒会、晚宴方案;表演团体接洽、议价方案;表演现场相关事宜协调安排方案。

(3) 人员培训方案,如宣传促销活动、展览礼仪模特和展览服务人员的培训及包装方案。

(4) 展前宣传方案,通过各种方式加强展会会前的宣传,吸引更多的参展商、专业人士与消费者参与展会,提升展会的知名度和影响力,树立企业良好的形象,使企业在未来的竞争中占据优势。

(5) 经费预算方案,与相关各方沟通,针对方案中的各项支出,进行合理的预算。

（三）布置展会现场

1. 展位设计的基本概念

展位设计就是围绕会展的主题、目标和内容,运用艺术设计语言,通过视觉传达设计、空间环境设计、工业设计等手段,利用高科技将动态与静态、光与色、广告与图片、活动与音乐等手段加以灵活结合,对展示环境空间进行精心策划与设计,为实物、图片、视频等展品构建最佳的"展演"空间,为主办者、参展商和观众提供一个交流和互动的信息平台,达到信息传播的目的。

2. 展位设计的一般要求

(1) 确定展位功能的定位,并充分利用各种可能的要素加以实现。

(2) 展台的设计要强调个性,同时要在空间上和气氛上方便交谈。

(3) 展台要素的配套使用还应有助于增强工作人员谈话内容的说服力。

(4) 展台设计还要考虑到与展览会期间企业计划举办的其他活动配套。

3. 展位的主要形式

由于参展商的展台位置不同,展台的设计主要有以下几种形式。

(1) 单开面型,一般分布在走道的两侧,只有一面向观众通道敞开。

(2) 双开面型,位于走道拐弯处或十字形、丁字形通道交叉处,有相邻两面向两边观众通道敞开。

(3) 双向通道型,它是两端敞开的位置。

(4) 内角型,一般位于场馆的墙角处。

(5) 半岛型,一般指展位空间三面向通道敞开。

(6) 环岛型,它是四面敞开,一般位于展厅的中央位置,通常都是以空地的形式提供给参展商。

二、会展期间的参展企业服务礼仪

参展企业的工作人员为维护企业及个人形象,应充分考虑到交往对象的需求,遵循一定的行为规范和准则,呈现必要的礼仪、礼貌、礼节程序,为其提供优质的服务以示尊重。具体包括以下几个方面内容。

1. 形象礼仪

迎送宾客的礼仪人员穿色彩鲜艳的单色旗袍,并胸披写有参展单位或其主打展品名称的大红色绶带。

在展位上工作的人员应统一着西服、套裙等职业装并保持整洁,服装的颜色及款式的选择应与展位环境、职业、身份、年龄和性别、季节和民俗、自己的身体条件等相协调,并在左胸佩戴写明本人单位、职务、姓名的胸卡。

按照惯例,工作人员不应佩戴首饰,男士应当剃须,女士则最好化淡妆。

2. 仪态礼仪

展览一旦正式开始,全体参展单位的工作人员即应各就各位,站立迎宾。不允许迟到早退,无故脱岗、东游西逛。

在客户经过展台时,对其投出的目光要热诚、亲切、值得信赖,给客户以安全感,让客户坚定继续沟通的决心。如果对方回应,表达出交流的意愿,则应以礼相待,邀请其入座。

与客户交流的过程中,双手的动作应自然放松,避免过于拘谨僵硬,将手放在兜里、背在后面、双臂环抱胸前等也是不可取的。向客户递接资料应双手进行。

3. 语言沟通礼仪

(1)语言的选择。行业性博览会、展销会、销售会是展览不同行业不同国家的产品、服务、文化、地方特色的活动,因此,与客户进行沟通时,要注意使用对方能听懂的语言,便于对方理解。

(2)使用礼貌用语。在展览会中,工作人员要主动接近客户并与其攀谈,可以微笑地使用"您好,欢迎您的光临"等问候语。对客户的询问要耐心细致地回答,并为其提供翔实的宣传资料,礼貌地获取客户的联络方式。最后,要用"欢迎再次光临!""谢谢惠顾!"等礼貌用语送别客户。

(3)产品介绍语言。工作人员要耐心地听取其对产品的需求以及特别的要求,有针对性地介绍自己的产品及服务。

开放的问题是最常见的开场白,如"请问您有什么需要吗?""我们的产品对您目前从事的工作有帮助吗?"等。

在向客户介绍展品时,要有针对性,同时又要扬长避短。以客人利益为重,在提供有说服力的材料的前提下,着重强调自己所介绍和推销的展品的主要特点和优点,争取使客户觉得言之有理、言之有据、乐于接受,必要时邀请观众亲自动手操作,也可以安排观众观看展品的相关影视资料。在展台上要常备说明材料和单位名片,由观众自取。

4. 引导与陪同礼仪

会展服务中的引导与陪同人员应语言流畅、反应敏捷、爱岗敬业,熟悉相关的专业知识,有一定的会展接待经验,对陪同对象有所了解、有所接触,可由专门被选来的人员,或者秘书、办公室文员、公关人员、礼宾人员担当。

在引领客户前行、介绍展品时,引导与陪同人员的手势、语言、目光、微笑等要素的运用要符合礼仪规范,表现出一定的专业性。

5. 茶水服务礼仪

展位沟通过程中,如使用一次性水杯为客户提供茶水服务,握杯的位置不得高于距杯口12cm处,以确保客户喝水位置的清洁卫生。如茶水的温度较高,递茶时需使用有把手的杯托,并提醒客户小心,避免烫伤。

三、会展期间的其他组织工作

1. 物流交通

对现场物流和交通的控制,需要安保人员和指引服务工作人员掌握相关联系人名单、场馆地图、展品抵达场馆的时间表、现场交通规划草图、紧急情况应对计划、现场联络点等信息。

2. 现场接待

在会展活动举办现场,当参展商及会展观众进入会展活动场地时,会展组织方应积极热情地做好现场接待工作,包括报到、签到、分发资料以及办证等。对于集体参观的观众,可由展会接待部门通过有关组织机构事先联系,登记预约,按先后顺序安排参观时间和场次,有组织地分期分批集体参观。对个别零散观众一般采用购买门票或领取参观券的办法来控制进馆的时间和人数,其基本程序是填写登记表、办理证件、检查门票、领取参观指南、免费赠送或出售会刊、参观引导等。

3. 餐饮服务

餐饮服务包括晚宴酒会安排、午餐安排、茶点安排等方面,展览会主办单位可将展会期间餐饮区的经营权临时转让给知名酒店或连锁餐厅,并通过合同条款对其菜单、份量和价格等进行严格的约束,以确保现场餐饮服务的质量。

4. 保洁服务

现场保洁分别由场馆方、主场搭建商和特装搭建商分工负责。展览场地内公共区域的清洁工作由场馆方负责,如通道、厕所、餐厅等。展台内的清洁按"谁搭建、谁负责"的原则来负责。

5. 安全管理

展览会现场的安全管理主要涉及三个方面,即盗窃、火灾和卫生。为此,展会主办单位需要和公安、消防、卫生等部门主动联系,积极争取这些部门的支持。

6. 媒体推广

推广小组负责国内外新闻发布、新闻稿拟定、新闻媒体接洽、电视广播采访报道安排、记者会安排、大会公关展览安排以及大会新闻资料建档留存等工作。所委任的新闻主管必须善于言辞,举止落落大方,并十分熟悉展览会的相关情况。

7. 问询投诉

会展现场需设专门的问询投诉处,来处理个别参展商和专业观众对场馆现场管理、餐饮配套服务等表示不满的问题。

四、会展后的跟踪服务与总结

会展活动结束后,主办方应对提供帮助的单位和人员表示感谢,及时与客户谈判,签订贸易协定。建立参展商和客户的信息数据库,整理客户的意见和建议并反馈,后期举办各种形式的联谊活动,增进与参展商及客户的联系。

如果展出效果好,要及时召开记者接待会,发布新闻,进一步扩大企业影响力,加深目标客户的印象,树立展览会品牌形象,为下一届展览会做宣传。

统计整理资料,开展复盘讨论会,研究分析已经做过的工作,为以后工作提供数据资料、经验和建议。撰写总结报告,其基本内容包括展览从筹备到结束的所有工作的总结、效益分析与成本核算、项目市场调查等。

案例分析

日本一家电气公司的展会服务人员冈田和一位不久前新发展的客户在展会上偶遇,这个客户见面就问:"冈田,你还指望我们买你的设备吗?"冈田微笑着回答:"是的。"客户说:"可是我们刚刚从你手里买的设备温度超过了正常标准,把我手都烫坏了,谁还敢买呀?"冈田答道:"按标准规定,设备可以比室内温度高出60℃,对吗?""可你们的产品比这高许多,难道我说谎吗?""你的车间温度是多少?"冈田反问。"大约17℃。"冈田笑道:"17℃加上60℃应该是77℃,要是将您的手放进77℃的热水里,是否会烫坏呢?""会的。"冈田进一步说:"那么,您以后可不要再用手去摸设备了。您放心,那完全是正常的。"客户最终接受了冈田的观点。

【分析】

展会组织过程中,和客户沟通时要尽可能地做到自信、从容,通过微笑把友善、热情表现出来,不卑不亢,落落大方。交谈过程中,要先耐心地听客户讲述自己对产品的需求以及特别的要求,要针对客户的需要介绍相应的内容。上述案例中,冈田通过平和的态度、认真的倾听、细心的讲解,成功化解了客户的怨言,对本次交谈产生了积极推动的作用。

实操训练

1. 实操训练内容

通过训练掌握规范组织会展的礼仪要点,以更好地介绍公司业绩、展示组织成果、推销企业产品、技术或专利。

2. 实操训练要求

自设工作情景,模拟训练会展服务的登记、解说、沟通等环节。

3. 实操训练成果

会展服务过程的情景模拟视频。

4. 实操训练步骤

5人一组,分角色扮演展会工作人员及专业观众,情景模拟以下某公司展会期间的工作现场。

(1)一位工作人员组织专业观众的现场登记、资料发放工作:未注册的专业观众现场填写登记表,持请柬、门票和现场登记的专业观众,凭2张名片换贸易代表证入场参观,并获赠一份会刊及一瓶矿泉水。

(2)一位工作人员负责现场解说,向来宾表示欢迎,介绍公司及展会的整体情况。

(3)一位工作人员负责和专业观众面对面沟通,回答对方提出的问题。

5. 实操反思整改

(1)负责现场登记的工作人员能否严格登记程序,确认专业观众凭证件入场。

(2)现场解说员是否具有良好的沟通和表达能力。

(3)负责和专业观众面对面沟通的工作人员是否熟知公司业务,懂得如何维护客户关系,向客户介绍及推荐适合的产品和服务。

多元文化礼仪

任务一　少数民族礼仪

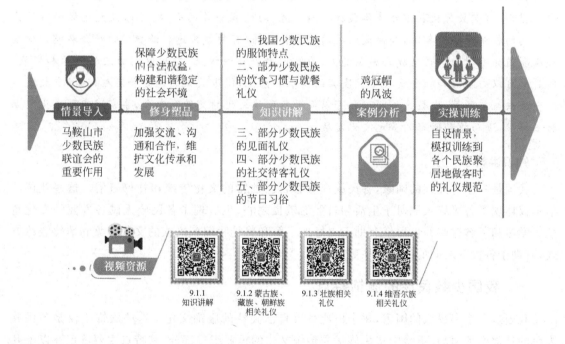

视频资源

9.1.1
知识讲解

9.1.2 蒙古族、
藏族、朝鲜族
相关礼仪

9.1.3 壮族相关
礼仪

9.1.4 维吾尔族
相关礼仪

情景导入

　　马鞍山市是少数民族散杂居城市,全市常住人口中有 43 个少数民族,其中回族约 1.3 万人,占少数民族人口总数的 65%,2008 年成立了马鞍山市少数民族联谊会,其业务范围如下。

　　(1) 学习宣传贯彻党和国家的民族政策和法律法规。

　　(2) 联系马鞍山市少数民族群众,向各级各部门反映他们的意见和建议,开展维护少数民族正当权益工作。

　　(3) 设立少数民族发展专项资金,帮扶少数民族企业和少数民族特需商品生产企业,兴办少数民族社会事业,改善少数民族群众生产生活条件。

（4）开展少数民族文娱、体育和各种联谊活动，丰富少数民族群众的文化生活。

（5）开展少数民族人才培养工作，积极宣传、推荐少数民族优秀人才。

（6）面向国内外开展友好交流活动，维护祖国统一，促进民族团结。

（7）开展少数民族经济社会发展状况调研，为政府和有关部门提供决策建议。

（8）收集、整理马鞍山市少数民族文史资料，编辑有关资料、书刊，为弘扬少数民族优秀文化做贡献。

【修身塑品】

长期以来，中国共产党创造性地把马克思主义民族理论同中国民族问题具体实际相结合，用博大胸怀吸收人类创造的一切优秀文明成果，实现了对中华优秀传统文化的创造性转化和创新性发展，确立了以民族平等、民族团结、民族区域自治、各民族共同繁荣发展为主要内容的民族理论和民族政策，具有鲜明的科学性、民族性和时代性。党的二十大对于我国新时代的民族团结进步事业做出了以下论述：以铸牢中华民族共同体意识为主线，坚定不移走中国特色解决民族问题的正确道路，坚持和完善民族区域自治制度，加强和改进党的民族工作，全面推进民族团结进步事业。马鞍山市成立少数民族联谊会正是践行党的二十大关于民族工作的重要举措之一，少数民族联谊会是各民族之间交流、沟通和合作的平台，可以极大地促进不同民族之间的相互了解和尊重，加强彼此间的联系和互动，有利于构建和谐稳定的社会环境。少数民族联谊会可以为少数民族的利益发声，为他们争取合法权益，维护他们的文化传承和发展。同时也可以向政府和社会反映少数民族的需求和意见，促进政策的制定和实施，保障少数民族的合法权益。另外，少数民族联谊会可以促进各民族文化的交流和融合，丰富城市的文化内涵和多样性，进而推动城市的多元文化发展。

 知识讲解

我国是一个多民族的国家，各民族都有着自己独特的文化传统和礼仪习俗。这些礼仪习俗不仅体现了各民族人民对于生活和自然的敬畏之心，也展现了各民族人民各方面的文化特色。学习和了解这些礼仪习俗有助于更好地了解和感受我国各民族的文化底蕴和情感表达方式，有助于各民族之间的商务交往更加顺畅。

一、我国少数民族的服饰特点

我国是一个多民族的国家，每个民族都有自己独特的服饰文化。这些服饰不仅是各民族人民的日常生活用品，更是中华民族优秀传统文化的重要组成部分，其特点主要体现在以下几个方面。

1. 取材天然

少数民族服饰的材料大多取自大自然，如棉、麻、毛、皮等。这些材料不仅具有良好的透气性、保暖性和舒适性，还具有很高的环保性。例如，苗族的织锦是用染色后的彩丝线手工编织而成，材料取自当地的蚕丝；土家族的棉布衣则是由棉花手工纺纱、织布而成，具有厚实保暖的特点。

2. 工艺精美

少数民族服饰的制作工艺精良，一件服饰从设计到完成需要经过多个步骤，包括选料、裁剪、缝制、绣花、染色等。制作过程中运用了大量的手工技艺,如苗族的银饰工艺、壮族的绣花工艺、维吾尔族的织锦工艺等。这些手工技艺不仅使服饰更加精美,还体现了少数民族人民的智慧和艺术才华。

3. 色彩丰富

少数民族服饰的色彩选择和搭配非常讲究,往往采用对比强烈的色彩搭配,如红与绿、蓝与黄等。此外,每个少数民族都有自己独特的色彩偏好和搭配方式,如苗族喜爱青色和红色,彝族偏爱黑色和红色,壮族服饰主要有蓝、黑、棕三种颜色,维吾尔族男子喜欢粗犷奔放的黑白效果,妇女则喜用对比色彩等。这些色彩搭配不仅使服饰更加鲜艳夺目,还反映了少数民族人民的审美情趣和文化传统。

4. 文化内涵

少数民族服饰是各民族文化传承的重要组成部分,蕴含着丰富的文化内涵。例如,侗族的侗锦在历史上是侗族妇女必修的劳动技能,被誉为"侗族文化的缩影";壮族的壮锦则被誉为中国四大名锦之一,是壮族传统文化的重要载体。此外,少数民族服饰上的图案和饰品也具有很高的文化价值,如苗族的龙凤图案、傣族的孔雀图案等。这些图案和饰品反映了少数民族人民对于自然和神灵的崇拜,以及对于美好生活的向往。

5. 款式多样

我国各民族都有自己独特的服饰款式。

回族女子戴盖头,男子戴白色或黑色小圆帽;彝族女子着瓦式方头帕,男子的蓝布帕包头的右前方有一个细长锥形的"英雄结";维吾尔族是一个爱花的民族,无论男女老幼都喜欢戴绣有各种花纹图案的四楞小帽;西南部一带的壮族妇女头上喜欢包着方形的黑帕,西北部的壮族男子有的用布帕缠头。

蒙古袍下摆不开衩,襟和摆采用镶绲装饰,束彩腰带;而藏袍则是敞领口、右大襟、系腰带的大袍,男子习惯褪右袖以方便活动;满族的男子穿马蹄袖袍褂,两侧开叉,腰中束带,便于骑射,女子则穿宽大的直统旗袍;维吾尔族男子的外衣称为"袷袢",长过膝、宽袖、无领、无扣,穿时腰间系一长带。

傣族妇女穿短袖衣和筒裙,彝族妇女则穿百褶裙;壮族男女多穿无领上衣,下着宽脚裤,并在衣服上绣花绲边;维吾尔族女子多在宽袖连衣裙外套黑色对襟背心。

壮族的姑娘们穿大襟或斜襟上衣,而白族的姑娘们经常在白上衣的外面穿一件丝绒背心,两者都喜欢扎绣花围腰。

少数民族的妇女多爱穿绣花鞋,满族的花盆底鞋和朝鲜族鞋头尖翘的船形鞋也都是非常有特色的。

二、部分少数民族的饮食习惯与就餐礼仪

尊重长辈是我国少数民族的传统美德,这在就餐礼仪中有较多体现。如朝鲜族讲究长幼身份,每日三餐都要给老人单独放一张小桌,并先给老人和长辈盛饭上菜;维吾尔族入座时让长者坐在上座,吃饭时先端给长者,小辈在长者面前不喝酒、不吸烟;壮族用餐时须等最年长的老人入席后才能开饭,长辈未动的菜,晚辈不得先吃,给长辈和客人端茶、盛饭必须双手奉上,先吃完的要逐个对长辈、客人说"慢吃"再离席,晚辈不能落在全桌人之后吃饭,食用鸡时,

鸡头、鸡翅必须敬给老人。

此外,每个少数民族都有其独特的饮食习惯,这些习惯不仅反映了各民族的生活方式,也体现了他们的文化传统和价值观念。应该尊重和保护这些传统习惯,以促进不同民族之间的交流和理解。

1. 蒙古族

蒙古族的饮食习惯以牛羊肉、奶制品和蒙古茶为主。烤羊、烤牛排、手扒肉和火锅是蒙古族传统的美食。其中,烤羊和手扒肉是蒙古族最具代表性的食品之一,做法独特,风味鲜美。蒙古族人还喜欢饮用奶茶和奶酒,这些饮品也是他们日常生活中必不可少的。

2. 回族

回族的饮食习惯以伊斯兰教教义为基础。回族的传统美食包括牛羊肉、面食和各种糕点。其中,最具代表性的是牛肉面和羊肉泡馍。此外,回族人还擅长制作清真食品,如牛羊肉丸子、饺子和包子等。回族人的饮食注重卫生和营养,善于将肉类煮炖或烧烤,以保持肉质的鲜美。

3. 藏族

藏族的饮食习惯以高原地区的生活环境为基础,其传统美食包括酥油茶、青稞酒、酸奶和藏式糌粑等。这些食品富含蛋白质、维生素和矿物质,能够帮助藏族人在高海拔地区保持健康。此外,藏族人的饮食习惯还强调禁忌和信仰,例如禁食马、驴、骡等动物,与佛教教义相符。

4. 维吾尔族

维吾尔族的饮食习惯以牛羊肉、面制品、蔬菜、水果、茶、奶等为主,其传统美食包括烤全羊、羊肉串、抓饭、拌面和馕坑肉等。其中,烤全羊和羊肉串是最具代表性的食品,做法独特、香嫩可口。维吾尔族人的饮食注重搭配和营养,善于制作各种糕点和小吃,如切糕、油煎包子和小油囊等。

5. 壮族

壮族的早、中餐比较简单,一般吃稀饭,有时会在中、晚餐之间加一小餐。晚餐为正餐,多吃干饭,菜肴也比较丰富。壮族人民热情好客,过去到壮族村寨任何一家做客都会被认为是全寨的客人,往往几家轮流请吃饭,有时一餐饭吃五六家。平时即有相互做客的习惯,例如一家宰猪,必定请全村各户每家来一人,共吃一餐。招待客人的餐桌上务必备酒,方显隆重。敬酒的习俗为"喝交杯",其实并不用杯,而是用白瓷汤匙。

6. 其他民族

我国还有许多少数民族,如朝鲜族、傣族、彝族、哈萨克族等,每个民族都有自己独特的饮食习惯。例如,朝鲜族的传统美食包括泡菜、打糕和冷面等;傣族的特色食品包括青苔、槟榔和竹筒饭等;彝族的代表性食品有砣砣肉、杆杆酒和烤全羊等;哈萨克族则善于制作各种奶制品和牛羊肉美食。

三、部分少数民族的见面礼仪

我国不同少数民族的见面礼仪各具特色,以示其独特的民族文化和传统。

1. 蒙古族

热情好客,待人诚恳是蒙古民族的传统美德。为了表示纯洁、诚心、尊敬的意思,日常见面时,蒙古族主人会向客人献上哈达。对长辈献哈达时,献者略弯腰向前倾,双手捧过头,哈达对折起来,折缝向着长者;对平辈,双手平举送给对方;对小辈,一般将哈达搭在对方脖子上。

在献哈达之后,还可互换鼻烟壶以表示友好,其基本方法是从长者开场,依次与客人递换鼻烟壶。接过对方的鼻烟壶后,翻开壶盖,取出少量鼻烟,轻轻闻一闻,盖好再把鼻烟壶归还原主。

2. 藏族

藏族是一个古老而热情的民族,献哈达也是藏民族最普遍、最隆重的一种礼节。当好客的藏族主人向客人敬献哈达并祝福吉祥如意时,客人应躬腰接受;哈达献给尊长时要举过头顶,身体略向前倾,手托着哈达前行三步;对平辈或下属,可以双手将哈达系在对方的脖颈上。

3. 回族

回族无论男女老少,见面相互问候时,通用一种祝安词(也叫见面语),一般都是致者先说祝安词,然后回答者再说祝安词,即求真主赐予平安。互致祝安词还有许多讲究:一般是晚辈先向长辈致祝安词。平辈亲友相逢,年幼者向年长者致祝安词。在宗教场合或晚辈见到长辈时,回族人会向对方右手平放胸前鞠躬。

4. 维吾尔族

维吾尔族是一个十分注重礼貌的民族,按传统的习惯,维吾尔族亲友相见,要握手问候,互道祝安词,即祝福平安,然后躬身后退一步,按宗教的礼节,右手抚胸,再问对方家属平安。见了长者,要起立问候,把双手交叉放在胸前,点头鞠躬,以表达晚辈对长辈的尊重。妇女见面打招呼时,一般点头,略弯腰鞠躬,如果较长时间未见面,则要互相拥抱,左右面颊要挨一下,以示亲热,道别时双手抚膝并躬身。

5. 满族

满族重视礼节。过去,平时见长辈行"打千"礼,男子曲右膝,右手沿膝下垂;妇女双手扶膝下蹲。平辈亲友相见,不分男女行抱腰接面大礼。

6. 达斡尔族

宾主见面时互相行礼。男人打千请安。妇女请安,即两腿并拢屈膝,手放膝上,稍低头。晚辈见长辈要施"装烟礼",即将自己的烟装入长辈烟斗,点燃后给对方。

四、部分少数民族的社交待客礼仪

在社交待客场合,我国各族人民通常会遵循一些特定的礼仪规范,如互换礼物、敬茶敬酒、献歌跳舞等。有些少数民族还会在敬茶时将鸡蛋、糌粑等食品放在茶里,以表示对客人的重视和祝福。这些礼节不仅表达了对于他人的尊重和感激之情,也有利于促进人际关系的和谐。无论在哪个民族家中做客,都应该尊重当地的文化习俗,以礼貌和友好的态度待人。

1. 蒙古族

蒙古族人民以其热情好客而著名。当有客人到访时,蒙古族人会全家出门迎接,立于门外的西侧,右手放在胸部微微躬身,左手指门,请客人先行。进入后,他们会献上最美的奶品肉食和美酒,表示欢迎和尊重,并邀请客人一起参加歌舞娱乐活动。

2. 藏族

在藏族人家中喝酒，主人会用银碗或是酒盅敬酒，表示欢迎和尊重。三口一杯是藏族人在会客时最主要的一种礼节，客人先用右手无名指沾点酒，向空中、半空、地上弹三下，以示敬天、地和祖先（或者敬佛法僧三宝），然后小喝一口；主人会把杯子倒满，再喝一口；主人又会把杯子倒满，这样喝完三次，最后把杯子中的酒喝完。

在盛夏时节，主人还会在客人面前宰猪、羊、鸡、鸭等动物以示诚心。当客人要离开时，呈上酥油、糌粑和青稞酒等食品作为见面礼，送客至大门口并祝福客人一路平安。

3. 朝鲜族

传统的朝鲜族房屋特点之一是炕大，进屋时须把鞋脱在门外或外屋地上。

男人到别人家做客时，要盘腿而坐，女人到别人家做客时，坐在炕上之后，要把双腿蜷向身子的一侧，其姿势"似跪而坐，似坐而跪"。不论男女，在炕上不能对着人伸腿，更不能岔开双腿。

4. 白族

送礼必须带"6"字。男家送订婚礼，钱不管多少，一定是16、26、60、160等；生日礼送酒6瓶、16瓶均可。

5. 壮族

招待客人的餐桌上务必备酒，方显隆重。敬酒的习俗为"喝交杯"，其实并不用杯，而是用白瓷汤匙。

6. 景颇族

过往客人不管是否相识，都会被邀回"帮吃"。主人将自己的酒筒、烟盒递给客人享用，客人一一品尝，主人便会十分高兴。

7. 东乡族

主客上炕首坐，献上盖碗茶、面饼和辣子炒洋芋。吃饭时请客人品尝油香，抓羊肉等。用鸡肉待客时，先请客人吃鸡尾，表示尊敬。

五、部分少数民族的节日习俗

节日习俗是我国各少数民族文化的重要组成部分，应该加强对少数民族节日习俗的保护力度，以确保这些珍贵的文化遗产能够得以传承和发展。

许多少数民族在节日期间都有独特的饮食习俗，各种娱乐活动也是必不可少的，与此同时，少数民族的节日也是一个传承和展示传统手工艺的时机。

1. 蒙古族

那达慕是蒙古族的传统盛会，意为"游戏"或"娱乐"。这个节日历史悠久，通常在每年农历六月初四开始，为期3～5天。活动包括赛马、射箭、摔跤、唱歌、跳舞等。这些活动既展示了蒙古族牧民的精湛技艺，也传承了蒙古族的文化传统。

蒙古族会在那达慕节期间制作马奶酒和烤全羊，人们也可以欣赏到精美的蒙古族传统手工艺品，如毛织品、皮革制品等。

2. 回族

开斋节是回族人民的重要节日，也是伊斯兰教主要节日之一。每年伊斯兰教历9月（俗称

"斋月")封斋满后举行。在这一天,回族人民会进行盛大的庆祝活动,包括礼拜、聚餐、走亲访友等。

回族在开斋节期间会制作各种美食,如牛羊肉、糕点等。

3. 藏族

藏历新年是藏族人民的传统节日,也是藏传佛教的重要节日之一。每年藏历新年,藏族人民会举行一系列庆祝活动,如贴对联、打酥油、拜年、盛大的歌舞表演等。这个节日不仅是藏族人民的团聚时刻,也是祈求新一年平安、吉祥、丰收的美好愿望。

藏族在藏历新年期间则会制作酥油茶、青稞酒等特色饮品,也会制作各种传统手工艺品,如唐卡、绣品等。

4. 维吾尔族

维吾尔族的传统节日有肉孜节、古尔邦节和诺鲁孜节。

肉孜节又叫"开斋节",在封斋一个月后举行,一般要过 3 天,期间穆斯林前往清真寺参加会礼,听伊玛目宣讲教义。

古尔邦节又叫"宰牲节",在肉孜节过后 70 天举行,家境好的,都要宰一只羊。

诺鲁孜节是维吾尔族最古老的传统节日,在春分时节,相当于公历 3 月 22 日。在这一天,要举行各种庆祝活动和传统的"麦西来甫"(即维吾尔族人民集取乐、品行教育、聚餐于一体的民间娱乐活动)。

5. 壮族

壮族人主食大米,节庆期间吃彩色糯米饭,表达亲友间的盛情和敬意,祝愿吉祥如意、愉快幸福。

壮族在农历的三月初三要举行最隆重的民歌集会,这一天,家家户户都要做彩色糯米饭,染彩色蛋,欢度节日。

6. 苗族

苗族人在农历四月初八会举行纪念古代英雄亚鲁的各种活动,这一天,苗族人都要穿上节日盛装,聚在一起吹笙、跳舞、唱山歌、荡秋千、玩龙灯、耍狮子,场面非常壮观。

7. 傣族

傣族最隆重的节日是傣历六月中旬的泼水节,也就是傣族的新年,节日持续 3～4 天,人们要采来鲜花绿叶到佛寺供奉,担来碧澄清水为佛像洗尘,然后就相互泼水,互祝吉祥、幸福。

案例分析

某酒店入住了一个少数民族团体,团体中美丽的少女都戴着一顶很漂亮的鸡冠帽。一个酒店男员工与她们熟络了一点后,出于好奇,用手摸了一下一位少女的帽子,结果被告到族长那里去,族长以为男员工爱上了那位少女,向她求婚。后经酒店领导出面调解,二人以兄妹相称。

【分析】

我国是一个多民族国家,以上案例中,鸡冠帽是昆明彝族撒梅人未婚少女的帽饰。关于鸡冠帽的传说有好多种,其中一个是这个少数民族曾在一天夜里受到外族的入侵,恰巧一只公鸡鸣叫,唤醒了人们,才免去了灭族之灾。之后,为了纪念这只公鸡,村里美丽的少女都戴上鸡冠帽,男子一触摸就表示求婚。因此,在与少数民族的交往中,应了解并尊重少数民族的风俗习惯,不要做那些他们忌讳的事。

实操训练

1. 实操训练内容

通过训练了解并尊重民族风俗习惯,更好地实现民族团结,国家和平、兴旺。

2. 实操训练要求

自设情景,模拟训练到各个民族聚居地做客时的礼仪规范。

3. 实操训练成果

到各个少数民族家中做客时的情景模拟视频。

4. 实操训练步骤

(1) 2人一组,分别扮演蒙古族或藏族的主人和客人,练习献哈达及接受哈达时的礼仪。

(2) 2人一组,分别扮演维吾尔族的主人和客人,练习见面时的礼仪。

(3) 2人一组,分别扮演蒙古族的主人和客人,练习在家中敬茶的礼仪。

(4) 自选某少数民族,练习做客礼仪。

5. 实操反思整改

(1) 献哈达时,主人是否双手将哈达举过头顶表示尊重。接受哈达时,客人是否身体微微前倾,双手接过哈达。

(2) 维吾尔族人见面行礼时,是否把右手放在左边的胸前,然后身体向前倾30°。

(3) 蒙古族主人敬茶时,客人是否使用双手或右手接茶。表达不需要添茶时,客人是否是用碗轻轻地碰一下勺子或壶嘴。

任务二 亚洲文化礼仪

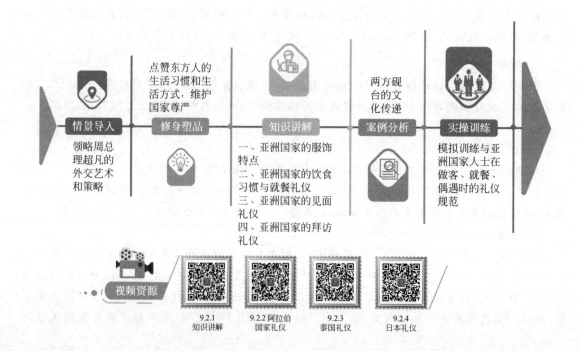

 情景导入

1960 年,周恩来总理赴印度新德里就中印边界问题进行谈判,努力在不违背原则的前提下与印方达成和解。其间,周恩来召开记者招待会,从容应对西方和印度记者的种种问题,当时一个西方女记者忽然提出一个非常私人化的问题,她说:"据我所知,您今年已经 62 岁了,比我的父亲还要大 8 岁,可是,为什么您依然神采奕奕,记忆非凡,显得这样年轻、英俊?"这个问题使紧张的会场气氛立刻松弛下来,人们在笑声中等待周恩来的回答。周恩来略作思考,回答道:"我是东方人,我是按照东方人的生活习惯和生活方式生活的,所以依然这么健康。"会场顿时响起经久不息的掌声和喝彩声。

【修身塑品】

这个案例充分体现了伟大的周总理超凡的外交艺术和策略。一般情况下,公共场合不适宜问及他人的私人问题,女记者在严肃的会议期间问私人问题,这明显是不恰当的。但周总理的幽默回答没有让女记者难堪,既维护了女记者的面子,也没有透露私人信息。而且,周总理的回答还赞扬了东方人的生活习惯和生活方式良好,极高地维护了国家尊严,同时也维护了自己的尊严,这是一起社交、外交领域成功处置的案例。

 知识讲解

亚洲礼仪文化强调对他人的尊重,注重情感交流,讲究礼节,并注重规矩和仪式感。了解和尊重亚洲各地的礼仪文化,可以帮助更好地与当地人交往,建立良好的人际关系,促进事业的发展。

一、亚洲国家的服饰特点

亚洲各国服饰特点各有不同,展示了丰富的文化多样性。下面是部分国家的服饰特点。

1. 日本和服

日本和服是日本传统的民族服饰,展现了日本传统文化的独特魅力,具有以下特点。

(1)色彩。和服的颜色主要有黑色、白色、红色、蓝色等,其中男性通常穿着黑色的和服,而女性则穿着各种颜色的和服。

(2)款式。和服的款式有很多种,包括长袍、短袍、裙子等,每种款式都有其特定的穿着方法和搭配。

(3)图案。和服上经常绣有各种精美的图案,如花鸟鱼虫、神话传说等,这些图案不仅美观,还寓意着吉祥和祝福。

(4)腰带。和服通常配有腰带,腰带的颜色和质地也与和服相搭配。

(5)装饰。和服还经常配有各种装饰,如丝带、纽扣、花朵等,这些装饰不仅美观,还有助于固定衣服。

2. 印度纱丽

印度纱丽是一种色彩艳丽、风格飘逸的服装,用丝绸为主要材料,一般长 5.5m,宽 1.25m,两侧有绲边,上面有刺绣。通常围在长及足踝的衬裙上,从腰部围到脚跟成筒裙状,然后将末端下摆披搭在左肩或右肩。纱丽是印度女性心中舍弃不了"情结",成千上万的印度女

性,将她的一往情深交付给纱丽,年复一年,日复一日,在印度这块具有悠久历史文明的大地上,将纱丽演绎成为一种恒久的服饰文化。

3. 泰国传统服饰

泰国的传统服饰多采用绊尾幔,这是泰国传统服饰的主要特征之一。绊尾幔是由一块长约3m的布包缠双腿,再把布的两端卷在一起,穿过两腿之间,塞到腰背处,穿上以后,很像我国的灯笼裤。泰式传统服饰多为红、黄等艳丽的颜色,以泰丝制成,面料光滑,质感华丽。

4. 印度尼西亚传统服饰

印度尼西亚服装高雅华丽,花纹美丽,融合了许多西方元素,如西装、衬衫、短裤等,以及一些东方元素,如长袍、头巾等。这些元素的融合使得印度尼西亚的服饰具有独特的风格和魅力。印度尼西亚的传统服饰大多采用手工刺绣或印有精美的图案,展现出热带地区的特色和民族文化。其中,印度尼西亚的传统服装"巴迪克"是一种蜡染印花布,具有轻便、透气和色彩鲜艳的特点,被广泛应用于印度尼西亚的服饰制作中。

二、亚洲国家的饮食习惯与就餐礼仪

1. 韩国

韩国饮食以米饭为主食,搭配各种菜肴和汤品,喜欢清淡、少油少盐的口味,因此菜肴中常常使用各种酱料和调味料来增加口感和风味,喜欢喝汤,尤其是泡菜汤、大酱汤等传统汤品。

在韩国就餐时应注意尊重长辈和同席的他人,身体坐正后再开始食用,不发出声响是基本礼仪。他们的用餐顺序是右手先拿起勺子,从水泡菜中盛上一口汤喝完,再用勺子吃一口米饭,然后喝一口汤,再吃一口饭,最后便可以随意地吃任何东西了。注意:不要用嘴接触饭碗,不可出声。筷子只负责夹菜,不吃饭的时候放在右手方向的桌子上,两根筷子要拢齐,2/3在桌上,1/3在桌外。勺子负责盛汤、捞汤里的菜、装饭,不用时要架在饭碗或其他食器上。共享的食物要夹到各自的碟子上后再吃,醋酱和辣酱也最好拨到碟子上蘸着吃。

2. 泰国

泰国的餐桌上通常会有一份米饭,配以一份汤、一份炒菜、一份咖喱菜、一份炸物以及新鲜的蔬菜。饮料方面,他们喜欢喝冰水,习惯加冰块和少许盐,而且喜欢甜而不腻的甜品,通常在餐后享用。

在泰国,如果用餐地点有供奉佛像或其他神明,记得在用餐前双手合十进行祈祷。餐桌座次讲究长幼次序,通常以靠墙或者离门最远的位置开始,按照辈分、长幼依次落座。他们吃饭很少用筷子,而更喜欢用勺子和叉子。每次往自己的盘子盛一点点饭,再用勺子将菜肴与饭拌匀,吃完再加。喝汤的时候要沿着勺子的边缘喝。在泰国,人们非常注重餐桌卫生。在用餐前,记得把擦手巾平铺在膝盖上。每次喝酒时,前后都要拿布擦一下嘴巴,避免把杯子弄脏。

3. 日本

日本的饮食习惯中,米饭、面条、寿司等是主要食品。

在日式餐馆和传统家庭内就餐,客人需要脱下鞋子,并将鞋头朝外整齐地放在指定的位置。这是日本的一种传统习惯,表示对主人的尊重和对整个环境的爱护。点菜时通常先点酒,再点基本上必点的菜(如生鱼片、前菜、清汤、煮物、烧物),其余菜色可视情况增加。在日本的餐桌上,主人会先向客人敬酒,然后客人也会回敬主人。在共同碰杯之后,所有人才开始用餐。酒足饭饱后,要说"承蒙款待了"。这句话通常用于表达对主人的感激之情,也是对主人热情款待的一种回馈。

4. 俄罗斯

俄罗斯人喜欢酸、辣、咸味，偏爱炸、煎、烤、炒的食物，尤其爱吃冷菜。在主食方面，俄罗斯人以面包为主，喜爱用黑麦烤制的黑面包。除黑面包外，还喜欢鱼子酱、酸黄瓜、酸牛奶等。另外，俄罗斯人吃水果时，多不削皮。

俄罗斯人用餐时多用刀叉。用餐期间，忌讳发出声响，并且不能用匙直接饮茶，或将茶匙放在杯中。通常吃饭时只用盘子，不用碗。参加俄罗斯人的宴请时，宜对其菜肴加以称赞，并且尽量多吃一些。俄罗斯人将手放在喉部时表示已经吃饱了。

三、亚洲国家的见面礼仪

亚洲各国的见面礼仪各具特色，都与各自的传统文化和习俗紧密相关。

1. 泰国

泰国人在路上相遇时，首先必须有人先向前走一步，摩擦对方手心，再低头说问候语（如你好），同时双手放到胸前行合十礼，意味着"我从心底问候你"。

双掌举得越高，表示尊敬程度越深。平辈相见举到鼻子以下。长幼相见，晚辈双手举至眼部，长辈还礼举到胸前，手部不应高过前胸。地位较低或年纪较轻者应先合十致意。如果别人向你合十，你必须还礼，否则就是失礼。

在泰国，头是神圣不可侵犯的。不能随便用手触摸他人的头部，也不能越过他人的头顶传递东西。

2. 日本

日本是一个非常注重礼仪的国家，体现了该国对传统文化和礼貌的重视，日常生活中互致问候非常重要。

在日本，熟人、平辈见面可以握手拥抱。但如果是比较正式的会面，要互相问候，脱帽鞠躬，眼睛向下，表示诚恳的态度。鞠躬礼是日本传统的见面礼节。在对外交际时，握手礼节也很流行，有时握手后还会鞠上一躬。

90°鞠躬，是礼节中表达最尊敬的方式之一，表示特别感谢或者道歉；45°鞠躬，多见于初次见面，鞠躬后多需交换名片；30°鞠躬，一般用于熟悉人打招呼，如早上遇到同事等。鞠躬礼讲究身份，晚辈、下级、女子要向长辈、上级、男子先行礼，后者必须用同样规格礼仪还礼。每次鞠躬后，先起身的是尊者。在面对长辈或上级时，应使用尊敬的语气。

3. 沙特阿拉伯

沙特阿拉伯的见面礼仪包括以下步骤。

(1) 说问候语（如你好）。

(2) 握手并说问候语（如你身体好吗？）。

(3) 握手后，沙特阿拉伯人会把他的左手放在你的右肩上并吻你的两颊。

如果与沙特阿拉伯妇女见面，则不能握手，也不能期待被介绍给她。

4. 菲律宾

菲律宾人的吻手礼是指年轻人与长辈相见时，要吻长辈的手背，以示对老人的敬重；年青姑娘见长辈时，则要吻长辈的两颊。鞠躬礼是指当晚辈遇见长辈时，说话前要把头巾摘下放在肩上,深深鞠躬,并称呼长辈为"博"(意为大爷)。此外,他们还有头巾礼,在户外相见,若没戴帽子,则必须用左手捂头。

四、亚洲国家的拜访礼仪

拜访时,需要注意礼仪和文化习俗,以表达自己的尊重和关心,同时也要尊重对方的感受和文化背景。

1. 俄罗斯

到俄罗斯人家里拜访,进门后,须先向女主人问好,再向男主人和其他人问好,因为俄罗斯人也与西方国家人一样,在公共场所和交际场合实行"妇女优先"的原则。客人坐的地点应按主人指定,既不能坐在床上,也不能坐在有妇女坐的沙发上。如果一次来了几位互不相识的客人,主人介绍时,也要先从女客开始,男客被介绍给女客时要站起身来。吸烟应先征得女主人或女客同意。谈话时一般不能打断别人的话,不要打听别人的工资、妇女的年龄。男子不能把同来的妇女丢在一边自己与别人谈话,除非妇女已与别人谈话。初次拜访不要坐长久。

俄罗斯人喜欢送花,花店很多。人们做客时常常送给女主人一束鲜花,送的花须是单数,双数的花祭祀亡者,还不能是黄色的,黄色表示不忠诚。送给主人家的孩子一些玩具或文具,也很受欢迎。主人如接到客人送来的蛋糕、水果、糖果,应立即摆到桌上,让大家看见。

2. 韩国

到韩国人家里做客时,准时到达是非常重要的。尊重长者是韩国人恪守的礼仪,因此在韩国人家中做客时,要先向家中的长者问候行礼;给长者行礼时,两腿站直并拢、双臂紧贴身体两侧、背部挺直,然后弯腰鞠躬;与主人家中的其他人见面时,要视对方的年龄、性别,分别采用鞠躬、握手、点头、微笑等不同的方式表示问候。韩国人很重视男女之别,与异性一般不握手,而是通过鞠躬、点头、微笑、道安等方式表达问候。当做客结束准备离开时,应与每一个人鞠躬告别,并对主人的款待表示谢意,主人通常会将客人送至门外。

送给主人的礼物可以是水果、蛋糕、饼干、糖果、鲜花、高级巧克力、红酒、烈性酒等,也可以是客人从自己国家带来的精美的食物。无论送什么样的礼物,礼物的包装一定要精美,韩国人认为黄色和粉红色象征高兴快乐,包装纸一定不能选择绿色、白色和黑色。韩国人的民族自尊心很强,反对崇洋媚外,因此送礼物时不宜送外国货。

3. 日本

到日本人家里商务拜访时,进门前先按门铃,如果没有回应,门没有上锁,可以把门打开一条缝,向里面喊:"里面有人吗?"切忌向门内探头探脑。进门后,要在门厅处面向屋里换鞋,然后转身,弯下腰,把鞋尖儿朝外大门的方向摆放整齐,带的礼品要放在被领进的屋子里,寒暄之后再递过去。告辞时,要把原来坐过的地方收拾好,若是用了坐垫,不要折起来,要摊平放好。出门后,不要忘记在拐角处回过头来轻轻地鞠躬,这是告别的规矩。

拜访时,按习惯,要给女主人带上一盒糕点或糖果,而不是鲜花。如果日本人送你礼物,要对他表示感谢,但要等他再三坚持相赠后再接受。收受礼物时,要用双手接取。日本人喜欢别人送给他们礼物。礼物要用色彩柔和的纸包装好,不用环状装饰结。他们特别喜欢白兰地酒和冻牛排。成双作对的礼物被认为是好运的兆头,所以衬衫袖口的链扣子和配套成对的钢笔和铅笔这类礼物特别受欢迎。

任何东西不要送四件的,因为日文中的"四"字发音与"死"字相同。还忌讳3人一起"合影"。他们认为中间被左右两人夹着,这是不幸的预兆。日本人对送花有很多忌讳,忌讳赠送或摆设荷花,他们对菊花或装饰花图案的东西有戒心,因为它是皇室家庭的标志,一般不敢也不能接受这种礼物或礼遇。

4. 泰国

泰国属热带季风气候,全年分为热、雨、旱三季,如果开展商务活动,最好安排在当年的 11 月至次年的 3 月,4~5 月当地商人多半外出度假。多数泰国人不愿意与他们不熟悉的人进行商业来往,故最好通过双方都比较熟悉的组织或个人来介绍或引见,包括大使馆、商业组织、银行、咨询公司,或与客人有长期关系的其他公司或友人。

泰国人注重礼貌、个性含蓄、说话轻声、语调平和,不喜欢大声说话或使用夸张的手势,也不喜欢与他人有身体上的接触,外国人与泰国人见面时可礼貌地握手,行合十礼。在商务谈判中,要做好充足的前期文件准备工作、安排不过分冗长的会议并适当安排茶歇,还要在细节中留下讨价还价的余地等,这些能使泰国人感受到你足够的诚意。当然,与泰国人进行商务谈判,还需要足够的耐心。

和泰国人交往时可以送些小的纪念品,送的礼物事先应包装好。访问客户时,给其下属带一些点心或土特产往往会使你更受欢迎。在泰国,一些特定的物品被视为是不吉利的象征,如星期五、13 号、3 以及 4 个相同的数字等。同时,送大象雕像也是不合适的礼物,因为大象在泰国被认为是神圣的动物。

案例分析

一天住在某大饭店的日本母女到饭店的商场部选购货品。母亲对正在柜台服务的小刘说:"我想买两方砚台送给我热爱书法的丈夫。"小刘立刻引导母女来到工艺品柜台,母亲指着两方刻有荷花的砚台对小刘说:"这两方砚台大小正合适,可惜的是造型……"客人的话立刻使小刘想到,在日本,荷花是用来祭奠死者的不吉之物,看来只有向她推荐别种造型的砚台。于是小刘与工艺品服务员商量以后,回答说:"书画用砚台与鉴赏用砚台是不一样的,对石质和砚堂都十分讲究,一般以实用为主,您看,这方鱼子纹歙砚,造型朴实自然,保持着砚石自身所固有的特征,石质又极为细腻,比那方荷花砚更好,而且砚堂平阔没有雕饰,用这样的砚台书写研墨一定能得心应手,使用自如。"服务员小张将清水滴在三方砚台上,请客人自己亲自体验这三方砚台在手感上的差异,最后,客人满意地买下了这方鱼子纹歙砚,并连声向小刘和小张道谢,还拉着小刘的手说:"你将永久留在我的记忆中。"

【分析】

日本既是公认的世界最现代化的国家之一,又是一个保持浓郁传统文化的国家。日本人十分看重礼仪,从日常起居到待人接物,处处都受到礼仪的约束。日本人送花有很多忌讳,忌讳赠送或摆设荷花;在探望病人时,忌用山茶花、仙客来及淡黄色和白颜色的花;对菊花或装饰花图案的东西有戒心,因为它是皇室家庭的标志。以上案例中,刻有荷花的砚台虽大小合适,做工精美,但不适合作为礼物送给日本人。小刘熟悉这方面的文化知识,并帮助客人买到了心仪的礼品,这是值得学习的。

实操训练

1. 实操训练内容

通过训练了解并尊重亚洲国家交往对象的见面礼仪、语言文化、风俗习惯等。

2. 实操训练要求

自设情景,模拟训练与亚洲国家人士交往时的礼仪规范。

3. 实操训练成果

与亚洲国家人士交往时的情景模拟视频。

4. 实操训练步骤

(1)2人一组,分别扮演主人和客人,情景模拟到日本人家中做客的场景,基本流程包括拜访电话预约,进门前按门铃,对主人行鞠躬礼,双手递上礼品,玄关处脱去外衣、鞋,主人让座后落座等。

(2)2人一组,分别扮演主人(上级领导)和客人,情景模拟在韩国餐厅就餐时的场景,基本流程包括见面时握手,餐间祝酒,告别时致道谢辞行并行鞠躬礼等。

(3)2人一组,分别扮演年轻人和长者,情景模拟在泰国路上偶遇、打招呼的情景,基本流程包括见面时行合十礼、称呼问候等。

5. 实操反思整改

(1)去日本人家中做客,预约时是否说明了拜访意图、时间、人数;进门脱鞋后,鞋尖是否冲着门的位置摆放整齐;落座后的跪坐、侧腿坐姿势是否规范等。

(2)受邀与韩国领导就餐,见面时对方伸出手后,是否先以右手握手,随后再将自己的左手轻置于后者的右手之上以示尊敬;敬酒时是否鞠躬致祝词,一连三杯,以鞠躬结束;告别时,是否低头致谢,多次行礼等。

(3)年轻人在泰国路上偶遇长者时,是否先打招呼,双手举到鼻子高度,刻意地把头部垂下,下至不高于长者的身高,称呼长者用词是否正确等。

任务三　欧美文化礼仪

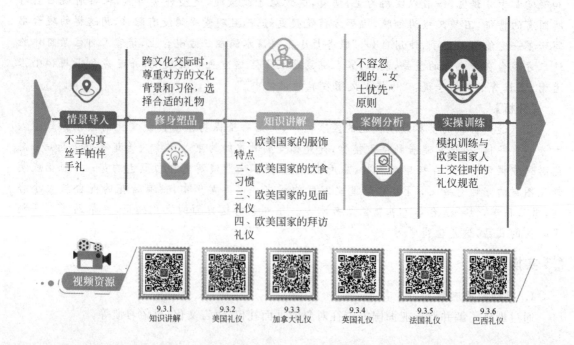

 情景导入

　　国内某家专门接待外国游客的旅行社,有一次准备在接待来华的意大利游客时,送给每人一件小礼品,于是就委托一家杭州名厂订制了一批真丝手帕,每个手帕上绣着花草图案,十分美观大方。手帕装在特制的纸盒内,盒上又有旅行社社徽,显然是很像样的小礼品。中国丝织品闻名于世,料想客人一定会喜欢。

　　旅游接待人员到机场迎接来自意大利的游客,欢迎词热情、得体,客人很满意。但当他在车上代表旅行社将两盒包装甚好的手帕赠送给每位游客时,他们却显出很不高兴的样子,特别是一位夫人,大声叫喊,表现得极为气愤。旅游接待人员很纳闷,中国人一向以为礼多人不怪,怎么这些外国人就不领情呢?

【修身塑品】

　　这个案例再一次反映了在对外交往中,不仅要注重礼节礼仪,更要注意不同文化之间的差异,具备较强的跨文化交际意识(cross-cultural communication awareness)。在旅游接待与跨文化交流场合中,为朋友选择礼物时,需要充分了解并尊重对方的文化背景和习俗,了解选择的礼物在他族文化中的含义和价值,并注意礼品的包装和送礼方式,这样可以避免造成不必要的误会和冲突,避免送出不合适或冒犯的礼物,增进彼此之间的友谊和信任。在意大利和西方习俗中,亲朋好友相聚一段时间告别时才会送手帕,取意为"擦掉惜别的眼泪"。在本案例中,意大利游客兴冲冲地刚刚踏上盼望已久的中国大地,准备开始愉快的旅行,你就让人家"擦掉离别的眼泪",人家当然不高兴,就要议论纷纷。那位大声叫喊而又气愤的夫人,是因为她所得到的手帕上面还绣着菊花图案。菊花在中国是高雅的花卉,但在意大利则是祭奠亡灵的。这样送礼肯定会使人家愤怒,感觉受到冒犯和不尊重,失了礼节。当然,在接待人员搞清楚原因之后,可以引导外国朋友了解我国的文化,让他们体会我们的善意。

 知识讲解

一、欧美国家的服饰特点

　　在西方文化中,不同场合的邀请函中会注明着装要求,为了表示对主人家的尊重,也为了避免尴尬,应了解不同着装要求的具体内容。

1. 白领结(white tie)或超正式(ultra-formal)

　　此类着装适用于英国的皇家宴会、正式的国会活动、维也纳歌剧舞会、诺贝尔颁奖典礼晚宴等高规格的隆重场合。

　　在白领结的服装准则定义中,女士的打扮通常都是下摆及地、比较隆重的晚礼服,在最正式的初次社交舞会上,裙装常被要求为白色,根据场合的要求应避免裸露肩膀。常见的配饰则包括披肩和长手套,已婚女士更可以佩戴头冠。如果女士们选择戴手套,除了在酒会场合套上,在迎接或与其他宾客打招呼时也应该佩戴上。进座后就可以把手套除下,放在双腿上。

　　男士必须穿上黑色或者深蓝色的燕尾服,带有丝绸、罗缎或色丁缎面贴边,前部下摆裁成水平;与燕尾服面料相同的长裤,外侧裤线各有一条宽缎带或两条窄缎带;硬领、硬胸棉质的纯白衬衫;选择银色或者金色的袖扣,一定要是法式扣法;与衬衫同质地的白色领结;与衬衫同质地的白色西装马甲;黑色丝绸短裤或者长裤;黑色正装漆皮皮鞋。

2. 黑领结（black tie）或正式（formal）

通常，派对、舞会、婚礼、慈善晚会、剧院、高级餐厅正式晚宴等场合需要这样的着装。

对男士们来说仅是替换了白领结的燕尾服，可穿黑色领结、缎面领子的燕尾服，系同色腰带，也可穿其他体面的正式西装，打领结或领带。

女士穿长至脚踝或及膝的晚礼服，裙摆上的分叉是可以被接受的，但是不至于过于性感，礼服的面料可以是波纹皱丝织、雪纺薄纱、丝绸、缎子、锦缎、人造丝、天鹅绒、蕾丝等。小包和高跟鞋要与服装相配，手套则是随心所欲。项链、耳环等首饰的真假无所谓，但是要闪亮，戴手镯而不是手表。

邀请函上可能还有其他关于黑领结的要求。例如，黑领结随意（black tie optional），男士可以穿晚礼服或正式的深色圆摆西装，可以不打领结，换成打领带，衬衫最好是白色的。女士可以是晚礼服、不拖地的 3/4 长礼服或者是考究的晚宴两件套。又如，黑色领带优先（black tie preferred），这代表邀请方希望男士们最好穿燕尾服，但是，如果男士的服装没有那么正式，邀请方也不会不让其入场。

3. 商务便装（business casual）

1990 年，这种着装要求在西方白领间迅速流行起来，特别是在美国和加拿大等国家。很多在硅谷的 IT 工作者是这种着装要求的最初接受者。与正式商务穿着不同，商务休闲装并没有一个明确的定义。

男士可以不穿西装外套，也不需要打领带，甚至可以穿比较正式的有领衬衫，例如 Polo 衬衫、卡其裤子和乐福鞋。牛仔裤或者牛仔布系列的衣服是不被接受的，大部分企业认为这是一种草率的表现。

女士可以穿女士衬衫和裙子或是连衣裙，也不一定要穿高跟鞋。

4. 休闲（casual）或非正式（informal）

这种说法意味着可以随便穿，但是短裤、凉鞋还是要避免，也不要西装革履。

男士可穿宽松 T 恤、牛仔裤、便鞋。

女士可穿质地普通的连衣裙，或者 T 恤、牛仔裤。

此外，欧美各国在日常生活及商务活动中的着装也有着各自不同的特点。

美国人日常生活中对着装比较随意，喜欢方便、舒适的服饰。在政府部门或者公司工作的上班族，工作时间男士一般要西装革履，在美国 IT 行业的从业人员往往喜欢穿商务便装，而金融、保险等行业的人员则是一身庄重的正装。在美国，女性最好不要黑色皮裙。

按照西班牙商人的商业习惯和礼俗，建议大家随时穿着保守式样的西装，内穿白衬衫，打保守式样的领带。在西班牙，通常在晚间赴宴或参观剧院也不会是盛装出席。到西班牙做客的商人，在办公时间以穿黑色皮鞋为宜，因为西班牙人历来就喜欢黑色。

德国人在穿着打扮上的总体风格是庄重、朴素、整洁。按照德国商人的习惯，在正式场合露面时，必须穿戴得整整齐齐，衣着一般为深色，穿西装一定要系领带，宜穿着背心三件式西装套装。若你造访德国北部城市，则戴上帽子更佳。女士们则大多爱穿翻领长衫和色彩、图案淡的长裙。

在日常生活中，加拿大人着装以欧式为主。上班的时间，他们一般要穿西服、套裙。参加社交活动时往往要穿礼服或时装，在休闲场合则讲究自由穿着，只要自我感觉良好即可。

法国人对于衣饰的讲究，在世界上是最为有名的。在正式场合，法国人通常要穿西装、套裙或连衣裙,颜色多为蓝色、灰色或黑色,质地则多为纯毛。对于穿着打扮,法国人认为重在搭配是否得法。在选择发型、手袋、帽子、鞋子、手表、眼镜时,都十分强调要使之与自己着装相协调、一致。

二、欧美国家的饮食习惯

西方人主要食物是肉食品,用量极大,而蔬菜、水果、面食等品种的用量相对较小,属于次要但是又不可缺少的食物。他们常用葡萄酒佐餐,特别强调吃牛肉和羊肉等肉食品时搭配红葡萄酒,吃鱼或海鲜时搭配白葡萄酒,吃甜点时搭配甜葡萄酒。日常饮食生活中,不仅餐餐有咖啡,而且早晨开始工作前、晚上结束工作后都要喝咖啡。人们不仅把咖啡看作消除疲劳、刺激肠道、有益减肥的普通饮品,还把它看作文艺灵感的源泉、优雅品位的体现,是一种浪漫温馨、充满人文色彩的奇特饮品。

西方的大多数国家都习惯于一日三餐,意大利、法国人的早餐很简单,通常是一杯咖啡或红茶,配上少量涂有果酱、黄油的面包片、面包段,或油酥月牙小面包、羊角面包,也有人喜欢添加一个煎鸡蛋。午餐多为便餐。许多人常去自己单位的自助餐厅或附近的快餐厅就餐,品种有鱼肉、蔬菜、水果和饮料。也有去酒吧的,通常是一份三明治、甜点、水果,加上一杯咖啡或牛奶。一切以简单方便为原则。晚餐则是许多人的正餐,受到极大重视,品种和内容都很丰富,常常是先饮开胃酒,再吃开胃菜、汤菜;然后是主菜,最后是奶酪、水果、甜点与咖啡,与正式宴会的格局非常相似。

此外,欧美各个国家的美食还有着各自不同的特点。

1. 意大利

意大利美食典雅高贵,且浓重朴实,讲究原汁原味。意大利菜系非常丰富,菜品成千上万,除了大家耳熟能详的比萨饼和意大利粉外,它的海鲜和甜品都闻名遐迩。

(1)比萨饼是将油蘸面胚置于比萨铁盘中添加多种馅料(如猪肉、牛肉、火腿、黄瓜、茄子、洋葱)烘烙而成,内有干酪、番茄酱提味,上面还要点缀橄榄丝和鸡蛋丁。

(2)意大利米饭也叫"利梭多"。这是将洋葱丁、牛油与大米同炒,边炒边下葡萄酒使之吸干入味;或者是用豌豆、青菜、肉汤和大米同焖,口感香柔。

(3)意大利面花样繁多,口味丰富。斜状的是为了让酱汁进入面管中,而有条纹状的粉令酱汁留在面条表层上。颜色则代表了面条加添不同的营养素。红色面是在制面的过程中混入红甜椒或甜椒根,黄色面是混入番红花蕊或南瓜,绿色面是混入菠菜,黑色面堪称最具视觉冲击力,用的是墨鱼的墨汁。面条口味则以三种基本酱汁为主导,分别是以西红柿为底的酱汁、以鲜奶油为底的酱汁和以橄榄油为底的酱汁。这些酱汁还能搭配上海鲜、牛肉、蔬菜,或单纯配上香料,变化成各种不同的口味。

2. 法国

法国人特别追求进餐时的情调,例如精美的餐具、幽幽的烛光、典雅的环境等。大一点的餐厅大都布置得富丽堂皇,其美食在整体上包括面包、糕点、冷食、熟食、肉制品、奶酪和酒这几大方面。这些是法国饮食里不可缺少的内容,而其中最让法国人引以为荣的是葡萄酒、面包和奶酪。

法国餐的菜单很简单,主菜不过 10 来种,但都制作精美。点菜的顺序:头道菜一般是凉菜或汤,在上菜之前会有一道面包,吃完了以后,服务员会帮你撤掉盘子,再上第 2 道菜——

汤。第 3 道菜是一顿饭中的正菜,正餐里最多的是各种"排"——鸡排、鱼排、牛排、猪排。法菜中颇为有名的洋葱汤就是用洋葱加奶酪和面包片熬制的浓汤。在就餐程序中贯穿始终的是美酒,主要是葡萄酒和香槟酒,这是法国大餐中的经典之笔。喝酒的一般顺序:先喝白酒,后喝红酒;先喝年份轻的酒,后喝老年份的酒;先喝清淡的酒,后喝浓郁的酒;先喝干酒,后喝甜酒。最后一道是甜食。晚餐后再喝杯浓咖啡,吃一二个水果,一块雪糕。

3. 英国

英国的美食荟萃了世界各地特色饮食文化,特色美食主要有炸鱼、炸土豆条、烤牛肉等,英国人比较喜欢的是英式、法式西餐。肉类食品中,牛肉、羊肉、鸡肉都是英国美食中的主要材料。英国的口味比较淡,菜肴中多以清炖为主,清淡的汤多是大家的所爱,一般在英国人的家里就餐,就会发现餐桌上的菜肴种类很少,但是很精,喜欢原汁原味的做法,不喜欢放过多的辣椒。英国人一般比较喜爱的烹饪方式有烩、烧烤、煎、焗、烙和油炸。英国菜的调料中很少用酒,调味料大都放在餐桌上,任人自由挑选。英国人不喜带蘸汁的菜肴和过辣的菜肴,忌用味精调味,也不吃狗肉。其口味不喜太咸,爱甜、酸、微辣味。

英国人喜欢喝茶,几乎到了嗜茶的地步。英国人日均饮 4 杯茶,年均饮茶 10kg 以上。晨起要喝早茶,早餐以红茶为主要饮料;到了上午 11 点,无论你是空闲在家的贵族,还是繁忙的上班族,都要休息片刻喝一杯,他们称为早上 11 点左右的便餐;到了中午,吃了午饭之后,少不了配上一杯奶茶;而后下午 3 点半到 4 点还要来一杯下午茶,除有茶或者咖啡外,更少不了甜食、咸食、面包、松饼等,进食的次序是由甜食到咸食,由淡味到浓味。

三、欧美国家的见面礼仪

在西方社交场合中,见面礼仪是非常重要的一部分,在此过程中,使用礼貌用语、在与人交谈时保持一定的距离、男士的言行举止充分展现出对女士的尊重和照顾等礼仪细节都可展现出自己的素养和尊重对方的态度。

1. 英国

英国人内向而含蓄,和一个英国人刚刚结识便天南海北的高谈阔论会被认为是失态,他们见面时最普遍的话题莫过于谈论天气,对天气的简短评论,成了熟人间及社交场合互相致意的客套。

英国人个人之间一般感情不外露。两人初次见面,是否握手,谁先伸手,都有讲究。英国人喜欢握手时简短、有力、毫无拖延之意。标准的问好和回答都是说 How do you do,礼节也就到此为止了。至于说两个男人互相拥抱,在英国人眼中则是天大的笑话。

英国人特别讲究尊重每个人自己的"个人天地"(Privacy)。邻居之间推门直入,相识之人未经约定便来拜访,都是对别人生活的干扰,是十分失礼的举动。甚至没有什么正当原因或不在适当的时间给人家打电话,也都是干扰了别人的"个人天地"。凡是他们不愿主动告人的事,纵使不是隐私,而不愿旁人打听。

排队时是英国人可以不经正式介绍就互相交谈的几种场合之一,此外,还有如遛狗的时候。如果与英国人一同陷入某种困境,例如在地铁隧道之类的地方,可以一起唱歌,甚至交谈知心话,但这并不意味着双方打算建立长久的亲密关系。

2. 美国

西方国家人们在传统上有一套烦琐的见面礼节,从握手、问候到互相介绍都有约定俗成的习惯。相形之下,美国人在人与人之间的交往上就显得比较随便。在美国,朋友之间通常是熟不拘礼地招呼一声"hello",哪怕两个人是第一次见面,也不一定握手,只要笑一笑,打个招呼就行了。

美国男女老少都喜欢别人直呼自己的名字,并把它视为亲切友好的表示。人们初次见面,往往是连名带姓一起介绍,譬如说:"我叫玛丽·史密斯。"这时对方可以随便叫她"玛丽"或"史密斯小姐"。常见的情况是交谈之初可能互相用姓称呼,过不了一会儿就改称名字了。

美国人很少用正式的头衔来称呼别人。正式的头衔一般只用于法官、高级政府官员、军官、医生、教授和高级宗教人士等。例如哈利法官、史密斯参议员、克拉克将军、布朗医生、格林教授、怀特主教等。值得注意的是,美国人从来不用行政职务(如局长、经理、校长等头衔)称呼别人。

3. 西班牙

西班牙人名由父名和母名组成,交谈时称呼父名即可。如果你不熟悉对方,最好先问一句"我该怎么称呼您?"

在马德里及巴塞罗那的西班牙商人作风颇为贵族化及保守,你的举止最好也显得保守、正式一些。西班牙人在好朋友之间见面时,通常情况下男士会相互抱一抱肩膀,女士则轻轻搂一搂并亲吻双颊。商务活动见面和道别时,务必颔首、握手为礼。

4. 德国

德国人比较注重礼节形式,在社交场合与客人见面时,一般行握手礼。与熟人、朋友和亲人相见时,一般行拥抱礼。在与客人打交道时,他们总乐于对方称呼他们的头衔,但他们并不喜欢听恭维话。

四、欧美国家的拜访礼仪

在西方国家,拜访礼仪通常包括选择恰当的拜访时间、事先预约、严格守时、呈上合适的礼品等。

1. 英国

英国人邀请他人赴宴一般都会提前告知,收到邀请后要尽快答复能否出席,有变故时应尽早通知主人,解释并道歉。

到别人家拜访做客,要先敲门,等主人说"请进"方可入内。握手礼是英国人使用最多的见面礼节。在一般情况下,与他人见面时,英国人既不会像美国人那样随随便便地"hi"上一声作罢,也不会像法国人那样非要跟对方热烈地拥抱、亲吻。

进门后,男子若戴帽子,要脱帽表示向主人致意;女士不必如此,但也要先向主人问好后再就座。

在告辞时握别表示感谢,受到款待之后,可以致电或发邮件再次致谢。

拜访时,最好带点价值不高的小礼品,英国人不欢迎贵重的礼物。涉及私人生活的服饰、肥皂、香水、带有公司标志与广告的物品,不宜用作礼品。鲜花、威士忌、巧克力、工艺品,则是送给英国人的适当之选。

主人常常当着客人的面打开礼品包装,这点大家要习惯,但不用担心,因为无论价值如何或其是否喜欢,英国人都会给予热情地赞扬或表示谢意。另外,邀请对方吃饭或观看戏剧、音乐、舞蹈演出,也可被视为赠送礼物。

2. 西班牙

拜会西班牙的公司单位,尽量提前预约;见面时最好持用有西班牙文、中文对照的名片,这样会给会面和谈判提供方便。

西班牙的国花是石榴花,西班牙人把石榴看作是富贵、吉祥的象征。他们还喜欢狮子、鹰和各种花卉,而不喜欢山水、亭台、楼阁。如果选择以花束为礼物,请不要选择大丽花和菊花,这两种花在西班牙的意义与死亡有关;红玫瑰则用来送给演员和女友,也可以送给其他女性。

如你被邀请去西班牙人家里吃饭,可带上鲜花、点心、蛋糕或巧克力。在送礼方面,电器属于贵重物品,会受到西班牙人的珍视。

西班牙人喜欢谈论政治,但不要进行国与国政治之间的比较;喜欢谈体育和旅行。聊天时应避免谈论宗教、家庭和工作,更不要说有关斗牛的坏话。

3. 德国

德国人的时间观念很强,不愿浪费时间,所以宜先熟悉问题,单刀直入。一旦约定时间,迟到或过早抵达都被视为不礼貌。上午 10 时前及下午 4 时后,不宜约见会面。8 月是多数企业的夏季休息时间,圣诞节与复活节前后两周也尽量不要约访。

德国商人很注重工作效率。因此,同他们洽谈贸易时,严禁节外生枝地闲谈。德国北部地区的商人,均重视自己的头衔,当你同他们一次次热情握手,一次次称呼其头衔时,他必然格外高兴。

如果你受邀到德国人家中做客,不要带葡萄酒,因为此举会被认为你觉得主人选酒的品位不够好,威士忌酒则可以被当作礼物赠送。通常宜带鲜花造访主人家,鲜花是送女主人的最好礼物,但必须要单数,5 朵或 7 朵皆可,但是送上一束包好的花,则是不礼貌的。在五彩缤纷的万花丛中,德国人尤其喜欢矢车菊,视它为国花。

按照德国送礼的习俗,若送剑、餐具,可以请对方回一个硬币给你作为礼物,以免所送的礼物伤害你们之间的友谊。送高质量的物品,即使礼物很小,对方也会喜欢。德国人对礼品的包装纸很讲究,但忌用白色、黑色或咖啡色的包装纸装礼品,更不要使用丝带作外包装。

 案例分析

在一个秋高气爽的日子里,迎宾员小贺穿着一身剪裁得体的新制服,第一次独立走上迎宾员的岗位。一辆白色高级轿车向饭店驶来,司机熟练而准确地将车停靠在饭店豪华大转门的雨棚下。小贺看到后排坐着两位男士、前排副驾驶座上坐着一位身材较高的外国女宾。小贺一步上前,以优雅姿态和职业性动作,先为后排客人打开车门,做好护顶关好车门后,小贺迅速走向前门,准备以同样的礼仪迎接那位女宾下车,但那位女宾满脸不悦,使小贺茫然不知所措。通常后排座为上座,一般凡有身份者皆在此就座。优先为重要客人提供服务是饭店服务程序的常规,这位女宾为什么不悦? 小贺错在哪里?

【分析】

在西方国家流行着这样一句俗语:"女士优先"。在社交场合或公共场所,男子应经常为女士着想,照顾、帮助女士。诸如:人们在上车时,总要让女士先行;下车时,则要为女士先打开车门;进出车门时,主动帮助她们开门、关门等。西方人有一种形象的说法:"除女士的小手提包外,男士可帮助女士做任何事情。"迎宾员小贺未能按照国际上通行的做法先打开女宾的车门,致使那位外国女宾不悦。

实操训练

1. 实操训练内容

通过训练了解并尊重欧美国家交往对象的见面礼仪、语言文化、风俗习惯等。

2. 实操训练要求

自设情景,模拟训练与欧美国家人士交往时的礼仪规范。

3. 实操训练成果

与欧美国家人士交往时的情景模拟视频。

4. 实操训练步骤

(1) 两人一组,分别扮演美国的男女同事,模拟两人一同去某商务中心参加会议的情景,基本流程包括见面时问候,一起走路至会议地点等。

(2) 两人一组,扮演一对关系亲密的女性好友,模拟在法国的公园见面时行吻面礼等情景。

(3) 两人一组,扮演一对商务伙伴,模拟在德国的餐厅见面时握手、帮对方脱外套、交谈等情景。

5. 实操反思整改

(1) 美国男女同事见面问候时是否面带微笑,得体地赞美对方;开始行走时,女士是否先行,并在安全的一侧;进商务中心大门时,男士是否主动为女士开门;进入会议室后,男士是否先主动协助女士入座,然后自己再落座等。

(2) 法式吻面礼的方法:是否两人相对而立,用右手扶住对方的左后肩,左手扶住对方的右后腰,按各自的方位,两人各以本人的右脸颊与对方相贴、相吻,然后换左边的脸颊,最后是右脸颊,一般不超过 3 次。

(3) 在德国餐厅,是否向已就座的陌生顾客点头问候,和商务伙伴见面握手时是否时间稍长、晃动次数稍多、用力稍大,对方帮自己脱外套时是否礼貌接受。

参考文献

［1］中国社会科学院语言研究所词典编辑室.现代汉语词典［M］.6 版.北京：商务印书馆,2012.

［2］王力,岑麒祥,林焘,等.古汉语常用字字典［M］.5 版.蒋绍愚,唐作藩,张万起,等修订.北京：商务印书馆,2016.

［3］周元侠.朱熹的《论语集注》研究［M］.北京：中国社会科学出版社,2012.

［4］司马迁.史记全本新注［M］.张大可,注释.武汉：华中科技大学出版社,2019.

［5］戴圣.礼记［M］.《青少年成长必读经典书系》编委会,主编.郑州：河南科学技术出版社,2013.

［6］管仲.管子［M］.覃丽艳,译注.南昌：二十一世纪出版社,2015.

［7］戴圣.礼记全鉴典藏诵读版［M］.东篱子,解译.北京：中国纺织出版社,2019.

［8］许慎.说文解字［M］.蔡梦麒,校释.长沙：岳麓书社,2021.

［9］商鞅,慎到,邓析.商君书·慎子·邓析子［M］.田园梁,译注.南昌：二十一世纪出版社,2016.

［10］荀况.荀子［M］.郭美星,译注.南昌：二十一世纪出版社,2015.

［11］左丘明.春秋左传集解（上）［M］.杜预,集解.李梦生,整理.南京：凤凰出版社,2020.

［12］朱熹.《四书集注》之一：大学 中庸 论语（插图注解）［M］.张茂泽,整理.西安：三秦出版社,2005.

［13］朱熹.新订朱子全书［M］.朱杰人,严佐之,刘永翔,主编.上海：上海古籍出版社,2022.

［14］魏达纯.韩诗外传译注［M］.长春：东北师范大学出版社,1993.

［15］孟子.孟子［M］.哈尔滨：北方文艺出版社,2019.

［16］孔子.论语［M］.杨伯峻,杨逢彬,注译.长沙：岳麓书社,2018.

［17］杨天宇.仪礼译注［M］.上海：古籍出版社,2016.

［18］黎靖德.朱子语类［M］.王星贤,点校.北京：中华书局,2020.

［19］蒲晓娟.大学·中庸［M］.成都：四川人民出版社,2019.

［20］苏曼.沟通中的行为心理学［M］.苏州：古吴轩出版社,2020.

［21］李楠.人际交往心理学［M］.北京：新华出版社,2017.